Relações Internacionais

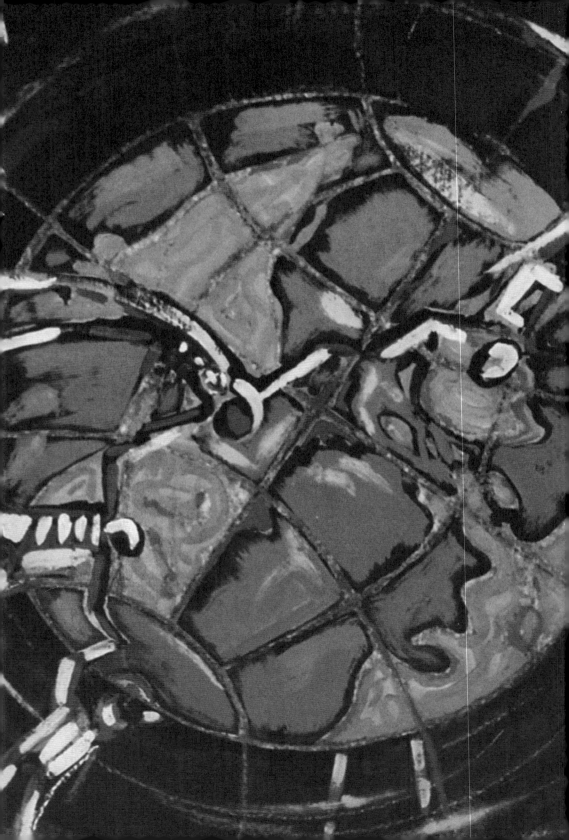

Ricardo Seitenfus

Relações Internacionais

Manole

2ª
edição

© Editora Manole Ltda., 2013, por meio de contrato com o autor.

EDITOR-GESTOR: Walter Luiz Coutinho
EDITORA RESPONSÁVEL: Sônia Midori Fujiyoshi
PRODUÇÃO EDITORIAL: Rodrigo Botelho, Luiza Bonfim
EDITORA DE ARTE: Deborah Sayuri Takaishi
CAPA: Departamento de Arte da Editora Manole
IMAGEM DA CAPA: Carlos Eduardo Barichello – óleo sobre tela
PROJETO GRÁFICO: Departamento Editorial da Editora Manole

Este livro contempla as regras do Acordo Ortográfico da Língua Portuguesa
de 1990, que entrou em vigor no Brasil em 2009.

Dados Internacionais de Catalogação na Publicação (CIP)
(Câmara Brasileira do Livro, SP, Brasil)

Seitenfus, Ricardo
  Relações internacionais / Ricardo Seitenfus. –
2. ed. – Barueri, SP: Manole, 2013.

  Bibliografia.
  ISBN 978-85-204-3630-1

  1. Direito internacional 2. Globalização
3. Política mundial 4. Relações econômicas
internacionais 5. Relações internacionais
I. Título.

13-03843   CDU-327

Índice para catálogo sistemático:
1. Relações internacionais 327

Todos os direitos reservados.
Nenhuma parte deste livro poderá ser reproduzida, por qualquer processo, sem
a permissão expressa dos editores. É proibida a reprodução por xerox.

A Editora Manole é filiada à ABDR – Associação Brasileira de Direitos Reprográficos.

1ª edição – 2004; 1ª reimpressão – 2007
2ª edição – 2013

Editora Manole Ltda.
Avenida Ceci, 672 – Tamboré
06460-120 – Barueri – SP – Brasil
Tel.: (11) 4196-6000 – Fax: (11) 4196-6021
www.manole.com.br
juridico@manole.com.br

Impresso no Brasil
Printed in Brazil

SOBRE O AUTOR

Ricardo Antônio Silva Seitenfus é o primeiro brasileiro doutor em Relações Internacionais, título concedido pelo Instituto Universitário de Altos Estudos Internacionais da Universidade de Genebra, Suíça (1979).

Foi professor convidado do mesmo Instituto, do Instituto de Estudos Avançados da Universidade de São Paulo (USP), do Instituto de Altos Estudos da América Latina da Universidade de Paris III (Sorbonne Nouvelle), do Instituto de Estudos Políticos de Paris e do Centro de Direito Internacional da Faculdade de Direito de Paris I (Panthéon-Sorbonne). Fundou o Centro Brasileiro de Documentação e Estudos da Bacia do Prata (CEDEP), na Universidade Federal do Rio Grande do Sul (UFRGS).

Realizou pós-doutorado no Centro de Direito Internacional da Faculdade de Direito de Paris I (Panthéon-Sorbonne). Criou a Secretaria de Assuntos Internacionais do Estado do Rio Grande do Sul, sendo seu primeiro titular (1987-1988). Foi vice-presidente do Comitê Jurídico Interamericano da OEA (2007-2008) e representante especial do secretário-geral da OEA no Haiti (2009-2011). Atualmente exerce funções idênticas na Nicarágua.

Concebeu e coordenou o projeto *Sessenta Anos de Política Externa Brasileira (1930-1990)*, em quatro volumes. Publicou o *Manual das Organizações Internacionais e Direito Internacional Público*. Criou o curso de Mestrado em Integração Latino-americana na Universidade Federal de Santa Maria (RS), da qual é professor titular de Relações Internacionais e de Direito Internacional Público no Departamento de Direito. Foi um dos fundadores da Faculdade de Direito de Santa Maria (Fadisma), sendo seu primeiro diretor. Pesquisador do CNPq.

Coordenou a Série *Entender o Mundo*, da Editora Manole, e seu sítio pessoal é: www.seitenfus.com.br.

SUMÁRIO

Prefácio à segunda edição IX

Prefácio da primeira edição. XI

Abreviaturas e siglas. XV

Introdução. XIX

Parte I – As características das relações internacionais 1

1. A natureza das relações internacionais 2

2. Conceitos e teorias sobre as relações internacionais 5

3. A dinâmica das relações internacionais. 21

    1. As relações guerreiras internacionais 23

    2. O poder monopolista do Estado 26

    3. A violenta universalização das relações internacionais: a colonização. 28

    4. A descolonização: o surgimento do Terceiro Mundo 30

    5. A dinâmica contemporânea das relações internacionais (1945-2013) 41

Bibliografia **54**

Parte II – Os atores das relações internacionais. **57**

4. O principal ator das relações internacionais **60**

    1. Os fundamentos institucionais da ação externa dos Estados 62

    2. Os objetivos da política externa 69

    3. Os condicionantes internos da política externa 71

    4. O processo de tomada de decisões: itinerário e instrumentos 79

    5. O agente estatal da política externa: o diplomata 82

5. Os atores secundários das relações internacionais. **92**

    1. As organizações internacionais 92

    2. Os entes privados das relações internacionais 102

        2.1. As empresas transnacionais 103

VII

VIII Relações internacionais • Sumário

2.2. As Organizações Não Governamentais de Alcance Transnacional (Ongat) 114
2.3. As igrejas 117
2.4. As internacionais do crime organizado 123
2.5. A opinião pública 131
2.6. O indivíduo 136
Bibliografia 141

Parte III – As atuais tendências das relações internacionais 143
6. A globalização: anjo e demônio da modernidade 144
1. Uma gama de definições. 144
2. O conteúdo da globalização 147
3. As consequências sociais da globalização. 153
7. A integração regional e a formação dos blocos comerciais 160
1. Teoria da integração econômica. 160
2. Objetivos e técnicas da integração. 164
3. Natureza e tipologia da integração 167
4. O GATT/OMC perante o regionalismo 170
5. O Mercosul 171
8. Os desafios para a nova organização das relações internacionais 178
1. A manutenção da paz e a reforma da arquitetura institucional. 178
2. Os desafios do desenvolvimento 183
3. A universalização dos valores e a ideologia mascarada 187
9. O impacto do terrorismo sobre as relações internacionais 191
1. A resistência dos Estados Unidos ao multilateralismo 191
2. A ruptura de 11 de setembro de 2001 194
3. A luta contra o terror. 198
Bibliografia 201
Conclusão 203
Índice onomástico 205
Índice alfabético-remissivo 207

Prefácio
à Segunda Edição

Os atentos leitores e especialistas da primeira edição de *Relações Internacionais* notaram que a obra buscava, antes de tudo, lançar as bases para uma teoria das relações internacionais a partir da perspectiva dos países e das sociedades em desenvolvimento. Sem descurar a apresentação do conjunto da disciplina, a própria estrutura do livro, bem como sua metodologia, constituía esforço para abrir uma janela para o mundo a partir de nossa localização geográfica.

Passada quase uma década de sua publicação, a presente edição conserva idêntico objetivo. Portanto, manteve-se a divisão em três partes e foram acrescentados itens sobre a evolução histórica das relações internacionais, por exemplo, a Primavera Árabe.

Abrigando uma grande quantidade de tabelas, gráficos e quadros sinóticos – todos atualizados e alguns inéditos –, esta edição insiste em seu propósito inicial: fornecer ao leitor instrumentos perceptivos que permitam tornar inteligível um espetáculo que por demasiadas vezes parece confuso. Nesse sentido, a contracorrente da historiografia das relações internacionais, a obra não objetiva convencer. Seu propósito singelo consiste simplesmente em apresentar uma grade analítica coerente, deixando total liberdade para que cada leitor trilhe seu próprio caminho.

Ricardo Seitenfus
Manágua, abril de 2013.

PREFÁCIO
DA PRIMEIRA EDIÇÃO

As relações internacionais, até há pouco tempo, pertenciam quase que exclusivamente ao domínio dos diplomatas e de especialistas, teóricos e filósofos. Hoje, o *internacional* é inseparável de todas as questões que afetam a vida das sociedades e dos indivíduos. Em nosso mundo finito e interdependente, busca-se em vão algo que dele possa escapar. Mas tamanha ampliação pouco facilita sua compreensão, e nós temos mais do que nunca a necessidade de um saber internacional pertinente para nos orientar num mundo que perdeu seus pontos de referência. A queda do comunismo pôs fim ao enfrentamento Leste-Oeste e ao equilíbrio pelo terror, que garantia uma bipolaridade estável e fornecia um quadro de interpretação simples. Com o desaparecimento do império soviético, o sistema internacional encontrou uma nova e inquietante fluidez: os Estados se multiplicaram, assim como os conflitos locais. "Reviravolta" ou "convulsão" do mundo:[1] assim caracterizou-se a época do pós-Guerra Fria, incerta, imprevisível. Por outro lado, os atentados terroristas de 11 de setembro enterraram as esperanças de um mundo pacificado ou a ilusão do fim da história. A nova ordem internacional, mais justa e mais estável, tantas vezes anunciada, não se realizou durante os dez anos que separam a queda do Muro da queda das Torres Gêmeas. Nós nos defrontamos com novas ameaças, num mundo mais perigoso e mais difícil também de decifrar e de entender. É por isso que este livro do Professor Ricardo Seitenfus é especialmente bem-vindo e útil. O Professor Ricardo Seitenfus, reconhecido especialista da disciplina, propõe-nos uma atualização minuciosa da problemática das relações internacionais. Ele nos dá as chaves para tornar inteligível "o espetáculo do mundo", e o faz numa linguagem simples, acessível,

---

1   Ver BADIE, Bertrand; SMOUTS, Marie-Claude. *Le retournement du monde*. Sociologie de la scène internationale. Paris, Presse de la FNSP et Dalloz, 1992.

XII Relações internacionais • Prefácio da primeira edição

"democrática", numa palavra que reflete seu domínio do assunto. Delimita assim, com exigente rigor metodológico, um campo que cada vez menos se deixa facilmente circunscrever.

Um fio condutor estende-se ao longo das três partes desta obra estimulante: a questão do papel do Estado-Nação, problema crucial nos dias de hoje. Com efeito, as relações internacionais não podem mais reduzir-se à política externa dos Estados. O mundo tornou-se menos "interestatal", a ponto de certos autores anunciarem até mesmo "o fim dos territórios",[2] o poder na era das redes e das *global networks*[3] se tornando independente de um espaço nacional.

Ricardo Seitenfus elenca a multiplicidade dos atores internacionais e elabora uma tipologia inteligível. O sistema internacional é, na realidade, constituído de "unidades ativas" (segundo a definição de Thierry de Montbrial),[4] cuja potência não decorre do poder do Estado. A globalização financeira e a universalização econômica colocam grandes questões que parecem ultrapassar em muito os Estados-Nações. Na era dos "bens públicos mundiais", o modelo estatal pós-vestfaliano, fundado na soberania absoluta e no individualismo internacional, tornou-se caduco ou simplesmente inoperante? Ricardo Seitenfus, longe de oferecer uma solução, fornece os elementos de informação e de reflexão indispensáveis para redimensionar o papel dos Estados e avaliar sua perenidade.

A "economia mundo" não nasceu ontem, e as empresas, por suas dimensões, tornaram-se protagonistas, se não legítimos, pelo menos atuantes, no cenário internacional. Muitas companhias transnacionais têm faturamento superior ao PIB de alguns países. E nem sempre é fácil definir sua nacionalidade. Fusões/aquisições, alianças internacionais e deslocamentos das unidades de produção contribuem para erodir a identidade e a origem das grandes corporações. Além disso, a relação entre Estados e empresas está em plena mutação. As cláusulas comerciais do tipo AMI colocam as empresas acima dos Estados, que são reduzidos ao papel de "simples responsáveis" em caso de conflito.

Os Estados não controlam mais os mercados, são os mercados que os avaliam, os influenciam e ditam sua política por meio dos movimentos especulativos instantâneos ou das agências de avaliação, exemplo emblemático do recém-chegado ator internacional, pertinentemente analisado pelo Professor Seitenfus. Os "meteorologistas financeiros", ao apreciarem "o risco soberano", gozam de incomparável poder, sem dúvida, com sua capacidade de análise e de prospectiva. A profecia autorrealizadora não é simplesmente uma deriva desprezível de suas atividades.

---

2 BADIE, Bertrand. *La fin des territoires*: essai sur le désordre international et sur l'utilité sociale du respect. Paris, Fayard, 1995.

3 Ver BRESSAND, Albert; DISTLER, Catherine. *La planète relationnelle*. Paris, Flammarion, 1995.

4 MONTBRIAL, Thierry de. *L'action et le système du monde*. Paris, PUF, 2002.

Não podemos repertoriar tudo do que doravante escapa ao controle dos Estados. A sociedade da comunicação debocha das fronteiras e das aduanas. Os governos quase não têm mais meios de controlar ou limitar os fluxos da internet. É verdade que depois desses fenômenos tecnológico-econômicos, o Estado-Nação não é mais o que era. Ele tende a transformar-se, perdendo sua substância nos dois extremos: tanto no âmbito regional como em escala supranacional. Esta última se constitui numa nova dimensão das relações internacionais.

Assim, um novo direito surge além-fronteiras; a justiça, direito régio por excelência, não é mais um monopólio nacional. A criação de um Tribunal Penal Internacional é a tradução institucional de uma evolução jurídica que coloca no centro da sociedade internacional o respeito aos direitos humanos e o caráter imprescritível dos crimes contra a humanidade. O direito de ingerência humanitária deixou de ser objeto dos discursos morais das ONG para entrar na prática diplomática e militar com ou sem autorização do Conselho de Segurança das Nações Unidas (cf. Kosovo, mas também Serra Leoa, Congo etc).

Os processos de integração econômica e política regional dão origem a entidades sem precedentes, pois não são nem Estados federais nem impérios. A União Europeia não é um Superestado, nem os Estados Unidos da Europa, mas antes um OPNI (Objeto Político Não Identificado), segundo o gracejo de Jacques Delors, ex-Presidente da Comissão Europeia; a rigor uma "Federação de Estados-Nações", nascida de uma "cooperação voluntária com vistas a uma finalidade superior aos interesses nacionais". A limitação de soberania e sua transferência para uma entidade coletiva estão na origem da construção europeia: alguns Estados-membros, entre os quais os seis fundadores, levaram essa lógica até o ponto de abdicar de sua prerrogativa suprema de imprimir moeda, ao adotarem uma moeda única, o euro. Deve-se notar que a realização de uma "união cada vez mais estreita" está mais adiantada no campo econômico do que no da política externa e de defesa comum. Como assinalava Pascal Lamy, o primeiro diz respeito ao "ter", o segundo, ao "ser": isto é, de decisões que envolvem a vida e a morte, em que a referência à célula-*mater* nacional é refratária à tentação federalista.

A originalidade da aventura europeia desorienta às vezes os observadores e favorece uma certa incompreensão, em face principalmente do pluralismo no seio da União. A diversidade das estratégias externas e até mesmo as divisões a respeito dos grandes temas internacionais não devem ser apreciadas sob a ótica do modelo estatal. Assim, os mais prestigiosos analistas, notadamente os que se inclinam para a *Realpolitik*, privilegiam essa abordagem, como H. Kissinger quando pede o "número de telefone da Europa". O quadro estatal por si só, é verdade, jamais permitiu apreender o conjunto dos atores internacionais. A famosa frase "o Vaticano, quantas divisões" é prova bastante dos limites dessa abordagem. Precisamente, o Professor Seitenfus bem revela o papel internacional das igrejas e da Igreja "católica, apostólica e romana": o Vaticano é certamente um Estado (de 44 ha e 1.500 habitantes), mas além disso é o centro de uma rede "universal" ("ecumênica"), de influência espiritual, educativa e social, que, poderíamos dizer, tem se situado há séculos na vanguarda da globalização.

O exemplo da Igreja basta para mostrar que a novidade pós-estatal também pode ser muito antiga. A superação do Estado não significa, no entanto, seu desaparecimento em curto prazo, pois ao contrário, desde 1990, os Estados se multiplicaram, para não falar dos Semiestados não reconhecidos, ou das dissidências pseudoestatais. A aspiração ao Estado-Nação não é desmentida, aliás, desde o início da descolonização e se recrudesceu com a queda do império soviético. Podemos mesmo nos perguntar se não assistimos ao retorno triunfal do paradigma estatal, num mundo em que a potência hegemônica quer manter unipolar, em detrimento do multilateralismo. O hiperterrorismo da Al Qaeda tem todas as características da extraterritorialidade e, no entanto, foi o Afeganistão, Estado falido mas assim mesmo Estado-Nação, que após o 11 de setembro foi atacado pela coalizão antiterrorista liderada pelos Estados Unidos. Da mesma forma, a intervenção anglo-americana no Iraque foi justificada, entre outras coisas, além das inencontráveis armas de destruição em massa, pela luta contra o terrorismo internacional.

Por trás dessa concepção estratégica, encontra-se uma doutrina centrada na supremacia do interesse nacional a serviço da segurança de um só país. A utilização da força a título preventivo e fora do âmbito multilateral legítimo implica um verdadeiro retrocesso da ordem internacional. A exaltação bismarkiana da nação acompanha o enfraquecimento das instituições multilaterais (ONU, OTAN). O mundo está portanto numa encruzilhada dos caminhos, tendo a escolha entre um consenso normativo pacientemente elaborado há meio século: a primazia do direito internacional, a segurança coletiva, uma cultura supranacional de superação da política de potência ou a "vertigem do desconhecido" da qual a crise iraquiana nos oferece uma degustação amarga. O estudo das relações internacionais é mais do que nunca uma prioridade.

Alain ROUQUIÉ
Diplomata e professor de Ciência Política, autor, entre outras
obras, de *América Latina*: introdução ao Extremo Ocidente.
Foi embaixador da França no México e no Brasil.

Abreviaturas e Siglas

Abit: Associação Brasileira da Indústria Têxtil
Acnur: Alto Comissariado das Nações Unidas para os Refugiados
AFDI: Anuário Francês de Direito Internacional
AG: Assembleia Geral das Nações Unidas
Aiea: Agência Internacional de Energia Atômica
Aipo: American Institute of Public Opinion
Alba: Aliança Bolivariana para as Américas
Alca: Área de Livre Comércio das Américas
Alcsa: Área de Livre Comércio Sul-Americana
AMI: Acordo Multilateral de Investimentos
ANZUS: Organização de Segurança e Assistência entre Austrália, Estados Unidos
    e Nova Zelândia
APT: Acordo de Preferência Tarifária
Arpanet: Advanced Research Project Agency Network
ASEAN: Associação de Nações do Sudeste Asiático
Attac: Associação para a Imposição sobre as Transações Financeiras e Ajuda aos
    Cidadãos
Benelux: União Aduaneira entre Bélgica (BE), Holanda (NE, de Netherlands) e
    Luxemburgo (LUX)
BID: Banco Interamericano de Desenvolvimento
BIRD: Banco Internacional para a Reconstrução e o Desenvolvimento (World
    Bank, ou Banco Mundial)
CAP: Centro de Análise e de Previsão Diplomático Francês
CCADI: Coleção do Curso da Academia de Direito Internacional de Haia
CDC: Caixa de Depósitos e Consignações
Ceca: Comunidade Europeia do Carvão e do Aço

XVI Relações internacionais • Abreviaturas e siglas

CEE: Comunidade Econômica Europeia
Cern: Conselho Europeu para a Pesquisa Nuclear
CF: Constituição Federal (1988)
CICV: Comitê Internacional da Cruz Vermelha
CIJ: Corte Internacional de Justiça
Coaf: Conselho de Controle de Atividades Financeiras
Comecon: Organização de Cooperação Econômica do Leste Europeu
CPJI: Corte Permanente de Justiça Internacional
CS: Conselho de Segurança das Nações Unidas
CSCE: Conferência sobre Segurança e Cooperação na Europa
CSH: Conselho de Segurança da Humanidade
CT: Ciência e Tecnologia
DIP: Direito Internacional Público
Ecosoc: Conselho Econômico e Social das Nações Unidas
EUA: Estados Unidos da América
FAO: Organização das Nações Unidas para a Alimentação e a Agricultura
FATF: Força-tarefa de Ação Financeira
FEM/WEF: Fórum Econômico Mundial (Davos, Suíça)
FSM: Fórum Social Mundial (Porto Alegre, Brasil)
FMI: Fundo Monetário Internacional
Gatt: Acordo Geral de Tarifas e Comércio
G8: Grupo dos Oito
G20: Grupo dos Vinte
IBC: International Business Corporation
IBGE: Instituto Brasileiro de Geografia e Estatística
IMD: Instituto Internacional para a Administração e Desenvolvimento
IPC: Índice de Percepções de Corrupção
LGDJ: Livraria Geral de Direito e de Jurisprudência
MC: mercado comum
MCCA: Mercado Comum Centro-Americano
Mercosul: Mercado Comum do Sul
MNA: Movimento dos Países Não Alinhados
MPLA: Movimento Popular de Libertação de Angola
MRE: Ministério das Relações Exteriores do Brasil
Nafta: Área de Livre Comércio da América do Norte
NCP: Network Control Protocol
NICs: Novos Países Industrializados
Noei: Nova Ordem Econômica Internacional
Nomic: Nova Ordem Mundial da Informação e Comunicação
OACI: Organização da Aviação Civil Internacional

OEA: Organização dos Estados Americanos
OECE/OCDE: Organização Europeia de Cooperação Econômica, substituída
    pela Organização de Cooperação e Desenvolvimento Econômico
OI: Organização Internacional
OIC: Organização Internacional do Comércio
OIMT: Organização Internacional de Madeiras Tropicais
OIT: Organização Internacional do Trabalho
OMC: Organização Mundial do Comércio
OMPI: Organização Mundial da Propriedade Intelectual
OMS: Organização Mundial da Saúde
ONG: Organização Não Governamental
Ongat: Organização Não Governamental de Alcance Transnacional
ONU: Organização das Nações Unidas
Opep: Organização dos Países Produtores de Petróleo
OTAN: Organização do Atlântico Norte
Otase: Organização do Tratado do Sudeste Asiático
OUA: Organização de Unidade Africana
PA: Pacto Andino
PAC: Política Agrícola Comum
PD: Pesquisa e Desenvolvimento
PMA/LDC: Países Menos Avançados/Least Developed Countries
PNB: Produto Nacional Bruto
Pnud: Programa das Nações Unidas para o Desenvolvimento
Pnufid: Escritório das Nações Unidas para a Fiscalização de Drogas e Prevenção
    de Delitos
PPS: Policy Planning Staff do Departamento de Estado dos Estados Unidos
PV: Pacto de Varsóvia
RDILC: Revista de Direito Internacional e de Legislação Comparada
RGDIP: Revista Geral de Direito Internacional Público
RI: Relações Internacionais
RICV: Revista Internacional da Cruz Vermelha
RFSP: Revista Francesa de Ciência Política
SALT: *Strategic Arms Limitation Talks*
SDN: Sociedade das Nações (ou Liga das Nações)
TA: Tratado de Assunção
TCP/IP: *Transmission Control Protocol/Internet Protocol*
TI: Transparência Internacional
Tiar: Tratado Interamericano de Assistência Recíproca
TM: Terceiro Mundo
TNP: Tratado de Não Proliferação Nuclear

TPI/EPI: Tribunal Penal Internacional
UA: União Aduaneira
UC: União Comercial
UE: União Europeia
UEM: União Econômica e Monetária
UIT: União Internacional de Telecomunicações
UM: União Militar
UNCTAD: Conferência das Nações Unidas para o Comércio e o Desenvolvimento
Unesco: Organização das Nações Unidas para a Educação, a Ciência e a Cultura
Unita: União Nacional para a Independência Total de Angola
UP: União Política
URSS: União das Repúblicas Socialistas Soviéticas
ZLC: Zona de Livre Comércio

Introdução

A especificidade das relações internacionais (RI) pode ser encontrada, tal como enfatiza Raymond Aron em *Paz e guerra entre as nações*, na "legitimidade e na legalidade do recurso à força armada por parte dos atores". Trata-se, prossegue o autor, de traço característico, pois "nas civilizações superiores, essas relações são as únicas, entre todas as relações sociais, que admitem a violência como norma".[1]

O pessimismo resultante da perspectiva realista fez que filósofos e juristas despendessem grande esforço na criação de condições para enquadrar a suposta selvageria internacional. Mas, em definitivo, a ausência de um poder coercitivo comum, acima e além dos Estados, marcou a quase totalidade da história da humanidade. Finalmente em 1945, com a criação da Organização das Nações Unidas (ONU), surgiu, no âmbito do Conselho de Segurança (CS), uma instância detentora dos instrumentos e da legalização para impor uma ordem internacional.

Contudo, contrariando Hans Kelsen, que pretendia garantir a "paz através do Direito",[2] é a política que se sobrepõe ao Direito. A politização da paz se expressa pela duplicidade da ação de um grupo restrito de Estados que defendem, ao mesmo tempo, os seus interesses nacionais e o que eles supõem ser as aspirações da humanidade.[3]

---

1   ARON, R. "O que é uma teoria das relações internacionais". In: BRAILLARD, P. *Teoria das relações internacionais*. Lisboa, Fundação Calouste Gulbenkian, 1990, p.149.

2   Sua sugestão essencial consiste na criação de uma organização encarregada de manter a paz e a segurança internacionais cujo principal instrumento seria uma Corte de Justiça, dispondo de jurisdição obrigatória. As decisões seriam impostas a todos, se necessário pela força. Consultar KELSEN, H. *Peace through Law*. Chapel Hill, The University of North California, Van Rees Press, Nova Iorque, 1944, 155p.

3   Apesar da ausência de conflito de alcance mundial, ocorreram, nos últimos cinquenta anos, paralelamente à história da ONU, mais de duzentas guerras que provocaram 50 milhões de vítimas entre mortos e refugiados.

Embora mantendo certa atualidade, a percepção aroniana sobre a natureza das RI carece de profundidade na medida em que se interessa exclusivamente pela dramaticidade da alta política internacional, concedendo ao Estado um irrealista e exclusivo monopólio e, sobretudo, descurando a microfenomenologia internacional contemporânea.

A crescente interdependência entre os povos, a impossibilidade de traçar uma linha estanque entre as origens nacionais e as consequências internacionais dos fenômenos contemporâneos, o surgimento de temas transversais e difusos, bem como de novos atores na cena internacional, e a densa trama formal representada pela existência de quarenta mil tratados internacionais, em plena vigência, indicam a complexidade crescente das RI e demonstram sua vitalidade.

A condição multifacetada das RI impõe um exercício intelectual ausente nas outras disciplinas das ciências sociais e humanas. Seu estudo pressupõe a utilização de parâmetros e utensílios cognitivos que transcendem o alcance de disciplinas pretensamente estanques. Com esse espírito foi redigido o presente ensaio. De maneira simples e despretensiosa, já que pretende unicamente lançar as bases para o estudo das RI, o livro foi elaborado com a consciência de que a afirmação da cidadania do homem contemporâneo transita pelo entendimento abrangente das RI.

A modéstia da contribuição pretende ser compensada por uma abordagem original. Redigido em um vocabulário direto, há um claro esforço metodológico para a identificação de aspectos raramente salientados em obras do gênero. O livro persegue a singela pretensão de colocar à disposição dos estudantes e cidadãos brasileiros um texto didático, acessível e atualizado sobre o conteúdo da disciplina de RI.

Trata-se de uma introdução às RI complementar a outras obras que publiquei, individualmente ou com a colaboração de colegas. Durante sua organização e redação, preocupei-me exclusivamente com o leitor que se inicia na nova formação ou está interessado em compreender as facetas do mundo atual. Foi adotada uma perspectiva própria à realidade e aos anseios das sociedades em desenvolvimento. Não se trata de descartar as percepções oriundas dos núcleos centrais de estudos das RI; contudo, o objetivo é fazer que a formação em RI no Brasil não se satisfaça com o acesso ao conhecimento produzido alhures. Ao mesmo tempo em que se conscientiza, é necessário que o estudioso extraia dessa disciplina lições que lhe propiciem o conhecimento crítico para que possa transformar-se em instrumento de mudança das desequilibradas RI contemporâneas.

A obra é dividida em três partes. Inicialmente, um sobrevoo das características específicas que fazem das RI um campo *sui generis* das relações sociais e humanas. A segunda parte é utilizada para definir os numerosos atores que interferem na cena internacional. Por último, elaboramos um inventário das principais questões internacionais que dominam o mundo contemporâneo.

As RI, concebidas como os contatos entre grupos socialmente organizados, datam dos primórdios da humanidade. Todavia, a disciplina universitária das RI surgiu somente em 1919, quando a Universidade do País de Gales criou uma cadeira específica, sendo imitada pelo conjunto do sistema universitário anglo-saxão. Após a Segunda Guerra Mundial, cresceu o interesse acadêmico nos países desenvolvidos, impelindo a nova disciplina a transformar-se em um fenômeno do Atlântico Norte. Tributária dessa atenção, a literatura das RI espelha os valores do Ocidente desenvolvido, fazendo que a nacionalidade do pesquisador condicione sua orientação metodológica e suas escolhas científicas.

Em seus primórdios, para alguns autores o desafio que se apresentava era identificar o alcance e os instrumentos analíticos na tentativa de visualizar os contornos que pudessem conceder autonomia à nova disciplina. Outros, ao contrário, percebiam as RI como *disciplina-encruzilhada*, na medida em que a ela aportavam múltiplas contribuições das ciências sociais. Esse questionamento ainda é atual.

Há várias escolas teóricas que abordam as RI. Elas se dividem, basicamente, em dois grupos, impregnados por visões dicotômicas do homem: o primeiro é moralista e otimista, inspirado em Rousseau e Kant nas suas sustentações da bondade humana; o segundo, ao contrário, é realista e pessimista, baseia-se nas lições de Hobbes e Maquiavel, e defende que o homem é um animal selvagem de instinto belicoso, que necessita de um poderoso freio representado pela força da ordem.

Múltiplas orientações teóricas inspiram-se nessa dicotomia: o realismo (tradicional, estrutural, cooperativo e o neorrealismo); o funcionalismo (republicanismo e institucionalismo); o regionalismo (anarquismo, democracia direta e federalismo); o liberalismo; e o imperialismo (dependência e globalismo político-econômico).

Durante muitas décadas, a Universidade de Brasília foi a única no Brasil a oferecer uma graduação em RI. Tal situação mudou radicalmente a partir do início da década de 1990. Descolada da evolução da formação em RI nos cursos de graduação do Atlântico Norte, finalmente a Universidade brasileira despertou, criando, na última década, mais de quatro dezenas de cursos específicos em RI.

Inúmeras questões e problemas são colocados pela atual realidade brasileira: a indefinição de um currículo básico comum; a possibilidade de especialização econômica, jurídica, histórica ou política segundo a proposta pedagógica de cada curso; as limitações de parte do corpo docente que não dispõe de uma formação específica em RI; a apreensão natural dos estudantes sobre as oportunidades profissionais oferecidas pelo curso, supondo-se que, naturalmente, nem todos os formados serão destinados à carreira acadêmica; e, finalmente, a escassez e a dispersão da bibliografia em português.

A presente obra é uma tentativa de contribuição para minimização desses problemas. Mas, sobretudo, constitui um esforço para a elaboração teórica que se vincule à realidade internacional dos países do Sul. A responsabilidade intelectual e cidadã deve impedir a satisfação com modelos de pensamento sustentados nas inaceitáveis RI da atualidade. Elas exigem um repensar sobre questões que interferem pesadamente no futuro da humanidade.

A elaboração desta obra se beneficiou de contribuições de muitos colegas, amigos e alunos. A todos manifesto meu sincero agradecimento. Todavia, ressalto o auxílio essencial dos atentos e críticos leitores Evandro Menezes de Carvalho, Marco Aurélio Bierman Pinto e, sobretudo, Deisy de Freitas Lima Ventura, que incentivaram a publicação com sugestões de forma e conteúdo.

AS CARACTERÍSTICAS DAS RELAÇÕES INTERNACIONAIS

PARTE I

A compreensão das relações internacionais (RI) implica múltiplos desafios. O primeiro consiste em apreender a natureza dessas relações sociais. É necessário identificar em que elas se diferenciam dos fenômenos que ocorrem no interior das sociedades, quais os vínculos existentes entre a realidade endógena e os fenômenos internacionais e como delimitar seu campo de observação.

O segundo desafio decorre das tentativas intelectuais de definir o que são as RI. Ao eleger um caminho metodológico e explicativo, essa pesquisa procede a uma clara opção por uma abordagem concreta do fenômeno internacional. Todavia, o leitor encontrará nesta Parte I uma apresentação dos principais itinerários metodológicos de diferentes escolas teóricas.

Como fecho desta Parte, foi elaborado um balanço da experiência histórica e da construção de normas dela decorrente. Com efeito, as RI proporcionam, por meio da socialização dos atores, o surgimento e a afirmação de atitudes comportamentais que compõem um patrimônio comum da humanidade.

1 | A natureza das relações internacionais

As RI definem-se como o *conjunto de contatos que se estabelecem através das fronteiras nacionais entre grupos socialmente organizados*. Portanto, são internacionais todos os fenômenos que transcendem as fronteiras de um Estado, fazendo que os sujeitos, privados ou públicos, individuais ou coletivos, relacionem-se entre si. Essa percepção alarga tanto a cena a ser analisada quanto o número de atores que dela tomam parte.

As RI surgem quando dois ou mais grupos socialmente organizados intercambiam bens, ideias, valores e pessoas, tanto num contexto juridicamente definido quanto de maneira circunstancial e pragmática.

Descarta-se a ideia de que os estudos das RI seriam restritos à análise da ação externa do Estado. Nesse caso, o objeto analítico seria unicamente as relações interestatais. Ora, como mostra o segundo capítulo, apesar de o Estado manter uma privilegiada posição e poderes exclusivos na cena internacional, a diversificação dos temas relacionais e dos atores envolvidos corrói progressivamente sua onipotência.

A ação, a omissão ou a indiferença na seara externa marcam a história da civilização. A existência de agrupamentos humanos autônomos e relativamente diferenciados na Antiguidade ocasiona o surgimento das primeiras manifestações das RI. A organização de alianças militares entre cidades gregas e a instituição de mediadores para auxiliar na solução de conflitos impregnam de forma indelével o bicefalismo originário e secular das RI: a capacidade de fazer a guerra e os esforços para a manutenção da paz.

A natureza das RI coloca o difícil desafio da delimitação de seu campo de atuação. Como delimitá-lo e como identificar os temas que lhe são pertinentes? A resposta à primeira indagação poderia decorrer da simples constatação de que somente os fenômenos que ocorrem além das fronteiras dos Estados interessariam às RI. Todavia, a atuação externa dos Estados e dos outros atores internacionais não pode ser compreendida sem a devida análise das condições internas que a motivam. Ou seja, existe um estreito vínculo entre a percepção ideológica de um governo e sua atuação internacional. Mesmo podendo ser consideradas a mais constante das políticas públicas, as atividades externas governamentais sofrem inflexão de prioridades quando há mudança de governo ou de regime político.

Os modernos meios de comunicação desconhecem as limitações fronteiriças. O fenômeno do fim do território – concebido como espaço estanque no interior da linha de fronteira – faz a interpenetração entre o endógeno e o exógeno apresentar-se como elemento fundamental da realidade contemporânea. Os cidadãos em rede, como será enfatizado adiante, levam novos atores à cena internacional.

Para a compreensão correta dos desafios internacionais, o pesquisador deve levar em consideração a evolução da realidade interna dos Estados. O dito segundo o qual as diferenças entre os partidos Democrata e Republicano dos Estados Unidos terminam quando é atravessada a fronteira do país é desmentido pela própria história de sua política externa. Muitos outros exemplos poderiam ser citados, tais como as opções distintas do Irã imperial e do khomeinista, as implicações da revolução soviética na condução da política externa russa e as prioridades diferenciadas do regime militar brasileiro se comparadas às pós-1985. Portanto, há estreitos liames entre realidade interna e política externa, fazendo do estudo das RI o mais vasto campo analítico entre todas as ciências sociais e humanas.

Além da amplitude do campo, multiplicam-se os temas que interessam às RI. O Estado, por exemplo, interessa-se atualmente por temas internacionais desprezados ou inexistentes no passado: a importância das trocas comerciais; a captação de recursos financeiros estrangeiros; a proteção dos direitos humanos e do meio ambiente; a cooperação técnica internacional (saúde pública, trabalho, comunicações, propriedade intelectual, migrações, agricultura e desarmamento) e a política de difusão cultural. Tais temas agregam-se às preocupações internacionais tradicionais, como a segurança, a manutenção da paz, a busca do prestígio e o exercício da influência.

Assim, os 40 mil tratados internacionais que estão registrados nas Nações Unidas compõem o tecido normativo das RI. Todavia, seria necessário incluir os milhares de textos legais internacionais que se originam nas organizações internacionais (OI) públicas e privadas, ou ainda suas declarações, resoluções, decisões e os atos unilaterais dos Estados. Além disso, os parâmetros constitucionais que possibilitam a atuação externa de cada Estado deveriam, igualmente, ser objeto de análise. Note-se que esse breve levantamento restringe-se aos aspectos formais das RI que vinculam os Estados, portanto, ao Direito Internacional Público (DIP) e ao Direito das RI.

Além de haver hoje uma agenda mais densa, mudou também o eixo central em torno do qual giram as iniciativas de competição ou de cooperação internacional: a política, instrumentalizada pelo fenômeno da guerra, que marcou as RI de forma indelével nos séculos anteriores, sofre a concorrência da economia, em particular a partir da segunda metade do século passado.

Conceitos e teorias sobre as relações internacionais

2

Ultrapassando largamente o que se encontra em outros ramos das ciências, a observação da cena internacional e as teorias que dela resultam vinculam-se à situação do analista. Descartando o caso extremo das ciências naturais e exatas, em que a relação entre o objeto da pesquisa e o estudioso caracteriza-se pela ausência de ideologia e a utilização de instrumentos analíticos representa uma mera e indispensável mediação entre o analista e seu objeto, nas ciências sociais e humanas tanto a forma quanto o resultado da análise são indissociáveis da formação cultural do observador.

Do conjunto das ciências sociais, é na pesquisa em RI que se encontram os liames mais estreitos e definitivos entre as características do pesquisador, ou teóricos das RI, e os resultados alcançados. Ou seja, existe uma relação direta entre analista e analisando, que deve ser explicitada para que os contornos, o alcance e os limites de seus resultados sejam claramente apreendidos.

O analista das RI não possui somente um histórico cultural, mas, sobretudo, um ponto fixo em que ele se situa para observar a cena internacional. Essa janela para o mundo consiste, na maioria das vezes, no vínculo de nacionalidade. Ou seja, a quase totalidade dos teóricos das RI elabora suas pesquisas pelo prisma do território onde se encontram.

O posto de observação delineia o campo a ser observado e, por conseguinte, a própria pesquisa é limitada por um interesse intelectual claramente definido. A atenção concedida às RI pelos centros de pesquisa dos países desenvolvidos resulta na monopolização da maneira de perceber, entender e explicar o mundo por um prisma nortista. A concentração da pesquisa em RI em alguns centros acadêmicos relevantes do hemisfério Norte provoca sua uniformização conceitual e uma clara identificação das correntes de pensamento com os paradigmas estabelecidos.

O lugar do pesquisador no mundo faz que os parâmetros de sua pesquisa sejam condicionados pelo horizonte espacial que a ele se oferece. Ou seja, o entorno imediato do pesquisador lhe concede uma percepção localista, sobretudo quando este aborda a inserção internacional de seu Estado.

Mais do que qualquer outro pesquisador em ciências sociais, o analista de RI padece de uma grave moléstia: o prisma nacional, por vezes o nacionalismo, consciente ou não, que impregna a quase totalidade dos estudos das RI. Além do natural e compreensível entorno cultural, o analista de RI é percebido como um instrumento de divulgação da percepção que seu Estado possui – independentemente de governo – das RI. Ele não deve buscar a compreensão dos fenômenos internacionais da maneira mais competente e independente possível, mas somente buscá-la caso ela atenda às expectativas de seu próprio Estado.

A relação estreita com seu Estado permite um constante diálogo e assessoramento governamental. Não é raro encontrar os analistas das RI como conselheiros do Príncipe ou mesmo, nos casos de Henry Kissinger e Celso Lafer, praticando em seu nome. Na maioria dos países desenvolvidos, há um constante intercâmbio entre a Academia e a diplomacia encarregada de projetar a atuação externa do Estado. Nesse sentido, alcança ampla dimensão a visão nacional das RI.

Essa situação provoca imenso desequilíbrio qualitativo e quantitativo entre as escolas teóricas. Enquanto são raras as percepções oriundas do hemisfério Sul, proliferam as de origem nortista. Pode-se dizer que em face da avalanche de estudos contemporâneos das RI que elegem como parâmetro os interesses do Norte, onde a realidade do Sul é percebida sob o exclusivo prisma do controle, escassas são as teorias que se originam nos países em desenvolvimento capazes de elegê-los como objeto central de suas análises.

Por outro lado, com a percepção recorrente nas *nomenklaturas* dos Estados sulistas de que as questões internacionais devem permanecer sob o apanágio de um restrito grupo de profissionais do Executivo, a criação teórica sofre as limitações impostas pela ausência de diálogo com os responsáveis e, sobretudo, pela inacessibilidade dos arquivos indispensáveis à pesquisa científica.

O monopólio do Estado na criação de conhecimento em RI nos países do Sul causa imenso e irreparável prejuízo. Forçados a afastarem-se das indispensáveis fontes, os estudiosos do Sul obrigam-se a trilhar dois caminhos, ambos marcados por evidentes limitações: por um lado, transformam seus trabalhos em meros ensaios, e, por outro, devem restringir-se a uma percepção formalista da ação externa, já que são tributários da boa vontade do Estado para o fornecimento da matéria-prima indispensável às suas pesquisas.

Finalmente, há a percepção dos próprios colegas do hemisfério Norte que consideram os raros estudos originários do Sul resultado de posições parciais e desprovidas de rigor científico. Ausentes as liberdades essenciais e presentes deplorá-

2 Conceitos e teorias sobre as relações internacionais · **7**

veis condições de pesquisa e revolta com a atual distribuição do poder mundial, torna-se impraticável a realização de estudos de forma independente. Assim, um teórico chinês, africano ou latino-americano é prontamente identificado ideologicamente como alguém a serviço de uma causa e não como um intelectual que tenta compreender e explicar o mundo.

O estudioso internacionalista está impregnado pelo localismo. Quando crítico da atuação externa de seu próprio governo, transforma-se em *persona non grata*, intelectual bizarro incapaz de entender que os supostos interesses do Estado devem sobrepor-se à ciência. Quando independente, é acusado de ingenuidade pelos realistas que o consideram um inocente útil a serviço dos desígnios das grandes potências.

A diversidade de conteúdo e de atores e a dimensão do campo onde se desenrolam seus fenômenos fazem que o estudo das RI seja objeto de esforços teóricos na busca de uma hipotética racionalidade, de uma apreensão da totalidade do real e, se possível, do estabelecimento de mecanismos que permitam a previsibilidade do sistema internacional. Procura-se ordenar os fatos, tornar inteligíveis as atitudes dos atores e identificar as fontes ideológicas e filosóficas que os inspiram, delineando os parâmetros que os movem, mormente o Estado, no cenário externo.

Contraponto às escolas, sobretudo norte-americanas, que tentam identificar no fluxo constante do intercâmbio internacional a reiteração de atitudes coerentes suscetíveis de percepção científica, outros analistas recusam-se a conceder ao estudo das RI algum grau teórico e ainda menos o caráter de ciência. De fato, a origem dessas percepções dicotômicas repousa na oposição ou dualidade conceitual das RI, dualidade que se divide em, por um lado, moralistas/otimistas/racionalistas e, por outro, em realistas/pessimistas que consideram o Estado um ator fragmentado, conforme quadro transcrito a seguir.

Malgrado os esforços para tornar-se uma disciplina autônoma, a compreensão das RI exige múltiplos atributos intelectuais. Em primeiro lugar, torna-se impossível compreendê-las se estiverem ausentes sólidos conhecimentos de geografia física, política e humana, bem como de cartografia. Pode-se admitir, inclusive, a *boutade* que sublinha que a geografia serve, antes de tudo, para fazer a guerra. A análise do Império Romano demonstra que sua "experiência é, antes de tudo, uma experiência do espaço"[1] que se transformou na matriz espiritual e material de todos os impérios.[2]

---

1 BRAGUE, R. *Europe, la voie romaine*. Paris, 1992, p.33.
2 A exaltação feita de Roma pelo fascismo e a remodelagem cartográfica da Europa pelo nazismo constituem exemplos recentes do fascínio exercido pela noção de império.

8 Relações internacionais • Parte I

Tabela 2.1 A dualidade conceitual das relações internacionais

Paradigmas	Moralistas/otimistas	Realistas/pessimistas
Antropologia	O homem é bom por natureza	O homem é mau por natureza
Unidade analítica	Sociedade, conjuntura interna	Estado ou nação, governo
Visão do mundo	Sociedade universal	Mundo composto por Estados
Estrutura	Dependência e sujeição	Anarquia
Força militar	Desarmamento	Dissuasão pelas armas, balança de poder
Estratégia	Organizações internacionais, governo mundial	Ordem e hierarquia estatais
Instituições analíticas	Estudos críticos sobre a solução de conflitos, escola idealista, julgamento ético	Estudos estratégicos, escola realista, ética da responsabilidade
Conflito	Estrutural	Nas relações de força
Guerra	A violência é o ápice de um conflito	Resulta da anarquia, busca objetivos com meios militares
Paz	Equilíbrio estrutural, harmonia, fraternidade	Ausência de guerra (paz negativa), defesa do *status quo*

Fonte: PFETSCH, F. *La politique internationale*. Bruxelas, Bruylant, 2000, p.20.

A posse territorial constituiu, ao longo da história da humanidade, o objetivo supremo das ações de grupos organizados. A guerra de conquista como instrumento de política externa dos Estados foi abolida somente em meados do século passado. A posse da terra fundamenta duplamente o direito: em direção ao interior, com sua distribuição e delimitação, e em direção ao exterior, com o confronto com os demais grupos organizados. Assim, a conquista, a ocupação e a colonização encontraram-se no centro das RI e moldaram o atual Direito Internacional.

Outro aporte importante da geografia às RI ocorre no final do século XIX, quando a clássica visão liberal das RI, até então a serviço do Estado, sofre a influência do imperialismo. Dessa conjunção nasce a geopolítica, que sustenta a existência de uma relação direta entre a dimensão territorial dos Estados e seu real poder no sistema internacional. A partir dessa visão, o território é tomado como um valor permanente, estando sua segurança e independência diretamente a ele relacionadas.[3]

Inspirados pelo geógrafo alemão Ratzel, os princípios geopolíticos estiveram na origem da Segunda Guerra Mundial e retornaram ao centro dos debates a partir dos anos de 1970. Sua influência na condução da diplomacia brasileira sob o regime militar de 1964 foi enfatizada por muitos autores. Todavia, a geopolítica vai além. Por

---

3   O Barão do Rio Branco, patrono da diplomacia brasileira e um dos heróis nacionais, esposava a teoria geopolítica e considerava que "terra é poder".

2 Conceitos e teorias sobre as relações internacionais **9**

um lado, as representações das RI contemporâneas utilizam-se constantemente dos utensílios geopolíticos, como a cartografia – código que pode, à primeira vista, sugerir uma visão simplista a ser utilizada para a leitura de realidades complexas[4] – e os *Atlas* comentados.[5] Por outro lado, conflitos recentes, como o da Iugoslávia, do Oriente Médio e a Guerra do Golfo, fizeram ressurgir o interesse pela geopolítica na medida em que se encontram no cerne dessas guerras a dominação, a distribuição e a exploração territorial.

A geopolítica, como ramo de conhecimento próximo das RI, possui um duplo e limitado objetivo: "constatar os fatos e postular, em seguida, a existência de eventuais conflitos a partir da análise das relações de força".[6] Portanto, ela explicita a prática e o conhecimento que os homens têm da força e da violência na cena mundial, para modificá-la em proveito próprio. Ora, o movimentado cenário internacional acomoda-se perfeitamente com as carências da geopolítica, pois "nestes últimos anos todos os mapas políticos publicados caducaram imediatamente".[7]

A importância das questões ambientais, a preservação da biodiversidade, a proteção internacional dos ecossistemas, a utilização de patentes laboratoriais que praticam uma verdadeira pirataria nos territórios dos Estados em desenvolvimento e as catástrofes humanitárias que assolam muitas regiões do planeta demonstram que o retorno da geografia a suas origens constitui elemento crucial para o estudo das RI, e sua contribuição é indispensável para a correta compreensão dos desafios que se apresentam.

Independentemente da sensibilidade ou da formação do observador atento da cena internacional que podem conduzi-lo a esposar uma ou outra percepção teórica, ele é obrigado a mover-se com naturalidade na ciência histórica. Ausente o conhecimento dos fatos e de suas distintas interpretações, não há como compreendê-los para posterior tentativa de construção de uma teoria. Pode-se afirmar que somente com a história não se faz RI. Todavia, sem amplos conhecimentos históricos, a compreensão dos fenômenos internacionais torna-se impossível.

Contudo, a extensão do campo histórico faz surgir dois dilemas: por um lado, a correta identificação dos aspectos pertinentes à pesquisa em face da dificuldade em trabalhar com um campo tão vasto. Nesse sentido, a amplitude do campo de

---

4   A cartografia não é somente uma técnica de representação, mas "um verdadeiro discurso que ajuda a entender e a melhor conceber a sociedade e seu espaço". Consultar DE BIAGGI, E. M. *La cartographie et les représentations du territoire au Brésil*. Tese de doutorado, Instituto de Altos Estudos da América Latina, Universidade de Paris III, 2000, mimeografada, 484p.

5   Em 1960, o Instituto Brasileiro de Geografia e Estatística (IBGE) publicou, com textos redigidos por Delgado de Carvalho, um interessante e raro *Atlas de relações internacionais*. Rio de Janeiro, 160p.

6   RAFFESTIN, C. "Pour une analyse géographique du politique". In: *Guerres et paix*. Genève, Georg, 2000, p.759.

7   Ibidem.

observação deve ser compensada pela escolha de um tema restrito. Assim como na pesquisa em ciências sociais, o sucesso da pesquisa em história de uma maneira geral, mas sobretudo em história das RI, depende da correta delimitação do objeto a ser estudado, descartando-se o falso debate entre a micro e a macro-história. Ambas são imprescindíveis. No entanto, a capacitação do macro-historiador, capaz de grandes sobrevoos, transita, necessariamente, pela história pontual, na qual o corte cronológico desempenha função essencial.

O segundo dilema refere-se aos liames entre política interna e externa. A construção da atuação internacional de um Estado resulta do denominado *interesse nacional*. Do que se trata e como avaliá-lo? A ação externa de um Estado pode ser comparada com a parte visível de um *iceberg*. A que se extrai da água, visível para todos, sustenta-se, em definitivo, na parte que se encontra submersa, já que somente esta é capaz de fornecer os instrumentos necessários à *construção de uma decisão*.

O surgimento de uma questão externa implica a participação de um número considerável de intervenientes durante o processo de definição. Vários setores do poder público podem ser chamados a opinar, mas também interesses privados são auscultados, inclusive ponderações de formadores de opinião pública ou de representantes de organizações privadas não governamentais.

A democracia representativa permite a manifestação de distintas percepções, e um governo atento às demandas pode sensibilizar-se e orientar sua decisão conforme tais sugestões. Portanto, toda decisão conhece o mesmo itinerário, de maior ou menor complexidade, com exceção, evidentemente, dos regimes personalistas, nos quais a palavra do ditador não só é única, como também não pode ser contestada.

Finalmente, é necessário avaliar como a decisão externa deverá ser aplicada internamente, ou seja, as consequências do que podemos denominar de *retorno da decisão*. Os compromissos assumidos com o exterior possuem repercussões internas, tanto do ponto de vista da organização jurídica, com a internalização dos termos de um tratado, quanto no que diz respeito à administração do Estado, que se obriga a orientar sua política de forma distinta. Além disso, a decisão em política externa pode ser apresentada como condão para acelerar a tomada de decisão interna sobre um assunto que não pode ser objeto de uma decisão nacional autônoma em razão da ausência de consenso. Nesses casos, o exógeno é utilizado como instrumento da própria luta interna.

A teoria das RI surge em oposição a um suposto superficialismo empírico sustentado, em especial, pelos estudos históricos. Ora, em qualquer dos ramos do conhecimento, não existe teoria sem constatação empírica. Inclusive a história factual deve ser sempre sustentada por uma hipótese ou por uma pergunta à qual a pesquisa tenta responder.

Complementos indispensáveis ao conhecimento primário e às diferentes versões dos fatos que caracterizam a formação enciclopédica, os estudos históricos perseguem dois objetivos essenciais:

2 Conceitos e teorias sobre as relações internacionais 11

- o aprendizado de técnicas e de métodos que tornem inteligíveis tanto a percepção dos fatos como a sua explicação; trata-se, portanto, do *saber fazer* que utiliza a memória como instrumento, que relaciona os acontecimentos, permitindo, assim, a apreensão da totalidade da realidade histórica;
- por meio do *saber ser* o estudioso participa de sua própria educação e se transforma em um ator do processo de conhecimento.

Os historiadores das RI correm o risco de cometer uma série de pecados capitais e veniais. A história das relações exteriores se ressente, ainda mais do que a história *tout court*, de construções ideológicas (a ideologia no sentido de uma construção do espírito, sem conotação de valor) que a marcam profundamente. Além disso, é comum encontrar *historiadores nacionais*, ou seja, aqueles que defendem a posição de seu país e não a ciência histórica.

Entre os pecados capitais dos historiadores encontra-se:

- *a história falsificada* (oficial ou não), na qual o pesquisador busca, com uma seleção minuciosa e parcial das fontes primárias, as evidências que compõem a *sua* verdade. Ou seja, o lançar mão de documentos não resulta de uma vontade de construir um relato consistente e o mais próximo possível da verdade histórica, mas, ao contrário, de dar aparência de seriedade a um falso relato;
- *a história imbecil*, na qual o relato reflete a imagem do historiador. Como em todas as atividades humanas, inclusive intelectuais, encontramos autores cuja obra não pode alçar-se além de seu próprio nível;
- *a história mercantil* consiste em uma nova e difundida moléstia. O objetivo perseguido não é educativo, tampouco cultural. Trata-se de um fim exclusivamente financeiro, para o qual o autor lança mão de uma fórmula mágica infalível. Escolhe um tema em voga, trata-o com maestria e inexatidão, sabendo que, quanto mais ousado e inexato for o relato, maior será seu impacto. Dispondo de um importante orçamento em publicidade, não alimenta nenhuma dúvida nos leitores e fornece respostas absurdas para interrogações cretinas.

O autor dispõe de amigos nos meios de comunicação e participa ativamente em debates públicos, se possível na TV, onde demonstra a crença em uma verdade absoluta e dogmática. O relato deve ser dramático e lançar mão de autores clássicos para evitar um sempre possível processo por danos morais, adicionando pimenta e sal à vida pessoal dos atores da trama e sustentando, contra todas as provas e evidências historiográficas, uma tese oposta e paradoxal.

Além desses pecados, encontramos os veniais, ou seja, aqueles que não se vinculam ao caráter (ou à falta de caráter) do autor, mas às suas escolhas literárias, que tendem a limitar a compreensão e a difusão da narrativa:

- *a história científica, porém enfadonha* – muitos historiadores confundem seriedade e chatice. O atrativo da história não se resume ao somatório de anedotas (muitas, falsas), como defende a história mercantil. Ao contrário, os verdadeiros movimentos da história, profundos ou superficiais, contêm muito mais emoções que o anedotário. A história é, em definitivo, uma *ciência* que deve buscar as evidências, mas também uma *arte* em que, por meio das palavras, relata a *vida*. Como enfatiza Jean-Baptiste Duroselle, "a história pesada e insípida é um crime contra o espírito";

- *a história cíclica* – realça a regularidade da história da humanidade, resumindo que a "história se repete, sempre". Ora, mesmo que haja atitudes consideradas uniformes como, por exemplo, o fenômeno do isolacionismo dos Estados Unidos em alguns momentos de sua história, a aplicação desse princípio na política externa insere-se em contextos distintos que devem ser explicitados;
- *a história dialética* – tal perspectiva toma o contrapé da anterior afirmando que a "história não se repete, nunca". Trata-se da história dominada pelas *correntes* e que introduz as noções de tese, de antítese e de síntese. Há, portanto, a possibilidade de uma certa previsão que deverá colocar um ponto final à história tanto para os historiadores marxistas, com a chegada da sociedade sem classes, como para os liberais deterministas, como Fukuyama.

Em definitivo, a história como perspectiva e embasamento indispensável para a compreensão das RI deve *humanizar-se* e recuperar o sentido da *narrativa*. É necessário afastá-la da previsibilidade, da mecanicidade e da inevitabilidade. A ideia de que, em razão dos avanços tecnológicos e da homogeneização do mundo, a história contemporânea pode descartar o imprevisto, portanto, o humano, é totalmente errônea. A queda do Muro de Berlim em 1989 e os atentados de 11 de setembro de 2001 demonstram que a verdadeira história da humanidade possui o condão de contestar com vigor o determinismo e a redoma em que algumas escolas historiográficas esforçam-se em prendê-la.

Para construir a história é necessário pesquisar as fontes. O triste hábito de muitos historiadores de repetir os erros e os acertos, bem como as virtudes e os defeitos de pesquisas realizadas por outros, transforma em mera reprodução o que deveria ser a produção original da história.

Todavia, não basta obter acesso às fontes: é imprescindível saber selecioná-las. Em primeiro lugar, trata-se de definir a origem e a natureza das fontes (as fontes oficiais, em especial os arquivos manuscritos e originais dos ministérios das Relações Exteriores; os documentos diplomáticos que foram selecionados pelo Estado para fins de publicação; os documentos das OI, como os debates nas Comissões e os documentos adotados como resoluções ou recomendações, ou seja, como foi construída uma decisão – maioria simples, qualificada, unanimidade, consenso) e sua *eficácia*; os depoimentos (ou memórias biográficas) dos atores da trama histórica.[8]

---

8   Para estes, é indispensável salientar os *dois tempos distintos* das memórias, quais sejam: o tempo do desenrolar da ação e o tempo da redação das memórias. O conteúdo dos dois tempos pode ser bastante diferente, pois a memória é seletiva e traiçoeira.

2 Conceitos e teorias sobre as relações internacionais 13

A reunião do conjunto das fontes é tarefa indispensável, embora insuficiente. Trata-se de proceder a sua crítica, que deve ser feita por meio da confrontação das fontes de origem diversa, por exemplo, de dois ou mais Estados ou atores. As pesquisas envolvendo atores marginais das RI que não preservam a memória podem ocasionar um desequilíbrio entre as distintas fontes oficiais. Não é raro encontrar mais informações sobre certos temas importantes de um Estado nos arquivos de outro, sobretudo em época de crises, já que os atores tendem a não deixar vestígios de suas decisões.

A modernização das comunicações, com a generalização da telefonia, da internet e do fax, coloca uma questão crucial aos pesquisadores: como proceder para reunir o conjunto de fontes pertinentes quando a grande maioria dos meios de comunicação, sobretudo em países despreocupados com a preservação do interesse público e da memória coletiva, como no nosso caso, não adotaram uma clara política de arquivo, já que tanto o correio eletrônico como as comunicações telefônicas não são objeto de transcrição?

Nesse sentido, o incontornável *segredo de Estado* condiciona 90% dos atores estatais do sistema internacional. Critérios políticos e subjetivos são utilizados para definir o *quê*, a *quem*, *quando* e em que *condições* (seletivas ou livres) deve ser franqueado o acesso aos arquivos. Os outros 10% (essencialmente as democracias industrializadas) adotaram a regra dos 30 anos. Todavia, podem manter secretos documentos que dizem respeito a atores vivos (ou a seus familiares), bem como os pertinentes à segurança nacional.

O percurso de combatente do pesquisador em RI para acessar as fontes foi extraordinariamente facilitado pela publicação de milhares de documentos feita pela organização Wikileaks, de Julian Assange. O trabalho deste é considerado pelas potências ocidentais, particularmente os Estados Unidos e a Grã-Bretanha, como atentatório à segurança nacional. Contudo, jamais documentação fundamental da ação externa de certos Estados viria a público caso não fossem infringidas as rigorosas normas que a protegem.

A situação do acesso aos arquivos incita o pesquisador em história das RI a ser humilde e a encarar seu trabalho com ceticismo. Jamais imaginar que sua obra é definitiva, pois novas fontes, até então inacessíveis, podem estar à disposição de futuros colegas, remodelando a percepção sobre o assunto.

Além da capacidade de leitura e compreensão dos documentos em língua estrangeira, o pesquisador deve estar consciente de que, na melhor das hipóteses, ele é um intruso em um mundo onde os guardiões dos arquivos – públicos e privados – são seus principais adversários. Esses guardiões tendem a considerar o pesquisador um inimigo, capaz de contestar a construção de uma memória histórica já consolidada. Mas o pesquisador encontrará a pior das situações ao trabalhar com arquivos estrangeiros, quando, em razão de sua nacionalidade e dos temas

14 Relações internacionais • Parte I

de interesse para a pesquisa, poderá vir a ser considerado um espião e um potencial traidor.

É lugar comum afirmar que a compreensão das RI exige sólidos conhecimentos jurídicos. Inúmeros ramos das atividades internacionais requerem o aporte do Direito: os tratados, as questões humanitárias, a diplomacia, o conjunto normativo das OI, a *lex mercatoria* e a codificação do costume. Também os princípios cogentes, entre outros o desarmamento, o desenvolvimento econômico, os equilíbrios financeiro e monetário e os direitos humanos, compõem a densa tessitura do Direito das RI.

Todavia, é necessário enfatizar que a natureza da contribuição jurídica é distinta, pois ela transcende a perspectiva analítica, compondo objeto específico, que se encontra no campo a ser analisado. Em outras palavras, o Direito Internacional, ao reunir, por exemplo, uma trama impressionante de tratados internacionais em plena vigência, constitui patrimônio insubstituível para o analista das RI. Ao concluírem esses documentos, os Estados e as OI exercem prerrogativas soberanas – originárias para os primeiros e delegadas para as segundas – que atingem o grau de discricionariedade que dispunham até então no exercício de suas relações externas.

A conclusão de um tratado internacional, bi ou multilateral, tende a conceder previsibilidade às RI, limitando a ação dos Estados, inclusive dos mais poderosos. Caso inexistisse a Carta das Nações Unidas, certamente o consórcio anglo-americano teria agido com desenvoltura ainda maior na crise iraquiana do início de 2003.

A perspectiva jurídica das RI concede absoluta supremacia ao Estado. Apesar dos avanços contemporâneos, particularmente no âmbito dos direitos difusos (meio ambiente e direitos humanos), o indivíduo possui somente fragmentos de uma personalidade jurídica internacional. Esta continua a ser exercida plenamente pelos Estados que construíram, ao longo do século passado, mecanismos para evitar todas as formas de guerra.

O cenário interestatal contemporâneo apresenta uma moldura jurídica que repousa no DIP. Este coordena – diferentemente do Direito Interno, que impõe – as condutas de seus sujeitos. A especificidade predominantemente relacional do DIP e a necessidade do prévio consentimento dos Estados para que se sintam obrigados a obedecer às suas normas explicam sua marginalidade nas análises das teorias realistas das RI.

Entre as principais críticas ao DIP, sobressaem as seguintes:

- diferentemente do Direito Interno, o Internacional não dispõe de uma hierarquia normativa. Como suas fontes são múltiplas e de qualidade jurídica desigual (acordos, costumes, princípios gerais do Direito, atos unilaterais, resoluções das OI), as obrigações delas decorrentes não se prestam a uma hierarquização. Admite-se, contudo, que elas possam ser classificadas em imperativas, obrigatórias e facultativas;

- o DIP seria unicamente a manifestação do poder, como ocorre com os tratados que colocam um ponto final aos conflitos bélicos, com a teoria dos tratados desiguais e com o pentágono imperial detentor do poder de veto no Conselho de Segurança – CS da ONU;

- a inoperância da Corte Internacional de Justiça, que se expressa pela *cláusula facultativa de jurisdição obrigatória*, impossibilita o surgimento de uma instância jurídica internacional suprema, permitindo aos Estados total liberdade de conduta;

- uma parte ponderável dos instrumentos do DIP constitui um *soft law*, como as múltiplas Declarações que não ensejam a responsabilização jurídica dos Estados supostamente faltosos. Nota-se, ainda, que a inflação legislativa internacional torna impossível o conhecimento desse tecido normativo, atingindo sua aplicação e eficácia.

Apesar da aparente pertinência das críticas, impõem-se a elas certas reservas. A necessidade do consentimento dos Estados para a elaboração das normas internacionais concede ao DIP uma qualidade não encontrada no Direito Interno. Ao considerar que a construção do Direito exige o concurso ativo dos sujeitos aos quais ele se aplicará, somente o DIP pode ser considerado Direito, pois, na melhor das hipóteses, a elaboração das Constituições dos Estados contemporâneos é realizada por meio de delegação de poder. Por outro lado, um Estado que não concorda com um dispositivo de um tratado multilateral pode emitir reserva ou deixar de firmá-lo. Tal situação não é permitida pelo Direito Interno.

A missão do DIP consiste em tentar conciliar forças contrárias, quais sejam, os Estados detentores de soberania e a ordem internacional. Essa luta permanente faz com que muitos instrumentos jurídicos não atinjam os sujeitos de forma plena e eficaz. Ora, tal situação é igualmente encontrada no Direito Interno, no qual ocorrem situações, por exemplo, no Direito Penal, em que a distribuição da justiça e o acesso a ela estão vinculados à capacidade econômica, ao grau cultural e às condições sociais dos sujeitos. Por outro lado, textos jurídicos internos alimentam, igualmente, o rol de normas mortas e inaplicáveis.

A existência de normas cogentes que se impõem, indiscriminadamente, a todos os Estados – proibição da escravidão, da tortura, do genocídio, do racismo – mostra que o DIP reúne um núcleo irredutível de valores de alcance universal. Além do respeito aos princípios do *jus cogens*, os espaços aéreos, extra-atmosféricos e marítimos comuns compõem o patrimônio da humanidade e como tal são geridos com regras jurídicas multilaterais. Finalmente, a emergência de um DIP comercial vinculado à OMC/GATT, que detém jurisdição obrigatória e automática em sua seara de atuação, demonstra o processo jurisdicional que impregna as atuais RI.

As crises pontuais que eclodem nas RI tendem a obscurecer os extraordinários avanços conquistados pelo DIP. Inexiste ação lícita internacional promovida pelo Estado e pelas OI se estiver ausente o respectivo marco jurídico que a respalde. Instrumento de coordenação de vontades díspares, o DIP organiza, canaliza e inspira a ação dos sujeitos públicos que operam nas RI. Essas condições transformam o DIP em instrumento indispensável para a plena compreensão das RI contemporâneas.

16 Relações internacionais • Parte I

As análises jurídica – que percebe os Estados em perfeita igualdade soberana – e histórica – que indica as desigualdades de fato existentes entre eles – das RI conduzem a um duplo impasse. Por um lado, a relação de potência, fundamento de um sistema internacional descentralizado, defronta-se com as tentativas de enquadrar os Estados em uma ordem jurídica imperativa. Por outro, não basta constatar a disparidade dos Estados em suas ações internacionais: é imprescindível quantificá-la identificando os fatores de poder. Para tanto, é necessário apelar a percepções complementares. Entre estas, sobressai a perspectiva econômica.

A importância do enfoque econômico das RI pode resumir-se na constatação de que as guerras atuais têm como objeto primordial a conquista de mercados, em detrimento da conquista de territórios. A mercantilização aparentemente sem limites das RI, aliada à importância adquirida pela circulação financeira internacional, impossibilita uma correta compreensão dos desafios mundiais caso o analista não se detenha nos princípios que regem o comércio, os investimentos e as questões que envolvem as relações monetárias internacionais.

A internacionalização dos processos produtivos do século XIX alcança, no século seguinte, o conjunto do globo. Em um primeiro momento, o capitalismo triunfante vê-se confrontado com os modelos alternativos socialistas e oriundos do Terceiro Mundo. Ora, no final do século passado desaparece qualquer possibilidade de contestação baseada no exemplo de modelos que venham a concorrer com o capitalismo. A adoção do *socialismo de mercado* pela China em 1978 levada a cabo em um duplo movimento – abertura ao capitalismo e manutenção de um regime político fechado –, bem como a passagem da Rússia à economia de mercado em 1992 impregna de maneira indelével as RI.

O desaparecimento do modelo sino-soviético traz consigo inúmeras consequências. Primeiramente, ele afeta 1/4 da população mundial. Em seguida, no caso do desaparecimento da URSS, ele desafoga as veleidades de secessão criando um grande número de Estados independentes. Enfim e sobretudo, ele rompe o equilíbrio tripolar que vigorou durante a maior parte da segunda metade do século XX, modificando profundamente as disposições de confronto, de cooperação e de solidariedade que vigoravam até então nas RI.

Torna-se impossível apreender os contornos das atuais RI caso não sejam levadas em consideração as teorias do comércio internacional e da integração econômica. A permanente confusão que a literatura dita especializada em RI comete quando analisa os processos de integração econômica, sobretudo nos casos da União Europeia e do Mercosul, poderia ser evitada se a devida atenção fosse concedida à teoria clássica da integração. Fenômeno incontornável das atuais RI, as análises dos processos de integração devem inserir-se em seus respectivos contextos históricos e, igualmente, sofrer um acurado recorte teórico.

A problemática da globalização, em suas distintas manifestações, embora prevaleçam as de caráter econômico, transformou-se no maior fenômeno editorial contemporâneo. Os especialistas das RI defrontam-se com a irrefreável concorrência de juristas, economistas, sociólogos, historiadores, antropólogos, linguistas, cientistas políticos, diplomatas e jornalistas, que aportam suas diferentes percepções sobre o fenômeno.

O formidável interesse pelos fenômenos transnacionais é revelador da dimensão do desafio que se coloca aos estudos das RI. Naturalmente generalista, ele exige múltiplas qualidades e técnicas metodológicas apuradas. Nessas condições, não causa espécie alguma o surgimento de inúmeras teorias que tentam entender, aprisionar e explicar nossa disciplina.

Toda teoria está vinculada a uma realidade observável. Assim, em um primeiro momento, ela pode ser definida como a forma de ordenar e externar nossa percepção da realidade. A sistematização do conhecimento lhe concede sentido e propicia uma explicação coerente. O teórico extrai do rosário de acontecimentos somente aqueles que, em razão de sua transcendência, permitem uma leitura coerente do campo observável. Portanto, a teoria não substitui a realidade, mas decorre desta e das escolhas do teórico.

Denominamos teorias das RI, de fato, uma lista de procedimentos do intelecto com diferentes níveis de aprofundamento, de extensão e de objetos a ser analisados, conforme os três seguintes critérios propostos por Stanley Hoffman:[9]

- **grau de elaboração** – há pesquisas que apresentam preocupações *metodológicas*, outras vão além e identificam *hipóteses* que orientam as investigações; finalmente, tenta-se explicar a reiteração dos fenômenos com a possibilidade de definir *leis*;
- **campo de extensão** – em cada um dos três níveis analíticos mencionados, os trabalhos podem buscar definir teorias *parciais*, por exemplo, aquelas vinculadas à política externa, ou uma teoria *geral*, quando vinculada a análises de natureza estratégica;
- **postura teórica** – uma primeira reúne a teoria *empírica* sustentada pelo estudo da realidade concreta; uma segunda teoria *filosófica* julga e critica a realidade, baseada em valores e a contrapõe a um ideal; a terceira é orientada para a *ação*, ou seja, não se trata unicamente de entender a realidade pelo prazer intelectual, mas utilizar-se dessa inteligência para interferir sobre ela.

A Tabela 2.2 resume as diferentes posturas teóricas das escolas das RI.

---

9   HOFFMANN, S. "Théorie et relations internationales". *RFSP*, vol. XI, 1961, p.413-7.

18 Relações internacionais ▪ Parte I

Tabela 2.2 Sinopse das teorias das relações internacionais

	ESTADO, ATOR UNITÁRIO E RACIONAL		
	Teorias realista e neorrealista	Teorias liberal e neoliberal	Teoria da estabilidade hegemônica
Características do sistema internacional	Sistema anárquico, sem autoridade supranacional. O Estado é o ator mais importante e as OI não dispõem de autonomia.	Existem múltiplos atores (empresas, opinião pública, OI e Ongat). O Estado dispõe de um papel central.	A estabilidade do sistema internacional é condicionada pelos Estados líderes. Um Estado é líder quando dispõe da maior parte dos recursos mundiais.
Natureza do Estado	Ator unitário e racional. Privilegia os ganhos relativos.	O Estado é um ator unitário e racional e persegue múltiplos objetivos.	O líder oferece a estabilidade e sustenta seu custo. Os pequenos Estados exploram o líder.
Perspectivas de cooperação	Pessimistas. Os outros Estados são considerados inimigos.	Otimistas. A coordenação é percebida como um jogo que se repete.	Pessimistas, enquanto um líder não surge ou não manifesta o desejo de produzir os bens coletivos internacionais.
Limites	Esta corrente não leva em consideração as mudanças internacionais.	Tende a ignorar o papel do poder como tal.	É difícil identificar o país líder.
Autores	Aaron, Krasner, Mearsheimer, Morgenthau e Waltz	Axelrod, Deutsch, Hass, Keohane, Mitrany e Nye	Kindleberger

Fonte: modificada de: *Problèmes économiques*. n. 2.611-2, Paris, abril de 1999, p.48.

ESTADO, ATOR FRAGMENTADO

Teoria dos regimes internacionais	Política interna	Teoria construtivista	Teorias marxista e neomarxista
A estabilidade é garantida pelos regimes internacionais. Os Estados são os principais atores.	Os Estados, atores principais, dependem de atores internos (administração, grupos de pressão, eleitorado).	A lei internacional corrói a soberania dos Estados em razão da força das normas. Os Estados são os principais atores.	O capitalismo domina o sistema internacional. Os países em desenvolvimento são explorados. Os Estados são os principais atores.
O Estado é um ator unitário e racional e busca múltiplos objetivos.	O Estado é fragmentado e explica as variações da política externa.	Os interesses do Estado dependem das estruturas sociais.	O Estado é fragmentado em razão da oposição das classes capitalistas.
Otimistas. Os regimes internacionais diminuem os custos de transação.	Pessimistas. A luta entre a administração e os grupos de pressão deforma a política externa.	Otimistas. A anarquia do sistema internacional decorre mais de crenças do que de dados objetivos.	Pessimistas. Os conflitos decorrem da luta pelo lucro e pela reprodução capitalista, provocando guerras de natureza imperialista.
A noção de regime internacional descarta o peso do poder.	Subestima o peso dos constrangimentos do sistema internacional.	Subestima a influência dos grupos de pressão e volta-se para uma explicação do passado.	O capitalismo não está só na origem dos conflitos, e do socialismo não decorre somente a harmonia.
Axelrod, Keohane, Nye e Ruggie	Dahl, Gurevitch, Ikenberry, Katzenstein, Milner e Schattschneider	Burton, Koslowski, Kratochwil, Rosenau e Wendt	Amin, Block, Prebisch e Wallerstein

A dinâmica das
relações internacionais

3

O fortalecimento do Estado a partir da Paz de Vestefália (1648) e seu monopólio na representação externa das sociedades europeias, traduzindo-se na expressão de uma única e exclusiva personalidade jurídica internacional para cada grupo humano, fizeram do Estado o ator exclusivo das RI. Quando interesses privados manifestavam-se, como, por exemplo, no sistema colonial, eles o faziam por meio do Estado. A consecução da paz deixou de estar ao alcance do Papa e a guerra fugiu da alçada dos senhores feudais.

Ao longo de três séculos (1648-1945), as RI restringiram-se às relações interestatais. Vastas regiões do mundo, algumas dotadas de civilizações avançadas, foram dominadas pelo colonialismo europeu, o qual, além de saqueá-las, lhes impôs valores culturais, religiosos e ideológicos na tentativa de moldar o mundo à sua imagem. Um pequeno grupo de Estados passou a exercer uma notável dominação planetária marcada pela busca de imediato e inconteste proveito dos Estados mais poderosos. A lição do colonialismo foi assimilada por antigas colônias, como os Estados Unidos, os quais, uma vez alcançado o *status* independente, praticaram uma política externa, em particular no seu entorno imediato, que lembrava os penosos episódios de que eles mesmos foram vítimas.

A segunda metade do século passado caracterizou-se por uma série de rupturas das RI. Em primeiro lugar, mudaram a natureza, a intensidade, os atores internacionais e surgiram esforços objetivando apreender esse novo fenômeno das relações sociais. Os contatos externos não mais se restringem a um número reduzido de atores, e o número de Estados cresce de maneira significativa, atingindo atualmente mais de duas centenas. Tais entidades, que detêm uma personalidade jurídica internacional primária e desfrutam de uma igualdade formal, demonstram, de fato, um extraordinário descompasso real.

A multiplicação dos atores acarreta o enriquecimento da pauta internacional. Temas que constituíam o domínio reservado do Estado tendem a internacionalizar-se, tornando questionável a adoção de uma perspectiva analítica embasada em uma realidade autárquica. Assim, a organização econômica, política e administrativa dos Estados – atribuições exclusivas e inerentes do Estado tradicional – tornou-se tema de interesse transnacional. A incitação de Estados líderes e de OI restringe a autonomia dos Estados débeis, que se confrontam com o dilema de se sujeitar ou permanecer à margem das RI. Nessa última hipótese, os Estados enfrentam a ira dos mercados, a condenação das OI e a rejeição da sociedade internacional. A existência de Estados párias e de *quase Estados* mostra a formidável incidência do exógeno sobre o endógeno e a impossibilidade de demarcar uma fronteira entre eles.

Além de mais ricas, as RI são marcadas pela quantidade crescente dos vínculos em razão de aceleradas mutações: o mundo girava, entre o início do século XVI e meados do XIX, com a velocidade das carruagens e barcos a vapor, ou seja, 16 km/h. Até meados do século passado, as locomotivas alcançavam 100 km/h, os barcos a vapor, 57 km/h e os aviões, a propulsão de 600 km/h. Nas últimas quatro décadas, tanto a velocidade aumentou, atingindo para as aeronaves a barreira do som, quanto o número de meios de transporte foi multiplicado. É lugar-comum, mas não menos verdade, constatar que ocorre uma diminuição da percepção das distâncias entre as sociedades em razão dos avanços na tecnologia dos transportes.

Figura 3.1 As rápidas mutações contemporâneas no tempo longo da humanidade. Quanto mais ela se refere aos tempos antigos, mais esta representação comprime o passado. Caso fosse feita a escala do último milênio, o gráfico deveria ter 12 metros

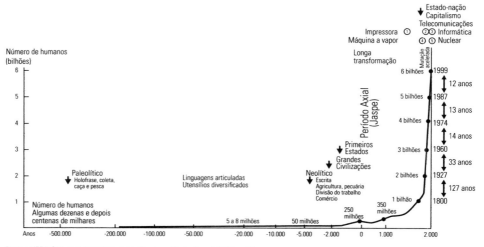

Fonte: VERNON, J. *Arithmétique de l'homme*. Paris, Seuil, 1993, p.92.

Desde os primórdios das relações entre grupos sociais organizados, passando pelo surgimento do Estado na época moderna, até alcançar as formas contemporâneas das RI, podemos identificar uma constância na natureza desses contatos. Eles se dividem, basicamente, em dois grupos. O primeiro diz respeito à dominação política que se manifesta nos sistemas de proteção, nas alianças militares, nos contemporâneos princípios de segurança coletiva e desemboca, até 1945, nas ações de conquistas territoriais. A guerra foi o instrumento essencial desse relacionamento e o marcou de maneira indelével. Sua contraface, ou seja, a paz ou, na pior das hipóteses, a ausência de guerra, constituiu-se em simples momentos de espera, durante os quais os atores preparavam-se febrilmente para os novos enfrentamentos.

O segundo grupo relacional é uma simples consequência do primeiro: a dominação e a exploração econômicas. As guerras de conquista, por exemplo, as destinadas a instituir colônias, buscavam novos territórios, impunham fidelidade aos colonizadores e amealhavam mercados e riquezas. Estas, consideradas o nervo da guerra, portanto, seu instrumento e objetivo ao mesmo tempo, se tornaram o principal *Leitmotiv* das RI.

Essas duas formas de interação acentuam que os binômios guerra/paz e subdesenvolvimento/desenvolvimento são transversais às RI. O primeiro, como já assinalamos, resultou em importantes reflexões filosóficas e teorias políticas. O segundo, mais recente, constitui unanimidade nas análises contemporâneas. Esse duplo propósito e percurso merece uma atenção do analista preocupado em distinguir as normas dos mitos que norteiam as RI.

1. AS RELAÇÕES GUERREIRAS INTERNACIONAIS

As relações intersociais acompanham o surgimento de grupos humanos organizados e independentes. O processo de dominação de um grupo sobre outro, pela força ou persuasão, encontra-se na raiz da formação de sociedades políticas ampliadas e constituídas em forma de império.[1] Vários impérios continentais se formam, como, por exemplo, Egito, Mesopotâmia, Assíria, Pérsia e Roma.

O poder imperial construiu, uma vez materializada a preponderância de sua força, um conjunto de normas indispensáveis à consolidação da nova situação. Com a aceitação, pelo ocupado, de regras de convívio, o poder imperial buscava encontrar um grau mínimo de legitimidade. Assim, por exemplo, o Império Romano mantinha relações exteriores, sobretudo com o Oriente, impondo tratados desiguais aos povos próximos e recebendo, em troca da concessão de uma relati-

---

1 O conceito de império deve ser interpretado como a manifestação do exercício de comando aliada ao direito reconhecido pelos comandados. Ele se contrapõe ao domínio que pode traduzir-se pelo poder (ou dominação) originário do latim *dominium*, utilizado no sentido de propriedade.

24 Relações internacionais • Parte I

va autonomia, contribuições pecuniárias e o fornecimento de combatentes e escravos.

O Direito Romano estabeleceu dois princípios externos fundamentais: o primeiro foi o *fecial*, que conferia aos seus núncios sacerdotes a capacidade para pronunciar-se sobre a *justeza das guerras*; o segundo foi o *direito das gentes* (*jus gentium*), que regulamentava as relações entre os romanos e os peregrinos. Esse direito firmou-se, por conseguinte, como o direito aplicável às relações entre os seres humanos, independentemente de seu vínculo político com uma coletividade.

As cidades gregas, por sua vez, organizaram um império marítimo e criaram instrumentos próprios ao exercício de suas relações exteriores. Entre estes encontramos o instituto da *arbitragem*, a prática da *proteção diplomática* e, com a gestão integrada de santuários religiosos que servem a várias cidades, o prelúdio da *diplomacia parlamentar*, característica das OI. Inclusive, desde o século V a.C., os gregos, por meio da Liga de Delos, colocaram em prática o princípio da *segurança coletiva*.

Sendo assim, encontram-se na Antiguidade os princípios fundadores do Direito Internacional com o início de uma prática das RI. Trata-se de um lento processo que conhecerá uma inflexão com a queda do Império Romano. A partir de então, a Europa, que já desfrutava de um lugar privilegiado nas RI, passa a ser seu epicentro.

O fim da unidade imperial de Roma significou o início da formação de uma sociedade internacional. A queda do Império Romano do Oriente em 395 e do Império Romano do Ocidente em 476 ocasiona o surgimento de unidades politicamente organizadas sob a conduta dos bárbaros. A instabilidade da região, impregnada pela dispersão, pelo enfrentamento entre os novos detentores do poder e por rápida e profunda decadência, marcou a realidade da Ásia Menor, do Oriente Médio e da Europa Ocidental nos dois séculos subsequentes.

O desenho dos limites fronteiriços foi esboçado pelos diversos reinados que instalaram seu poder até que, no século IX, surgiu uma forte contestação à centralização monárquica com o *feudalismo*. Reunidos em um reinado, os senhores feudais juravam fidelidade ao rei e, em contrapartida, gozavam, no âmbito de seu domínio territorial, de ampla autonomia: emitiam moeda, aplicavam a justiça, administravam o fisco, decidiam a manutenção da paz ou a declaração de guerra. No entanto, afirmava-se o liame de supremacia do rei frente aos senhores suseranos e destes em relação aos seus súditos. Tratava-se de uma sociedade hierarquizada e piramidal que fez surgirem as primeiras e embrionárias manifestações de formação do Estado. Por conseguinte, os *reinados* apareciam como os atores originais dessa sociedade internacional em gestação.

A realidade internacional não se restringia, ao longo da Idade Média, ao mundo europeu, já que, até a queda de Constantinopla em 1453, o Império Bizantino desempenhou um extraordinário papel de dique, protegendo o Velho Continente dos ataques dos bárbaros e dos muçulmanos. Com efeito, o antigo Império do Oriente foi objeto de constantes investidas dos eslavos oriundos dos Bálcãs e dos árabes em suas fronteiras sulistas, o que provocou paulatina diminuição de seu espaço territorial. Os árabes, inclusive, conquistaram, ao longo do século VII, o norte da África banhada pelo Mediterrâneo e colocaram o minarete na Europa, ocupando a atual Península Ibérica em 714. Sua progressão foi interrompida na região francesa de Poitiers em 732, mas eles conservaram a ocupação ibérica ao longo de vários séculos.

A realidade internacional era impregnada pelo embate permanente entre os diversos atores. Para enfrentar essa situação, a Igreja chamou a si a responsabilidade de introduzir normas mínimas voltadas à regulação dos combates. Certa humanização da guerra foi alcançada graças aos seguintes instrumentos:

- *a Trégua de Deus* – proibição de combates entre a noite de quarta-feira e a manhã de segunda-feira;
- *o direito de asilo* – as Igrejas transformaram-se em locais onde os fugitivos encontravam abrigo e proteção;
- *a excomunhão* – o desrespeito implicava a marginalização dos condenados;
- *as proibições* – suspendiam-se os serviços religiosos nas terras dos senhores culpados pelas violações.

Soberana temporal na Itália e autoridade espiritual suprema, a Igreja católica criou os Estados pontificais, influenciando, pela dominação espiritual, as nascentes RI. Dispondo do instituto da *excomunhão* – utilizado como valioso instrumento de política externa –, o Papa interferia nos reinados em busca da unidade do mundo cristão sob o controle da Santa Sé.

Marcada pela religiosidade, a sociedade medieval tendia a respeitar os ditames eclesiásticos, encontrando estes certa eficácia na aplicação de um embrionário Direito Internacional de origem católica. Opondo-se à Igreja, o Santo Império Romano-Germânico conduziu uma aberta luta que enfraqueceu a ambos, permitindo, no final da Idade Média, a afirmação dos reinados como atores preponderantes da cena europeia.

Acontecimentos fundamentais decretaram o fim do medievo e o início de uma era que fez das RI um fenômeno de dimensões efetivamente universais. Em primeiro lugar, esboçou-se a formação de unidades políticas na Europa – Inglaterra, França e Espanha – que apontavam em direção aos contornos atuais. Em segundo lugar, a Europa cristã sofreu severo revés frente ao Império Otomano, o que a obrigou a buscar o domínio de novas regiões, sobretudo no Extremo Oriente. Em terceiro, a Espanha conseguiu expulsar o islã e promover a unidade territorial a partir do norte de Gibraltar. E, finalmente, a mais profunda das transformações nas RI surgiu quando seus navegadores alargaram os estreitos horizontes europeus e, descobrindo as rotas marítimas, descortinaram, em 1492, o continente americano.

Pela primeira vez, a humanidade percebia os contornos de seu *habitat*. Para muitos historiadores das RI, a verdadeira globalização iniciou-se no momento em que, percebendo os limites territoriais do mundo, o homem tratou de explorá-lo e ocupá-lo. Surgiu, então, o colonialismo, com consequências que alcançam a realidade contemporânea. Todavia, a Europa encontrava-se ainda mergulhada em conflitos internos, característicos de séculos de sua história. Ao final da Guerra dos Trinta Anos (1648), afirmou-se, pela primeira vez de maneira inconteste, uma nova figura que exerceria, a partir de então, o monopólio do poder no cenário internacional: o Estado.

2. O PODER MONOPOLISTA DO ESTADO

Os Tratados de Vestefália possuem vários significados. Por um lado, a afirmação do Estado soberano que venceu sua luta contra o Papado e o Império. O reconhecimento da soberania dos Estados, acrescida do princípio da *igualdade jurídica* entre eles, independentemente do peso ou da importância de cada um dos partícipes, afastou a organização feudal das RI.

A descentralização, o sistema patrimonial e a rigidez hierárquica, tanto no interior das unidades políticas quanto em suas relações recíprocas, aspectos marcantes do medievo europeu, cederam espaço com o surgimento do Estado. O eixo da produção econômica deslocou-se do campo para as cidades, fazendo aparecer o capitalismo burguês, cujo dinamismo se manifestava de forma variável segundo as diferentes unidades políticas. Tal irregularidade não impediu a progressão da noção de Estado e a unificação do território.

O princípio da territorialidade levou o espaço físico a transformar-se em espaço jurisdicional sob a autoridade estatal. Encontrava-se o fundamento do Estado moderno pela identificação de sua base territorial. A linha de fronteira – linear, precisa, visível, intangível e inconteste – estabelecia o limite espacial onde seria exercida, com exclusividade, a soberania.

Acompanhando, e por vezes precedendo, a política centralizadora do Estado, o território foi esquartejado pela cartografia, que permitiu uma representação integradora da amplidão do espaço estatal e de seus limites. A dominação de uma base territorial pôs um termo à autonomia das cidades e permitiu ao Estado encontrar uma legitimidade ausente no sistema anterior. A partir de então, as RI serão construídas por entidades que se justapõem em perfeita igualdade jurídica.

Dois monopólios fundamentais assentaram o poder nascente do Estado. Ao extinguir o direito da senhoria de levantar imposto, o Estado chamou para si essa prerrogativa, que se transformou em direito exclusivo e indelegável. Em segundo lugar, o Estado coibiu a guerra privada, considerada ilegal, e tratou de organizar forças armadas compostas por funcionários assalariados do Estado, encarregados de manter a ordem interna e a paz externa. Os mercenários e guerreiros foram substituídos por forças regulares, profissionais e submetidas aos rigores da disciplina.

Os Tratados de Vestefália significaram a nítida separação entre a Igreja e o Estado, implicando o abandono da religiosidade que impregnava até então as RI. Estas passaram a ser laicas, já que os Estados soberanos constituíram seu núcleo irredutível em detrimento da Igreja. Enfim, o latim foi progressivamente substituído pelas línguas vernáculas, em particular o francês, que se transformou no principal veículo de comunicação diplomática.

A primazia do Estado nas RI foi sustentada por uma nova ideologia. A concepção do mundo e das relações entre os homens baseava-se nos princípios do direito natural defendido por Aristóteles e S. Tomás de Aquino. Haveria direitos que precederiam as normas positivadas e toda a construção jurídica feita pelo homem deveria submeter-se aos direitos intrínsecos e naturais.

Francisco de Vitória, padre dominicano espanhol, foi o primeiro a tentar compatibilizar o antigo direito natural com a nova realidade do Estado soberano. Ele indicou as bases desse novo direito, que pode assim se resumir:

- os Estados devem respeitar mutuamente as fronteiras nacionais;
- é vedada a intervenção nos assuntos internos dos Estados;
- é liberada a circulação de homens e bens entre os territórios estatais;
- é garantida a liberdade de navegação nos mares e rios internacionais;
- é garantida a proteção diplomática dos enviados do Estado;
- os civis devem ser protegidos em caso de guerra;
- deve ser respeitada a palavra empenhada (*Pacta sunt servanda*).

Considerado o fundador do Direito Internacional, o holandês Grotius (Hugo de Groot) publicou, em 1625, a obra-prima *Do direito da guerra e da paz* e retomou princípios do direito natural sob o duplo ângulo do laicismo e da racionalidade.

Mesmo com uma extraordinária variedade de Estados, a Idade Moderna teve como marca das RI o papel central desempenhado pela Europa. Ela fez a grande política internacional, participou de forma preponderante das conferências diplomáticas e orientou o destino das regiões marginais por meio da dominação colonial. A partir do quadro transcrito a seguir (Tabela 3.1), e tomando-se como parâmetro a participação dos Estados em três conferências internacionais, é possível visualizar a importância europeia e o esboço de mudanças que começaram a ocorrer no início do século XX.

28 Relações internacionais • Parte I

Tabela 3.1 As relações internacionais sob a égide europeia[2]

Congresso/conferência	Estados participantes
Congresso de Utrecht (1712-1713)	França, Inglaterra, Províncias Unidas dos Países Baixos, Prússia, Portugal e Savoia
Congresso de Viena (1814-1815)	Áustria, Espanha, França, Inglaterra, Portugal, Prússia, Rússia e 40 Estados europeus, sendo 36 alemães
Conferência de Algesiras (1906)	Áustria, Bélgica, Espanha, Estados Unidos, França, Holanda, Inglaterra, Itália, Marrocos, Portugal, Rússia e Suécia

3. A VIOLENTA UNIVERSALIZAÇÃO DAS RELAÇÕES INTERNACIONAIS: A COLONIZAÇÃO

As grandes descobertas marítimas fizeram surgir extraordinárias potências voltadas à navegação – Portugal, Espanha, Holanda, Inglaterra e França – que dominariam as RI até meados do século XX.

Tais descobertas significaram a derradeira oportunidade para que o Papado demonstrasse sua força temporal. É do Papa Alexandre VI Bórgia a *Bula Alexandrina*,[3] que dividiu entre Portugal e Espanha as terras a serem descobertas ao largo do Atlântico.

Ato de Direito Internacional de origem divina, ela tentou estabelecer soberanias sobre os novos territórios. Sob o impulso de descobertas menores e o início da famigerada colonização, as regras ditadas por Roma logo caducaram. Iniciou-se, então, uma fase revolucionária das RI, marcada, como já foi salientado, pelo surgimento do Estado e, sobretudo, pela extensão do domínio europeu.

O colonialismo europeu foi uma atividade guerreira por excelência que se materializava pela ocupação militar, tanto de terras devolutas quanto de regiões habitadas por sociedades consideradas inferiores, impregnando as RI com marcas indeléveis presentes na contemporaneidade. Assim, por exemplo, tanto o sistema clientelístico quanto a geografia linguística e cultural das atuais RI originaram-se durante o colonialismo.

A perspectiva do Direito é de escasso socorro para analisar o colonialismo. De fato, este se caracterizou por ser a simples extensão à colônia de uma ordem jurídica concebida pela metrópole. Os dois elementos essenciais da soberania – as forças armadas e a política externa – constituíam apanágio do Estado metropolitano. Surgiu um feixe estruturado de regras jurídicas denominado *direito colonial*,

---

2 Elaborada a partir de DREYFUS, S. *Droit des relations internationales*. Paris, Cujas, 1992, p.31.
3 Bula Pontifical tem como objeto a doutrina e a excomunhão. Sendo a forma mais solene de manifestação do Papa, sua designação origina-se no formato de bola de chumbo utilizada para chancelar as decisões solenes. Uma das faces da Bula retrata os rostos de São Pedro e São Paulo, e a outra, a figura do Papa em exercício.

que objetivava definir os vínculos entre opressores e oprimidos, exploradores e explorados. Inclusive os atuais resíduos do mundo colonial explicam-se pela abolição desse direito, não havendo mais, portanto, distinção de direitos e deveres entre as cidadanias metropolitana e colonial.[4]

Movida pela rivalidade entre as Coroas ibéricas, a competição marítima desembocou na descoberta de um mundo novo, nas rotas para o Pacífico e no início da conquista de vastos territórios. Escudados pela certeza de fazer o bem, conferida pela Igreja Católica, os inescrupulosos conquistadores europeus, encabeçados pelos pioneiros espanhóis, destruíram rapidamente as extraordinárias civilizações ameríndias. Aos incas andinos, aos maias e astecas localizados no México, seguiu-se o extermínio de populações com menor organização social que os portugueses encontraram na fachada atlântica e que os ingleses enfrentaram na América do Norte. Ignorantes em relação ao uso do ferro, os ameríndios enfrentaram uma Europa em plena mutação tecnológica, assemelhando-se à luta do "pote de ferro contra o pote de terra".[5]

A Tabela 3.2 indica o cronograma da marcha triunfal e irrefreável da colonização europeia.

Tabela 3.2 Cronologia da colonização

Data	Efeméride
11/10/1492	Inadvertidamente, Cristóvão Colombo descobre a América
1497	Vasco da Gama chega à Índia
22/4/1500	Pedro Álvares Cabral chega ao Brasil
1502	Os portugueses chegam à China (Cantão)
1520	Fernão de Magalhães realiza a volta ao mundo
1530	Francisco Pizarro inicia a conquista do Peru
1599	Os holandeses chegam ao Japão
1605	Início da emigração inglesa para os Estados Unidos
1608	Os franceses fundam Quebec
1617	Os holandeses fundam Nova York
1639	Os ingleses chegam à Índia (Madras)

As RI somente adquiriram uma dimensão bicontinental com o processo de independência das colônias do Novo Mundo. As treze colônias localizadas na América do Norte decidiram, em 4 de julho de 1776, criar os Estados Unidos da América, rompendo os laços com a metrópole inglesa.

---

4 Por outro lado, há situações em que o instrumento jurídico de libertação dos povos coloniais, qual seja, o princípio de autodeterminação dos povos, recolhe uma resposta negativa à interrogação sobre o acesso à independência política.

5 CHAUNU, P. *Histoire de l'Amérique Latine*. Paris, PUF, 1976, p.7.

30 Relações internacionais • Parte I

Impôs-se à Europa um novo ator das RI, marcado pelo modelo federal, republicano e anticolonialista. Tratava-se, portanto, de uma antítese ao que representava o Velho Continente naquele momento.

Inspirada pelo sucesso do jovem Estado do Norte, aproveitando-se das contradições da Revolução Francesa de 1789 e demonstrando uma férrea vontade de abolir o sistema escravocrata, nasce, em 1º de janeiro de 1804, a República do Haiti. Berço da luta antiescravagista e pela igualdade racial, trata-se da única República na história da humanidade constituída por ex-escravos a conquistar a independência.

Seguem-se as lutas de independência das colônias europeias de origem ibérica, das quais a maioria conduziria à independência política, ainda durante o primeiro quarto do século XIX.

4. A DESCOLONIZAÇÃO: O SURGIMENTO DO TERCEIRO MUNDO

O *Terceiro Mundo*[6] irrompeu nas RI no pós-Segunda Guerra. A partir de então, ele constituiu um elemento capital e permanente. O alargamento do campo sistêmico foi acompanhado por formas inovadoras de atuação e por uma agenda diferenciada que privilegiava o desenvolvimento econômico em detrimento das questões securitárias. Esse novo ator surgiu do processo de descolonização e construiu um espaço próprio de atuação com o Movimento dos Não Alinhados – (MNA). Finalmente, a partir do final da década de 1970, por razões internas ao movimento e internacionais, ele entrou em evidente decadência.

A descolonização – com exceção das colônias ibéricas, em menos de uma geração (1945-1963) desapareceram todos os impérios construídos pela Europa a partir do século XV. Tal fenômeno causou profundas e rápidas modificações na configuração das RI. A dispersão territorial provocada pela descolonização foi compensada pela universalização do Estado como modelo político e administrativo adotado pelas novas sociedades independentes.

Três princípios basilares do Direito internacional – invenção do mundo ocidental – serão defendidos de forma intransigente pelos novos Estados: a igualdade jurídica, a soberania e a não intervenção nos assuntos internos. Em um mundo marcado por profundos desequilíbrios, os novos atores estavam convencidos de que sua sobrevivência dependeria essencialmente do Direito.

---

6   A expressão "Terceiro Mundo" é de autoria do demógrafo e sociólogo francês Alfred Sauvy, que a utilizou pela primeira vez em 1952. Inspirando-se na situação do Terceiro Estado pré-revolucionário, marcado pela importância numérica e escasso poder, Sauvy indicou, igualmente, que esse Terceiro Mundo não pertencia nem ao Oeste nem ao Leste. Portanto, não era capitalista nem comunista. Trata-se de uma fórmula simplificadora da complexa e diversa realidade, mas que conheceu imenso sucesso na literatura consagrada à política e às relações internacionais.

3 A dinâmica das relações internacionais **31**

Duas fases marcaram a descolonização. Uma primeira, de 1945 a 1960, refere-se ao Oriente Médio e ao Sudeste Asiático. Tendo abandonado o Egito em 1936, a Grã-Bretanha afastou-se do Oriente Médio com a divisão da Palestina (1947) e a França concedeu a independência ao Líbano e à Síria (1946). O movimento prosseguiu no continente asiático com a independência da Índia e do Paquistão (1947). Resultante de uma guerra civil na qual se enfrentaram muçulmanos e hindus, a dupla independência colocou, de forma perene e em frontal oposição os dois Estados, que lutam pela Caxemira, de maioria muçulmana, mas ocupada pela Índia. Esta apontou o caminho a ser seguido pelo conjunto do Terceiro Mundo e foi percebida como um símbolo dos novos tempos. Após sete anos de luta, a França foi obrigada a abandonar a Indochina em 1954. O Camboja (1949), o Laos (1953) e finalmente o Vietnã (1955) conquistam sua total independência.

A segunda fase concerne à libertação das colônias africanas, que encontraram na ONU uma organização atenta aos seus anseios. Assim, em 14 de dezembro de 1960, por 89 votos favoráveis, nenhum contra e 9 abstenções, a Assembleia Geral (Sessão XV) adotou a Resolução n. 1.514. Sob o título de *Declaração sobre outorga da independência aos países e aos povos coloniais*, o documento constituiu uma verdadeira "Carta para a Descolonização", significando não somente a condenação de um sistema, mas igualmente um permissivo para a rebelião dos povos colonizados. A *Declaração* estipulava que:

- a submissão dos povos a uma subjugação, a uma dominação e a uma exploração estrangeiras constitui uma denegação dos direitos fundamentais do homem, é contrária à Carta das Nações Unidas e compromete a causa da paz e da cooperação mundiais;

- todos os povos têm o direito de livre determinação; em virtude desse direito, eles determinam livremente seu estatuto político e perseguem livremente seu desenvolvimento econômico, social e cultural;

- a falta de preparação nos planos político, econômico, social ou no de ensino não deve jamais ser utilizada como pretexto para retardar a independência.[7]

A Declaração consagrou o princípio da autodeterminação dos povos e colocou, em um segundo momento, uma delicada questão. Os povos minoritários que integravam os novos espaços estatais poderiam valer-se desse princípio para conquistar, por sua vez, a independência? A Carta da Organização de Unidade Africana (OUA), firmada em 1963, descartava essa possibilidade. Para seus redatores, as fronteiras dos novos Estados eram intangíveis e deveria ser respeitado, como para os Estados tradicionais, o princípio da integridade territorial (art. 3º). Fez-se claramente uma distinção entre independência e secessão: a primeira era estimulada, e a segunda, descartada.

---

7   Consultar o texto In: SEITENFUS, R. *Legislação internacional*. 2.ed. Barueri, Manole, 2009.

32 Relações internacionais • Parte I

A partir das lutas de independência nacional que ocorreram sobretudo nas possessões francesas, mescladas às negociações diplomáticas que marcaram a descolonização britânica, o continente africano conheceu, no início da década de 1960, sua total emancipação, excetuando, como já enfatizado, as colônias ibéricas. A descolonização decorreu da evolução das ideias, da influência moral e filosófica da opinião pública ocidental, do enfraquecimento das potências coloniais europeias no pós-guerra e da estratégia de Washington e Moscou, que perceberam como vantajosa a eliminação da intermediação europeia.

A conjuntura favorável permitiu o início do processo de descolonização portuguesa. A Revolução dos Cravos, de abril de 1974 – motivada essencialmente pelo sentimento anticolonialista – permitiu o reconhecimento formal da nova realidade. O quadro cronológico transcrito a seguir (Tabela 3.3) demonstra as etapas que levam ao fim o colonialismo lusitano.

Tabela 3.3 Cronologia da descolonização portuguesa

Data	Efeméride
Fevereiro de 1961	Início da guerra colonial em Angola
Dezembro de 1961	Invasão de Goa, Damão e Diu por tropas da Índia
Setembro de 1963	Início da guerra colonial na Guiné
Setembro de 1964	Início da guerra colonial em Moçambique
25 de abril de 1974	Revolução dos Cravos, que põe um termo ao governo de Marcelo Caetano e à ditadura salazarista
10 de setembro de 1974	Independência da Guiné-Bissau
25 de junho de 1975	Independência de Moçambique
5 de julho de 1975	Independência de Cabo Verde
12 de julho de 1975	Independência de São Tomé
11 de novembro de 1975	Independência de Angola
7 de dezembro de 1975	Invasão do Timor Leste pela Indonésia

A luta colonial angolana simbolizava as oposições que grassavam nas RI. Território rico em matérias-primas, Angola abrigava dois movimentos de libertação nacional: a União Nacional para a Independência Total de Angola (UNITA), sustentada pelos Estados Unidos, China e África do Sul; e o Movimento Popular de Libertação de Angola (MPLA), apoiado pela União Soviética e, após a independência, por Cuba e pelo Brasil. Controlando Luanda e partes do território, o MPLA somente consegue assentar seu domínio quando da morte do líder da UNITA, Jonas Savimbi.[8]

---

8 Outro exemplo é encontrado no caso da colônia espanhola do Saara Ocidental. Madri retirou-se em 1976, permitindo que o território fosse dividido entre Mauritânia e Marrocos. Tanto a Argélia quanto o movimen-

3 A dinâmica das relações internacionais **33**

A primeira consequência da descolonização consistiu no aumento geométrico dos atores estatais nas RI. No período de 1945-1980 triplica o número de Estados-membros das Nações Unidas, passando de 51 para 154, a quase totalidade originando-se no processo de descolonização. Por outro lado, ela introduziu novos valores culturais, econômicos, políticos e religiosos nas RI. Houve uma inegável diversificação que sugeria a possibilidade de um caminho alternativo à bipolaridade. Finalmente, as organizações multilaterais foram tomadas de assalto pelos novos Estados. Estes buscavam a legitimação que lhes outorgava o fato de pertencerem ao coletivo internacional. Contudo, não satisfeitos, procuraram influenciar, baseados no número, o processo de tomada de decisões que contemplasse suas aspirações ao desenvolvimento e às mudanças das relações econômicas internacionais.

A conquista da independência política e do *status* de Estado soberano, dispondo de perfeita igualdade jurídica com as ex-metrópoles, não descartou o estabelecimento de relações desiguais entre os ex-colonizadores e os ex-colonizados por meio de instituições que privilegiam os vínculos históricos.

O princípio do *Commonwealth*, nascido na Inglaterra do século XVII, deveria ser compreendido, segundo Hobbes e Locke, no sentido da República dos Romanos. No início do século XX, ele se transformou no *Commonwealth das Nações*, regendo as difíceis relações no seio do Império britânico. Quando surgiram os movimentos de independência nas regiões colonizadas, Londres era a única capital que dispunha de um marco jurídico-político que proporcionava uma diminuição das tensões e dramas que afetavam outros processos de descolonização. Em meados da década de 1970, 35 Estados faziam parte do *Commonwealth*.

A Constituição francesa de 1946 criou a *União Francesa*, conjunto que reunia a metrópole e as colônias, denominadas *territórios de ultramar*. No início, encarregada de organizar a transição à independência, já que a França comprometia-se a "conduzir os povos à liberdade de administrarem-se e gerir democraticamente seus assuntos", a *União Francesa* promoveu, em realidade, discriminações e colocou dificuldades ao processo.

Em 1958, com nova Constituição, a França substituiu a *União* pela *Comunidade Francesa*, garantindo certa autonomia às colônias em troca de auxílio técnico e financeiro. A liberdade obtida pelas colônias era restrita, pois a *Comunidade* – presidida pelo Chefe de Estado francês – mantinha os seguintes poderes: política externa, defesa, emissão de moeda, política econômica e financeira, justiça e educação superior. Com a independência das colônias africanas em 1960,

---

to de independência nacional – a Frente Polisário – opuseram-se. Todavia, uma Marcha Verde, vinda do Marrocos, ocupou o Saara, que permanece dividido tal como havia sido decidido por Madri. A descoberta de importantes jazidas de fosfato concede ao litígio grande relevância.

somente seis Estados continuaram integrando a *Comunidade*. A partir de então, as relações seriam estabelecidas em tratados bilaterais.

A formatação territorial dos novos Estados foi inspirada no artificialismo das fronteiras traçadas pelo sistema colonial. Na maioria dos casos, o território compunha-se de populações de diversas etnias, com culturas e religiosidades distintas, quando não oponentes. Muitas das vicissitudes do processo de descolonização devem ser tributadas à política dos blocos e à ação das metrópoles. Contudo, elas são igualmente tributárias das dissensões internas dos movimentos de emancipação. Inclusive, guerras civis pós-coloniais encontram suas raízes nessa realidade.

O Movimento dos Não Alinhados – A independência que se manifestava no plano jurídico não conseguia esconder a dependência política e econômica que se instaurava do Sul em relação ao Norte. Surgiram relações de clientelismo, com os novos Estados tendendo a constituírem-se em patrimônio reservado das ex-metrópoles. Adicionando a terrível situação socioeconômica do Terceiro Mundo, era possível identificar claramente os limites dos instrumentos de poder desses novos atores das RI. Seus insuficientes atributos lhes imprimiam uma condição de *quase Estados*. Tal situação fez surgir um sentimento de solidariedade, e o mundo desenvolvido passou a drenar recursos por meio de ajudas públicas e privadas que foram percebidas como esmolas ou, na pior das hipóteses, um eficaz instrumento de recolonização.

Em 1960, a Assembleia Geral da ONU adotou a Resolução n. 1.515 (Sessão XV), que buscava fazer que as Nações Unidas procurassem "acelerar o progresso econômico e social dos países pouco desenvolvidos". Dois anos depois, a Assembleia Geral adotou a Resolução n. 1.803 (XVII), procurando fortalecer a "soberania permanente sobre os recursos naturais" dos povos e nações dos Estados-membros das Nações Unidas.[9] As riquezas nacionais deveriam servir ao desenvolvimento e ao bem-estar da população. Quando ocorresse uma participação estrangeira, ela deveria respeitar a livre vontade do país receptor. Os benefícios advindos dessa colaboração seriam compartilhados e os investidores não poderiam restringir, por motivo algum, o direito de soberania do dito Estado sobre suas riquezas e recursos naturais.

Quando houvesse necessidade, por razões de utilidade pública, segurança ou interesse nacional, o Estado poderia nacionalizar, expropriar ou requisitar propriedades dos particulares, inclusive estrangeiros, ressarcindo-os por meio de indenizações definidas segundo o Direito interno e em conformidade com o Direito internacional.

Na reunião de 1961, a Assembleia Geral promoveu a Década do Desenvolvimento, reconduzida em 1970 e em 1980. Uma das iniciativas desse programa

---

9   A íntegra da Resolução encontra-se em SEITENFUS, R. *Legislação internacional*, op. cit.

foi a criação, em 1964, de uma Conferência das Nações Unidas para o Comércio e o Desenvolvimento (UNCTAD) e de um Programa das Nações Unidas para o Desenvolvimento (PNUD). Prevista inicialmente para ser uma organização especializada da ONU voltada ao Terceiro Mundo, a UNCTAD seria somente um órgão vinculado à Assembleia Geral. Dirigida pelo economista argentino Raul Prebisch, ela desempenhou importante função servindo de espaço de negociações e de reivindicações. Logo se manifestou a solidariedade entre os integrantes do Terceiro Mundo e formou-se o Grupo dos 77 – que atualmente conta com mais de cem Estados – para coordenar posições.

Acompanhou o surgimento da UNCTAD um novo ramo do Direito Internacional: o do desenvolvimento.[10] Ele reivindicaria condições especiais para o Terceiro Mundo, tanto de acesso aos mercados dos países desenvolvidos, como à transferência de recursos financeiros e tecnológicos do Norte. Em 1980, o Terceiro Mundo conseguiu aprovar uma resolução na Unesco objetivando uma Nova Ordem Mundial da Informação e da Comunicação (NOMIC). Além disso, tentou fazer que uma Nova Ordem Econômica Internacional (NOEI) prevalecesse. O Presidente francês Valéry Giscard d'Estaing percebeu perfeitamente as dificuldades para alcançar a propalada nova ordem mundial – ela somente poderia ser alcançada por consenso – e o Chanceler alemão Willy Brandt preconizou que a saúde da economia mundial dependia de uma maciça transferência de recursos financeiros para o Terceiro Mundo.

Apesar das constantes demandas, o fosso que separava os países desenvolvidos dos países pobres continuava aumentando. Raras eram as economias que conseguiam emergir da condição de subdesenvolvimento, o qual era percebido como uma não condição pelos Estados do Sul, que tentariam dela extrair-se. Diante da gravidade da situação, o Terceiro Mundo decidiu agir no campo ideológico das RI, organizando o MNA. Esse *sindicato dos pobres* era marcado mais pelo discurso ideológico e pelas posições políticas do que pelo rigor econômico. Sua força era moral e encaminhava as RI para os debates de natureza ética, estabelecendo princípios ideais que deveriam transformar-se em normas em detrimento de um conteúdo pragmático. Além disso, os governos de seus Estados-membros procuravam no coletivo internacional uma legitimação, por vezes difícil de ser encontrada internamente.

Torna-se impossível apreender os contornos do MNA sem se referir aos seus líderes maiores. Em sua primeira fase, duas figuras despontaram: o indiano Nehru e o iugoslavo Tito. O primeiro declarou em 1946 que

---

10 Trata-se de um direito orientado, compósito e contestado. Ele se sustenta nos princípios da soberania, da igualdade e da solidariedade. Consultar FEUER, G.; CASSAN, H. *Droit international du développement*. Paris, Dalloz, 1985, 644p.

Nós pretendemos, na medida do possível, permanecer afastados da política de blocos alinhados uns contra os outros e que podem conduzir a novos desastres numa escala ainda maior. Nós desempenharemos plenamente nosso papel de nações independentes nas conferências internacionais, defendendo nossa política.

O Marechal Tito, por sua vez, faz uma análise aguda dos fundamentos do neutralismo dos Não Alinhados. Para ele, o movimento

Nasceu do processo de libertação nacional de numerosos povos do jugo colonial que fez surgir um grande número de novos países independentes, a maioria pequena e economicamente subdesenvolvida. Esse movimento transformou-se numa arma eficaz para a luta por sua emancipação, a manutenção de sua independência e sua integração ativa na vida internacional como membros iguais em direitos da comunidade internacional. Fruto da revolução anticolonial, o movimento é também o motor de sua eficaz marcha [...] Esta orientação lhe concede igualmente um caráter antibloco. Nosso movimento não percebe o futuro do mundo no equilíbrio de forças dos blocos, nem na supremacia de um bloco sobre o outro. A realização dos objetivos que nós aspiramos subentende um engajamento permanente objetivando ultrapassar a divisão do mundo em blocos que conduzam à paz, à segurança e ao progresso social.

Em abril de 1955, convidados pelo Pacto de Colombo (Birmânia, Ceilão, Índia, Indonésia e Paquistão), 29 Estados reuniram-se em Bandung, cidade localizada na parte ocidental da ilha de Java, em uma inédita *Conferência Afro-asiática*. Representando 55% da população mundial (1,5 bilhão de pessoas), tais países eram responsáveis por somente 8% da renda mundial. Sob a conduta ativa da China, a Conferência estabeleceu onze princípios que deveriam reger as RI (Quadro 3.1):

Quadro 3.1 Princípios orientadores do MNA para as relações internacionais

(1) Respeito aos Direitos do Homem, segundo os objetivos e princípios da Carta da ONU.

(2) Respeito à soberania e à integridade territorial de todas as nações.

(3) Reconhecimento das igualdades entre raças e entre nações grandes e pequenas.

(4) Abstenção de qualquer intrusão ou qualquer interferência nos assuntos internos de outro país.

(5) Reconhecimento do direito de cada Nação em matéria de defesa individual ou coletiva em conformidade com a Carta da ONU.

(6) Abstenção de qualquer participação em acordos de defesa coletiva firmados para servir os interesses de uma grande potência.

(7) Abstenção de qualquer manifestação com o objetivo de exercer uma pressão sobre outra nação.

(8) Frear qualquer ato ou ameaça de agressão, ou o recurso à força, que seja suscetível de prejudicar a integridade territorial e a independência política de uma nação.

(continua)

3 A dinâmica das relações internacionais **37**

Quadro 3.1 Princípios orientadores do MNA para as relações internacionais *(continuação)*

(9) Resolver os litígios internacionais por meios pacíficos como negociações, conciliação, arbitragem, decisões de justiça e outros meios escolhidos pelas partes em conformidade com a Carta da ONU.

(10) Desenvolver a cooperação de interesse mútuo.

(11) Comprometer-se a respeitar a justiça e as obrigações internacionais.

No entanto, a conferência que marcou oficialmente o nascimento do MNA ocorreu em Belgrado (1961), e suas ideias-chave repousavam no binômio libertação dos povos colonizados e não alinhamento. Nove outras reuniões ocorreram, até o início da década de 1990, como demonstra a Tabela 3.4:

Tabela 3.4 Conferências do Movimento dos Não Alinhados

Data	Capital	Número de Estados-partes
1961	Belgrado	25
1964	Cairo	47
1970	Lusaka	53
1973	Argel	75
1976	Colombo	86
1979	Havana	92
1983	Nova Délhi	101
1986	Harara	102
1989	Belgrado	102
1992	Jacarta	102

Na Conferência de Lusaka, surgiu a contestação do sistema econômico mundial. Pela primeira vez, um documento específico de natureza econômica foi aprovado. Nele os participantes indicaram que a soberania política devia ser associada à econômica. Para construir os alicerces de um novo sistema econômico, o MNA fez propostas sobre os produtos de base, o comércio internacional, os investimentos, a transferência de tecnologia e a dívida externa.

Na reunião seguinte em Argel, o MNA encontrou seu ápice. Mais da metade dos Estados-membros da comunidade internacional participaram dos trabalhos. Eles foram representados por 6.000 delegados, que constataram o fracasso das estratégias utilizadas até então para socializar o desenvolvimento. O sistema de Bretton-Woods foi contestado e os partícipes advogaram por uma nova ordem econômica mundial. Eles consideravam que o sistema econômico internacional era de natureza colonialista e imperialista e que a maioria dos países desenvolvidos pretendia perpetuá-lo em seu exclusivo proveito. Os países do MNA defenderam o direito de exercer a soberania nacional sobre os recursos naturais legitimando as nacionalizações e expropriações. Nesses casos, entendiam que deveriam decidir soberanamente sobre as eventuais indenizações. Um dos governos que seguiu as diretrizes foi o chileno de Salvador Allende, sendo imediatamente vítima de um golpe de Estado sangrento.

As preocupações econômicas do MNA decorriam do agravamento da crise com amplas repercussões sociais junto à população dos países que integravam o movimento. Nos vinte anos seguintes ao encontro em Argel, o produto nacional bruto dos países em desenvolvimento diminuiu 50% se comparado ao dos países industrializados.[11] Para os países não alinhados,

> num mundo onde, ao lado de uma minoria de países abastados, existe uma maioria de países desprovidos, seria perigoso acentuar tal diferença limitando a paz à zona próspera do planeta, enquanto o resto da humanidade seria condenado à insegurança e à lei do mais forte [...] A distensão seria precária caso ela não levasse em conta os interesses dos outros países.[12]

No plano político, Argel defendeu a democratização das RI, o fortalecimento das Nações Unidas e o desarmamento generalizado e irrestrito. Marcada igualmente pela tentativa de fazer com que o MNA estabelecesse uma aliança considerada *natural* com a União Soviética, preconizada por Fidel Castro e descartada pela maioria, a Conferência de Argel decidiu institucionalizar o movimento criando uma estrutura própria e permanente. A Figura 3.2 revela o modelo escolhido.

A 5ª Reunião do MNA (Colombo, 1976) confirmou, em seu conteúdo, a precedente. Todavia, ela deixou transparecer dissensões que anunciavam o declínio do movimento. Sob um pano de fundo marcado por conflitos na América Central, na África e no Extremo Oriente – onde os Estados Unidos, a União Soviética e a China afrontavam-se através de Estados protegidos –, a conferência preferiu desconhecer os embates que agitavam seus integrantes e simplesmente defendeu um embargo de petróleo a ser aplicado, por motivos distintos, à França e a Israel.

A escolha de Havana como sede do encontro seguinte constituiu o início do fim do neutralismo preconizado pelo MNA. Haveria Estado mais alinhado com as posições soviéticas do que o regime de Fidel Castro? A solidariedade revolucionária cubana aplicada aos conflitos de Angola, Moçambique, Etiópia e na América Central deveria ter convencido os responsáveis pelo MNA a uma maior cautela. Tornou-se inevitável um enfrentamento entre a linha tradicional e, portanto, moderada, representada por Tito, e a defendida pelo Líder Máximo. Em seu dis-

---

11 A título de comparação, a produção econômica total dos países não alinhados equivalia a somente 4% do valor da produção dos Estados Unidos.
12 BRAILLARD, R. *Mythe et réalité du non-alignement*. Paris, PUF, 1987.

curso, Castro opôs-se aos Estados Unidos e à China, alinhando-se aos soviéticos. Defendendo sua opção socialista, ele declarou:

> Nós não devemos nos envergonhar de sermos socialistas, mas nós não pretendemos impor nossa ideologia e nosso sistema a ninguém, nem no movimento nem fora dele. Sim, nós realizamos uma revolução radical em Cuba. Sim, nós somos revolucionários radicais, mas nós não pretendemos impor a quem quer que seja, ainda menos ao Movimento dos Países Não Alinhados, o nosso radicalismo.[13]

Figura 3.2 Estrutura do Movimento dos Não Alinhados.

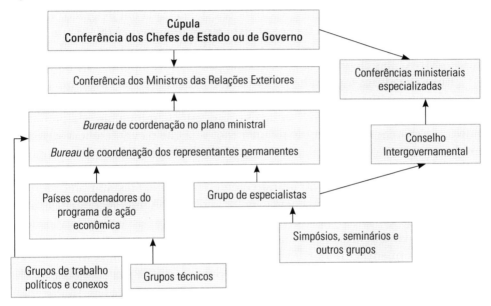

O Marechal Tito relembrou, em sua resposta, os fundamentos do MNA:

> Nosso movimento expressa os interesses fundamentais da humanidade inteira e não somente de uma parte dela [...] Nunca cessamos de opor-nos à política dos blocos e ao domínio estrangeiro, contra todas as formas de hegemonia política e econômica, pelo direito de cada país à liberdade, à independência e ao desenvolvimento autônomo. Nós jamais aceitamos ser a correia de transmissão ou a reserva de quem quer que seja, porque isto é incompatível com a essência da política do não alinhamento.[14]

---

13 Ibidem.
14 Ibidem.

A continuidade dos conflitos entre países membros do MNA, sem que este pudesse intervir, adicionada às tentativas de colocar um fim ao neutralismo, marcou as três próximas conferências. O mal-estar era visível e apareceu de maneira insofismável na conferência realizada na capital do Zimbábue (1986). De um lado, o campo progressista tentava fazer que a neutralidade entre os blocos fosse abandonada em proveito de uma aproximação com Moscou. De outro, os moderados denunciavam a duplicidade dos supostos progressistas que não condenavam a invasão soviética no Afeganistão.

Apesar da luta de tendências internas que enfraquecia o movimento, o golpe de graça seria desferido pela conjuntura internacional. O desmantelamento do império soviético condicionou a 9ª Conferência, realizada em Belgrado. Tratava-se de um retorno à capital que presenciara o nascimento do MNA e que assistiria ao seu epílogo. Com o término da bipolaridade, aproximava-se igualmente o fim do MNA, pois ele foi criado justamente para opor-se à política de blocos.

Em Belgrado, os moderados conquistaram a maioria e aprovaram uma declaração final simpática ao Ocidente. Surgiram temas até então ausentes dos debates, como a defesa dos direitos humanos e as questões ambientais. Mas, em definitivo, assistíamos ao crepúsculo de uma época, já que na conferência seguinte, em Jacarta, o movimento enfatizou a necessidade de um diálogo com os países industrializados. A partir desse momento, o MNA considerava que "o desmoronamento da estrutura bipolar do mundo oferece possibilidades sem precedentes, bem como desafios para a cooperação entre as nações. A interdependência, a integração e a globalização da economia encontram-se entre essas novas realidades".

Apesar das tentativas de harmonizar sua atuação internacional, o MNA não conseguiu permanecer imune frente aos dilemas que marcavam as RI. Enquanto as discussões giraram em torno do fenômeno colonial e de sua condenação, ele manteve sua unidade e pôde exercer, em certa medida, seu papel de árbitro entre os blocos. Todavia, a partir da pós-descolonização, a diversidade cultural, política e econômica, aliada às dificuldades internas das elites que dominavam o aparelho de Estado, constituiu fator que fez aparecer claramente o dissenso. Além disso, vários Estados-membros plenos, casos do Irã e do Vietnã, ou partícipes como observadores, caso do Brasil, praticavam uma política internacional de alcance regional baseada exclusivamente em sua percepção do interesse nacional, contrariando as diretrizes do MNA. Mas, em definitivo, ele desapareceu em razão do surgimento de uma nova realidade internacional. A partir de então, o Terceiro Mundo tornou-se simplesmente uma expressão desprovida de sentido histórico e de funções nas RI. As sociedades dos Estados do Terceiro Mundo voltaram a ser algo que suas condições objetivas sempre lhes impuseram: um marginal objeto da grande política internacional.

5. A DINÂMICA CONTEMPORÂNEA DAS RELAÇÕES INTERNACIONAIS (1945-2013)

O mundo extraído dos escombros da Segunda Guerra Mundial era marcadamente distinto daquele que a precedeu. Os Estados Unidos e a União Soviética dominaram a cena internacional e propuseram modelos opostos para a organização dos Estados e para as RI. Dessa oposição nasceu um conflito impossível de ser resolvido pela guerra direta, em razão do risco de desencadeamento de um conflito nuclear. Marcado pelo equilíbrio baseado no terror, pois uma hecatombe significaria o fim de qualquer tipo de vida sobre a face da Terra, o período foi perfeitamente identificado por Raymond Aron como o da "paz impossível e da guerra improvável", marca registrada da Guerra Fria.

Tendo até então influenciado vastas regiões do mundo com sua presença militar, política, econômica, científica e cultural, e dominando o núcleo central das RI, a presença europeia sofreu profunda metamorfose. De ator principal, o Velho Continente transformou-se em um mero objeto à mercê das superpotências. Palco inescapável de uma sempre possível Terceira Guerra de alcance mundial, a Europa esforçou-se para se transformar, em sua parte Ocidental, em um espaço de liberdade, de democracia e sobretudo de cooperação. A rivalidade que provocou sua marginalização seria substituída pela integração, de início econômica, atingindo todas as formas de organização social, servindo de exemplo para outras experiências regionais. Entretanto, a Europa Central e a Oriental submeteram-se à tutela soviética.

A universalização das RI, percebida fugazmente no bojo dos conflitos mundiais, alcançaria efetiva concretização durante a segunda metade do século XX. Graças ao processo de descolonização, sobretudo nos continentes africano e asiático, ao desmantelamento da União Soviética e à crise dos Bálcãs, o número de Estados do sistema internacional foi multiplicado por quatro, passando de meia centena para duas centenas de unidades.

A bipolaridade do sistema internacional no pós-guerra sugeria a imagem da bigorna e do martelo deixando escasso espaço para a autonomia. Compelidos a se prostrarem sob as ordens de Washington ou de Moscou, um número crescente de Estados tentou encontrar um caminho próprio frente aos dois blocos. Nasceu, assim como foi referido anteriormente, o MNA. Apresentado como alternativa viável e projetando desafios diferenciados às RI, que deveriam ser impregnadas pela busca do desenvolvimento econômico, pela independência política e pela autonomia organizacional, os Estados insatisfeitos contestaram as regras do jogo internacional e alcançaram relativo sucesso em razão do crescimento dos participantes. Todavia, o fim da União Soviética, as rivalidades internas e a globalização impediram o MNA de conseguir afirmar-se como interlocutor credível, e ele se

42 Relações internacionais ▪ Parte I

transformou, a partir da 10ª Conferência, realizada em Jacarta (setembro de 1992), em um simples capítulo da história.

Aliados de circunstância para enfrentar o nazismo, o fascismo e o militarismo nipônico, os vencedores da Segunda Guerra, uma vez eliminado o inimigo comum, deram início a um enfrentamento por meio de terceiros. Em uma primeira fase (1945-1953), os litígios giraram em torno das consequências, sobretudo europeias, da vitória aliada.

A Guerra Fria (1945-1953) – Em janeiro de 1946, o Irã solicitou a evacuação das tropas aliadas de seu território. Londres aceitou, mas Moscou se opôs. Além disso, os soviéticos incentivaram a criação da República autônoma do Azerbaijão, tentando provocar uma secessão territorial no Irã. Após a intervenção do CS, Moscou aceitou partir em troca de um acordo petrolífero com Teerã. Ausente a ratificação do Parlamento iraniano, o acordo não foi cumprido. No entanto, Washington percebeu na crise um sinal de dificuldades futuras com Moscou.

O início da guerra civil grega, em maio de 1946, constituiu a primeira clara demonstração do modelo da Guerra Fria imposta às RI. Sustentados por Albânia, Bulgária e sobretudo Iugoslávia, o Partido Comunista, a Frente de Libertação Nacional e movimentos de esquerda opuseram-se ao retorno da monarquia grega após as eleições consideradas fraudulentas. A intervenção britânica e, a partir de 1947, a dos Estados Unidos mantiveram Atenas no campo ocidental.

A organização política e administrativa dos Estados que foram ocupados pelo Exército Vermelho conduziu os anglo-saxões a denunciar o desrespeito à vontade da maioria, já que os partidos comunistas da Bulgária, Tchecoslováquia, Hungria e Romênia venceram facilmente as eleições. Por sua vez, tanto na Albânia (Hodja) quanto na Iugoslávia (Tito), os movimentos de resistência ao nazismo tomaram o poder.

A tentativa de revisão do regime dos estreitos, ou seja, das passagens marítimas estratégicas, proposta pela União Soviética à Turquia em agosto de 1946, encontrou forte oposição anglo-saxônica, transformando Ancara em um dos aliados mais importantes da estratégia ocidental.

As inúmeras peripécias entre os Aliados da Segunda Guerra Mundial atingiram um ponto nevrálgico quando implicaram a administração conjunta da derrotada Alemanha. Após conflitos abertos em 1947, no ano seguinte foram abandonadas as instituições compostas pelos quatro vencedores da guerra (Estados Unidos, União Soviética, Grã-Bretanha e França), surgindo uma dupla administração: por um lado, a União Soviética, e por outro, os três Estados ocidentais. Consumada estava a divisão do território alemão. Em julho de 1948, alegando razões técnicas, Moscou interrompeu as comunicações terrestres entre a zona de ocupação aliada e Berlim Oeste. Uma ponte aérea organizou-se, deixando transparecer a vontade ocidental de manter parte da capital do Terceiro Reich sob sua administração.

3 A dinâmica das relações internacionais **43**

Em maio de 1949, encerrou-se o bloqueio de Berlim e, em 15 de setembro, a Alemanha recuperou sua condição de Estado com a eleição do chanceler Konrad Adenauer. Cristalizando a divisão alemã, foi criada no mês seguinte a República Democrática Alemã.

A Guerra Fria nasceu da incapacidade de compreensão, por parte dos anglo--saxões, das motivações que moviam seus adversários, pois para

> os soviéticos, obcecados pela segurança, profundamente desconfiados com o mundo ocidental, incapazes de crer na existência de sentimentos desinteressados de seus interlocutores, o interesse de Londres e de Washington no respeito dos direitos humanos em regiões onde ao longo do tempo nunca haviam se interessado, somente pode significar um questionamento da divisão do espólio hitlerista.[15]

O Ocidente considerava que o protetorado exercido por Moscou na Europa Central e Oriental contrariava o princípio da autodeterminação dos povos, consagrado na "Declaração de Yalta sobre a Europa liberada". Para a URSS, ao contrário, sua ação objetivava colocar em prática o princípio da solidariedade proletária e reforçar seu papel de grande potência.

Concedendo um caráter doutrinário, até então inexistente, ao confronto Leste-Oeste, o Presidente Truman anunciava, em março de 1947, a *Doutrina da Contenção* (*containment*), que consistia em não admitir que a expansão soviética ultrapassasse os limites estabelecidos em 1945. Consciente de que se tornara imprescindível contrapor-se a Moscou igualmente no campo econômico, Truman adicionou um corolário à Doutrina da Contenção. Nasceu, assim, em junho do mesmo ano, o *Plano Marshall*. Este irrigaria os dezesseis Estados reunidos na Organização Europeia de Cooperação Econômica (OECE) com a soma de 10 bilhões de dólares entre 1948 e 1951.

A resposta soviética à doutrina Truman e ao Plano Marshall foi imediata. Para Moscou, essas iniciativas representavam uma tentativa de reorganizar o capitalismo e exigiam rigor, coesão e disciplina do campo comunista. Em outubro de 1947 os partidos comunistas da Europa Central e Oriental, além do francês e do italiano, criaram o *Kominform*, fazendo ressurgir o *Komintern* (Terceira Internacional Comunista), que havia sido dissolvido por Stalin em maio de 1943.[16]

A largos passos os contendores dirigiram seus esforços à formação de dois *blocos* irredutíveis. Surgiu uma *cortina de ferro* que separava dois grupos de Estados, monolíticos, petrificados em franca hostilidade. Em janeiro de 1949, a União So-

---

15 FONTAINE, A. *Histoire de la Guerre Froide*. Paris, Seuil, 1983, v. I, p.351.

16 Após a morte de Stalin (1953), o *Kominform* é extinto e a Internacional Comunista não mais dispõe de organização oficial estruturada.

44 Relações internacionais ▪ Parte I

viética criou uma Organização de Cooperação Econômica (Comecon) para contrapor-se ao Plano Marshall. Controlada pela URSS, essa forma de organizar a divisão internacional da produção esforçou-se para acelerar o ritmo de transição em direção ao comunismo, por meio de planejamento, centralização, coletivização e industrialização. Ressalte-se que no mesmo ano Moscou ingressou no restrito clube atômico com o sucesso de sua bomba A. Quatro anos mais tarde, disporia igualmente da tecnologia que permite a fabricação da bomba H.

Os Estados Unidos replicaram em abril de 1949, fazendo surgir uma aliança defensiva baseada no princípio da segurança coletiva. Nasceu, assim, a Organização do Tratado do Atlântico Norte (OTAN), instituição militar com algumas atividades civis, percebidas como símbolo da unidade ideológica e instrumento de dissuasão militar a serviço do Ocidente.

Os clamores que nasceram nos territórios colonizados foram ouvidos em Moscou. A política de descolonização constituiu um dos principais pilares da ação externa soviética, impelindo vários jovens Estados a estabelecerem relações privilegiadas com a URSS. Todavia, o caráter monolítico do Bloco Soviético apregoado por Stalin sofreu rude golpe com a dissensão iugoslava. O Marechal Tito conquistou o que foi impossível a outros líderes do Leste europeu: provar a existência de um caminho autônomo que conduzisse ao socialismo. Tratava-se de uma clara fissura no bloco soviético, mas que não colocou em xeque a liderança moscovita do mundo comunista.

Ao final da década de 1940, o foco de enfrentamento da Guerra Fria transferiu-se da Europa para a Ásia, com o risco de envolver diretamente, pela primeira vez, os ex-aliados da Segunda Guerra. Após uma guerra civil, surgiram duas Coreias em 1948: a do Norte, comunista, e a do Sul, aliada ao Ocidente. A linha divisória foi estabelecida no 38º paralelo. Em junho de 1950, tropas da Coreia do Norte, auxiliadas pela URSS e beneficiando-se do apoio do vitorioso Partido Comunista Chinês, que havia conquistado o poder em outubro de 1949, invadiram a Coreia do Sul.

Surpresos, os Estados Unidos recompuseram-se e, aproveitando-se da ausência do delegado da URSS, aprovaram uma Resolução no CS autorizando o envio de um contingente internacional à Coreia. De fato, a bandeira da ONU esteve à frente dos combatentes, mas os soldados eram, essencialmente, norte-americanos. Comandado pelo General MacArthur, o contingente internacional encontrou grandes dificuldades para se opor à progressão das forças norte-coreanas e chinesas. Como solução radical, MacArthur propôs a Truman um bombardeio nuclear de caráter preventivo à China. Denegada a autorização, MacArthur foi afastado do comando e os Estados Unidos conseguiram, após um penoso combate com armas clássicas, ausentes as nucleares, manter a independência da Coreia do Sul com o armistício de Pan Mun Jon (1953).

3 A dinâmica das relações internacionais **45**

A Guerra da Coreia convenceu Washington da necessidade de instaurar uma rede de alianças militares de alcance regional, à imagem da OTAN. No Sudeste Asiático foi criada a Organização do Tratado da Ásia do Sudoeste (OTASE), na Oceania, a aliança de defesa militar formada por Austrália, Nova Zelândia e Estados Unidos (ANZUS), substituída mais tarde pela Associação das Nações do Sudeste Asiático (ANASE),[17] e na América Latina, o Tratado Interamericano de Assistência Recíproca (TIAR).[18]

As características da bipolaridade, construídas ao longo da Guerra Fria, algumas com incidências marcantes nas décadas seguintes, são resumidas no Quadro 3.2:

Quadro 3.2 Características do sistema bipolar

1) Criação de blocos estanques.

2) Não intervenção na esfera de dominação adversa.

3) Neutralidade de um bloco quando surgirem dissensões no interior do outro.

4) O não recurso ao armamento nuclear.

5) Constituição de uma rede de organizações de segurança regionais.

6) Necessidade de estabelecer meios de comunicação confiáveis entre os blocos.

O degelo (1953-62) – A morte de Stalin, aliada à autoconfiança permitida pela arma nuclear, levou Moscou a acomodar-se com a possibilidade de uma *coexistência pacífica* entre os dois mundos. Após a solução encontrada na Coreia com a manutenção do *status quo ante*, vários outros temas foram encaminhados para uma solução parcial e provisória: a crise da Indochina (1954), a recuperação do *status* de país soberano pela Áustria (1955), o ingresso japonês na ONU (1956), a ação americano-soviética impondo o respeito à soberania egípcia no Canal de Suez (1956) e, contrariando a bizarra e interesseira aliança entre Grã-Bretanha, França e Israel, a neutralização da Antártida por meio do Tratado de Washington (1959)[19] e as tentativas para solucionar a questão alemã.

Não deve haver ilusão sobre o degelo. Tratava-se, ainda, de relações frias e por vezes gélidas, indicando claramente os limites de um possível diálogo. Entre os exemplos mais significativos está, novamente, o caso alemão. No período de 1952-61, mais de três milhões de pessoas abandonaram a República Democrática Alemã e refugiaram-se na Alemanha Ocidental, transitando, muitas vezes, pela cidade de Berlim. Kruchev não hesitou em indicar a necessidade de extrair o "tu-

---

17 Consultar SEITENFUS, R. *Manual das organizações internacionais*. 5.ed. Porto Alegre, Livraria do Advogado, 2012, p.342.

18 Sobre o TIAR, consultar ibidem, p.271. A íntegra do texto de seu tratado constitutivo encontra-se em SEITENFUS, R. *Legislação internacional*, op. cit., p.353-6.

19 O Tratado de Washington encontra-se em ibidem, p.934-7.

mor cancerígeno" em que se transformou Berlim Ocidental. Sendo impossível extirpá-lo, o líder soviético decidiu isolá-lo. Assim, na madrugada de 13 de agosto de 1961, teve início a construção do Muro da Vergonha, que cindiu a velha capital germânica.[20] Todavia, foi com a crise dos mísseis em Cuba que o degelo mostrou claramente seus limites.

Washington reconheceu o novo regime que tomou o poder em Cuba em janeiro de 1959. Após alguns meses de normalidade, as relações tornaram-se difíceis em razão das nacionalizações e expropriações feitas por Fidel Castro. A partir de então, a crise cubano-americana aumentou de proporção: embargo comercial decretado pelos Estados Unidos (1960), ruptura das relações diplomáticas e consulares (início de 1961) e, finalmente, em abril do mesmo ano, a fracassada tentativa de invasão da Baía dos Porcos.

Pressionado pelos Estados Unidos, Castro voltou-se, naturalmente em um sistema bipolar, para a União Soviética solicitando a instalação de um eficaz sistema de defesa, pois estava convencido de que Washington tentaria promover novamente a invasão da ilha.

Em 14 de outubro de 1962, os Estados Unidos descobriram, estupefatos, que Cuba abrigava uma base de lançamento e aguardava a chegada de mísseis que deveriam ser apontados contra seu território. Kennedy colocou Cuba imediatamente em *quarentena* e, em 22 de outubro, indicou que não permitiria o acesso à ilha aos barcos soviéticos sem prévia inspeção. Ao mesmo tempo em que solicitava o desmantelamento das rampas de lançamento, ele convidou a URSS a iniciar um diálogo direto para colocar um ponto final na corrida armamentista.

Sendo firme, mas não extremista, pois respeitou a integridade territorial cubana, Kennedy conseguiu fazer que, em 28 do mesmo mês, os barcos soviéticos se afastassem da ilha e retornassem a suas bases. Objeto de uma disputa entre as superpotências, a pequena Cuba não pôde desempenhar papel fundamental. Todavia, o acerto previu a retirada de foguetes norte-americanos de médio alcance instalados na Itália e na Turquia e, em compensação, os Estados Unidos comprometeram-se com a não derrubada do regime de Fidel Castro. Desde então, não foram patrocinadas novas tentativas de invasão a Cuba. Contudo, Washington prosseguiu, ao longo de todas as administrações, o exercício de forte pressão, impedindo a plena participação cubana nas RI.

---

20 Ao longo de 166 km de fronteira, foi construído um obstáculo de 4 metros de altura. Uma área iluminada no lado oriental corria ao longo do Muro. Considerada uma área mortal, era acompanhada por trincheiras e torres de controle. As tentativas de atravessar o Muro provocaram a morte de 246 pessoas. Em 9 de novembro de 1989, Günther Schabowski – líder do Partido Comunista Alemão – admitiu que as visitas de natureza privada seriam permitidas. A notícia correu como pavio de pólvora e na madrugada seguinte a população de Berlim Oriental tomou de assalto a linha de fronteira, sem qualquer violência, decretando o fim do Muro da Vergonha e o início da reunificação alemã.

3 A dinâmica das relações internacionais **47**

A crise dos mísseis conduziu o mundo à beira da guerra nuclear e provocou, paradoxalmente, uma nova fase das RI. Única grande crise direta entre Washington e Moscou, ela fez os dirigentes dos dois blocos tomarem consciência dos riscos de manter a escalada armamentista. Iniciou-se, então, um proveitoso diálogo. Foi instalada uma linha de comunicação direta entre o Kremlin e a Casa Branca – *o telefone vermelho* – e logo a seguir tiveram início conversações objetivando o controle dos armamentos, sobretudo nucleares. Começou o período da distensão.

A distensão (1962-1977) – A distensão pode ser definida como um modelo operacional que buscava garantir um patamar, por menor que fosse, de previsibilidade às relações entre os dois blocos. Além dos ingredientes que marcaram a Guerra Fria, referidos anteriormente, a distensão adicionou os seguintes: diálogo direto, controle dos armamentos, equilíbrio mútuo e competição ideológica.

O objetivo central da distensão era impedir uma guerra mundial. Para tanto, era fundamental manter o equilíbrio de forças por meio do controle mútuo da corrida armamentista. Em 1963, foi firmado um tratado proibindo os testes nucleares, com exceção dos subterrâneos. Em 1967, o espaço foi desmilitarizado e declarado zona livre de armas nucleares. No ano seguinte, um passo capital se deu com a conclusão do Tratado de Não Proliferação Nuclear (TNP).[21] Em 1972, concluíram-se as negociações SALT (*Strategic Arms Limitation Talks*), com a assinatura do Tratado de Moscou. No ano seguinte, os dois países comprometeram-se a impedir uma conflagração nuclear.

O sucesso das negociações estratégicas e militares provocou uma diminuição da tensão entre os dois blocos. Apareceu, pela primeira vez desde o início da Guerra Fria, a possibilidade efetiva de uma *coexistência pacífica*. A competição deveria prosseguir, embora dentro de limites previamente negociados.

A distensão repercutiu positivamente no conjunto das RI. Assim, a Alemanha do Chanceler Brandt conseguiu firmar um acordo com Moscou reconhecendo as fronteiras herdadas da última guerra e os dois Estados alemães se reconheceram mutuamente, ingressando, em 1973, na ONU. Todavia, o acontecimento fundamental foi a *Conferência sobre a Segurança e Cooperação na Europa* (CSCE, Helsinque, 1975). Reunindo 35 Estados, incluindo URSS e Estados Unidos, a CSCE estabeleceu os parâmetros que deveriam condicionar as relações entre os dois blocos no Velho Continente: reconhecimento e intangibilidade das fronteiras de todos os Estados, cooperação econômica e livre circulação de pessoas e de ideias.

O fim da bipolaridade (1977-1991) – A longa Guerra Fria acomodou-se com períodos de distensão. A polarização conjugou-se com um dinamismo circular entre os dois blocos. A incompatibilidade estrutural entre os dois modelos foi acom-

---

21 A íntegra do texto do TNP encontra-se em SEITENFUS, R. *Legislação internacional*, op.cit., p.485-8.

48 Relações internacionais ▪ Parte I

panhada pela clara consciência da impossibilidade de enfrentamento direto. O entendimento permitia o gerenciamento das crises internacionais e uma mútua limitação na corrida armamentista.

Os sinais de esgotamento da distensão apareceram a partir de 1973 com a Guerra do Kippur. O quarto conflito árabe-israelense demonstrou que a crise do Oriente Médio era recorrente e aparentemente insolúvel. Devido a uma conjuntura econômica desfavorável e às dificuldades em prosseguir com a estratégia do desarmamento, aproximava-se de seu termo o condomínio soviético-americano.

O enfraquecimento dos Estados Unidos após a derrota no Vietnã permitiu que a União Soviética interferisse, por meio de forças cubanas, nas lutas pela independência na África. Em 1979, Moscou decidiu agir diretamente e invadiu o Afeganistão. Desgastada pela derrota militar e criticada no Terceiro Mundo, a União Soviética conheceu uma crise sem precedentes que conduziria ao suicídio da Revolução de 1917 e a mudanças profundas nas RI.

O fim da URSS prendeu-se a múltiplas causas. Em primeiro lugar, as ideológicas, pois o modelo libertador de 1917 transformou-se em opressor. Os expurgos, a coletivização forçada e a criação de campos de detenção – o famoso *gulag* – conduziram o comunismo soviético a um impasse.

Em segundo lugar, a influência de Moscou na Europa Central e Oriental exigia a presença militar das forças do Pacto de Varsóvia. Certos partidos comunistas europeus distanciaram-se e criaram a corrente eurocomunista, que contestava a solidariedade seletiva feita pelas armas.

Finalmente, a economia não conseguia manter um ritmo de crescimento, apesar da exploração petrolífera. A necessidade de sustentar um orçamento militar insustentável agravado pela defasagem tecnológica encaminhou o Estado soviético a uma situação na qual se tornou impossível a competição nos termos colocados pelo Ocidente.

As tentativas de Gorbatchov para administrar a situação pela transparência política (*glasnost*) e pela reestruturação econômica (*perestroika*) permitiram a contestação do modelo. Vários países membros do Pacto de Varsóvia aproveitaram-se das incertezas de Moscou e colocaram em questão os fundamentos da solidariedade comunista. A vitória do movimento de contestação polonês liderado por Walesa e a reunificação alemã constituíram anúncios de mudanças profundas em um dos dois polos do poder internacional.

A queda do Império Soviético reforçou a tese da inevitabilidade do declínio da potência hegemônica em médio e longo prazo. Para muitos autores, a hegemonia somente pode realizar-se em um ciclo histórico reduzido. Ela propicia dividendos políticos, mas ocasiona, igualmente, altos custos. A potência hegemônica obriga-se a realizar investimentos para modernizar constantemente suas forças militares e financiar seus aliados. Para tanto, sua economia deve gerar constantes superávits. Ora, estes não crescem na proporção do aumento dos custos do exercício da hegemonia.

Em 25 de fevereiro de 1991, dissolveu-se o Pacto de Varsóvia e em 25 de dezembro do mesmo ano, Gorbatchov, após ser salvo por Ieltsin de um golpe de caráter restaurador em agosto, abandonou suas funções, decretando o fim da URSS e colocando um termo à bipolarização do sistema internacional.

O sistema internacional pós-Guerra Fria (1992-2012) – Os três anos gloriosos do capitalismo (1989-1991) modificaram profundamente as RI. Desmoronou o sistema bipolar criado em Yalta e teve início um período confuso e turbulento. Característica das etapas históricas em que o antigo não desapareceu completamente e o novo ainda não conseguiu firmar-se, a realidade internacional contemporânea desafia o analista por seus movimentos contraditórios e aparentemente caóticos.

Os principais parâmetros analíticos que auxiliam a compreensão de um mundo sem bússola são os seguintes:

- a manutenção da paz e da segurança internacionais exige a recomposição instrumental das OI;
- os fundamentos das RI apontam o surgimento de temas transversais como o meio ambiente, o respeito aos direitos humanos fundamentais e ao princípio da nacionalidade, e a integração econômica regional.

Contudo, a maior característica do mundo que se apresenta no início desse período é a unipolaridade, com o exercício do poder realizado pela única superpotência. Em torno desta gravitam núcleos menores de poder que colaboram ou praticam uma concorrência limitada. Portanto, as RI contemporâneas definem-se como um complexo espaço onde convivem múltiplos polos de poder secundário e de natureza distinta, com um polo central cujo poder manifesta-se de forma hegemônica e multifacetada.

Os Estados Unidos desempenham uma liderança mundial, impondo o capitalismo e a democracia formal, os quais se transformam em modelo único, já que o marxismo resiste somente na Coreia do Norte e em Cuba, pois tanto a China quanto o Vietnã praticam um capitalismo de Estado. Contrapondo-se à inspiração desse pensamento único sobre a organização social e o papel do Estado, restam somente as recorrentes experiências ditatoriais ou autoritárias, com forte intervenção estatal, nas sociedades de um número considerável de países do Terceiro Mundo.

Os conflitos internacionais sofreram profunda mutação com o advento do pós-Guerra Fria. Eles transitaram de uma natureza ideológica e nuclear – que os impregnou durante longa parte do século XX – para retornar às origens clássicas, quando a história, a economia e a geografia desempenharam papel preponderante.

Uma desordem generalizada percorre várias regiões do mundo, colocando em evidência as raízes profundas dos litígios, os quais se sustentam no nacionalismo, em oposições étnicas, religiosas, territoriais e tribais. O desmembramento da ex-Iugoslávia e os conflitos na região dos Lagos africanos desembocaram em guerras mistas – civis e internacionais – que fizeram ressurgir o horror do genocídio e da limpeza étnica.

O crepúsculo da bipolaridade restringiu o alcance dos conflitos, que permanecem localizados, mas, em contrapartida, provocou a renovação de formas de luta com a afirmação do terrorismo, da guerrilha, da Intifada, da utilização de armas de destruição em massa e dos instrumentos de intervenção econômica (bloqueio, embargo e boicote).

A corrida armamentista não mais implica embate entre dois blocos. O extraordinário custo das novas tecnologias bélicas deixa os Estados Unidos e aliados em posição de absoluta superioridade militar. Todavia, a possibilidade de disseminação de armas nucleares, químicas e bacteriológicas, permitindo a ação incontrolada de Estados ou de grupos privados, conduz as RI a um patamar de grave instabilidade.

A regulação do sistema exige a constante intervenção em conflitos marginais. Multiplicam-se as missões de paz sob a conduta das Nações Unidas, e a Organização do Atlântico Norte abandona seu caráter de aliança defensiva para atuar ofensivamente no território de Estados não membros.

Quase três dezenas de conflitos, sendo doze guerras civis, ocorreram nos primeiros anos do período pós-Guerra Fria. Além dos clássicos distúrbios do Terceiro Mundo, a guerra bateu às portas da Europa com a derrocada da ex-Iugoslávia. As guerras africanas na Somália, Ruanda, Congo e Angola demonstram a extrema instabilidade do continente africano. Não somente este encontra-se à margem do progresso econômico e da evolução social, mas, igualmente, é cenário de lutas recorrentes que provocam centenas de milhares de mortes.

Contudo, é no Oriente Médio, em sua qualidade de fronteira entre civilizações, religiões e comunicações, bem como de berço geográfico, estratégico e energético, que as RI alcançam seu maior grau de instabilidade. Tendo como pano de fundo a insolúvel questão palestina, agregou-se à explosiva situação a ação desestabilizadora do Iraque.

Ocorreram três conflitos sucessivos na região do Golfo arábico-pérsico. O primeiro opôs o Iraque ao Irã (1980-1988), provocando a morte de mais de um milhão de pessoas. Dois anos após ser obrigado pelo CS a aceitar um cessar-fogo (Resolução n. 598), o Iraque ocupou o Kuwait, em agosto de 1990, tornando-se o primeiro e mais importante exemplo do funcionamento do sistema internacional pós-Guerra Fria. As ameaças de intervenção não foram suficientes, e a comunidade internacional, por meio de uma coalizão formada por 28 Estados, desencadeou a operação "Tempestade no Deserto". Em fevereiro de 1991, as forças de Saddam Hussein foram expulsas e restaurou-se a soberania do Kuwait. O CS ofereceu garantias de independência e segurança ao país agredido e impôs severas sanções ao Iraque. A partir desse momento, a questão iraquiana inscreveu-se de maneira permanente na agenda internacional, apresentando-se como elemento crucial do pós--Guerra Fria.

Por intermédio da Resolução n. 687 (abril de 1991), o CS estabeleceu as condições do cessar-fogo e determinou uma lista de condições a Bagdá: definição de duas zonas de exclusão – ao Norte e ao Sul – nas quais o governo iraquiano não exerceria sua soberania, pagamento de pesadas indenizações de guerra e desmantelamento de sua capacidade de produção e armazenamento de armas de destruição em massa. A implementação dessas medidas fez o Iraque se transformar no epicentro das RI durante o período.

O terceiro conflito foi desencadeado em março de 2003, quando tropas dos Estados Unidos, apoiadas por tropas britânicas e australianas, iniciaram o bombardeio de Bagdá e a invasão por terra do Iraque. Contrariando o Direito Internacional, pois não foi aprovada nenhuma resolução do CS permitindo a ação bélica, os invasores não levaram em consideração a oposição de numerosos governos e de parte ponderável da opinião pública mundial.

O conflito foi motivado por questões securitárias, econômicas e psicológicas. Todavia, as autoridades anglo-americanas alegaram a existência de uma capacidade potencial iraquiana em lançar mão de armas de destruição em massa que, posteriormente, não se comprovou. A notável assimetria de forças em presença comporta a impressão de que as guerras do novo século conservarão sua imoralidade escapando, ao mesmo tempo, da bipolaridade. Por outro lado, a região do Oriente Médio tende a permanecer como epicentro dos litígios internacionais.

A solução dos conflitos bélicos do pós-Guerra Fria anunciou a possibilidade do reforço do multilateralismo e do papel das Nações Unidas. O epílogo das duas primeiras guerras do Golfo constituiu exemplos significativos da eficácia dos mecanismos para a solução pacífica dos litígios. Tal esperança frustrou-se com a marginalização do CS quando se tornou impossível uma solução consensual em março de 2003.

A terceira guerra do Golfo desnudou, igualmente, os limites da cooperação europeia e de sua atuação autônoma no sistema internacional. Extraordinários progressos foram realizados na construção da União Europeia – criação do euro, acolhida de novos Estados, adoção de um Projeto de Constituição e o aprofundamento dos vínculos. No entanto, a possibilidade de uma política externa e de defesa comum, percebida como possível nos conflitos da ex-Iugoslávia, al-

52 Relações internacionais • Parte I

cançou seus limites com as divisões no seio da União Europeia frente à questão iraquiana.

Um nítido corte surgiu entre, de um lado, a posição pacifista e de defesa do multilateralismo da Alemanha, Bélgica e França e, de outro, o alinhamento ativo de um grande número de Estados europeus à posição belicosa dos Estados Unidos (Grã-Bretanha, Espanha, Itália, Portugal, Dinamarca e Holanda). Os contrastes europeus impuseram uma indagação: poderá a Europa manter o ativismo econômico e de cooperação ao desenvolvimento que marcou sua atuação internacional sem apresentar, paralelamente, uma política externa unificada perante os desafios internacionais? Em outros termos, o polo de poder econômico, tecnológico e moral que a Europa reconstruiu, por meio da cooperação, poderá afastar os aspectos políticos, militares e estratégicos de uma ação coletiva?

No final de 2010 começou a ruir o mito cultural da chamada *exceção árabe*, ou seja, da suposta dicotomia entre o mundo árabe e o sistema democrático constitucional. A imolação pelo fogo do tunisiano Mohamed Bouazizi em 17 de dezembro para protestar contra o confisco de seu pequeno comércio de frutas e legumes desencadeou um processo revolucionário na região conhecido como Primavera Árabe. Tal processo, ainda em curso em 2013, notadamente no Egito e na Síria, muda profundamente o mapa geopolítico do Norte da África. As potências ocidentais integrantes da OTAN, sob o manto dos princípios democráticos e do Direito humanitário, intervêm nos distintos processos e alcançam o domínio de países considerados até então (caso da Líbia) párias das RI.

Tabela 3.5 Cronologia da Primavera Árabe

Data	Acontecimento
Janeiro de 2011	Início das manifestações na Tunísia, Iêmen, Argélia, Mauritânia, Líbia, Jordânia e Egito. Fuga do ditador tunisiano Ben Ali.
Fevereiro de 2011	"Marcha do Milhão" no Cairo, reunindo oito milhões de pessoas na Praça Tahir. Hosni Mubarak deixa o poder. Primeiras manifestações na Síria. Rebeldes conquistam Bengazi na Líbia.
Março de 2011	Resolução n. 1.973 do CS/ONU autoriza a intervenção armada na Líbia. Entre os Aliados, França e Estados Unidos são os mais ativos. Início da Guerra Civil na Síria. Morte de 56 manifestantes no Iêmen.
Abril de 2011	O governo da Argélia anuncia uma reforma constitucional. Hosni Mubarak é vítima de uma crise cardíaca. Ben Ali é acusado de assassinato com premeditação na Tunísia.
Agosto de 2011	Início do processo de Hosni Mubarak. Rebeldes conquistam Trípoli na Líbia.
Outubro de 2011	Kadafi é assassinado em Sirte. O partido islâmico moderado Ennahada conquista maioria parlamentar na Tunísia. Fim da operação militar da OTAN na Líbia.
Novembro de 2011	Partido islâmico moderado conquista maioria parlamentar no Marrocos.
Fevereiro de 2012	O presidente Saleh, do Iêmen, deixa o poder.

(continua)

3 A dinâmica das relações internacionais   53

Tabela 3.5 Cronologia da Primavera Árabe *(continuação)*

Data	Acontecimento
Março de 2012	Partido Irmãos Muçulmanos conquista 60% do Parlamento egípcio. Plano de paz apresentado por Kofi Annan é aceito pelo presidente sírio.
Abril de 2012	Observadores da ONU são enviados à Síria.
Maio–dezembro de 2012	Prossegue a Guerra Civil na Síria. Rebeldes são reconhecidos pela França e pelos Estados Unidos como representantes do Estado sírio.
Dezembro de 2012	Novas manifestações no Egito contra a presidência dos Irmãos Muçulmanos.

A simultaneidade dos processos desse verdadeiro *tsunami* político se explica pela presença majoritária da juventude, da utilização de comunicação por meio das redes sociais e do desejo irrefreável de liberdade. Historicamente controlados por regimes dinásticos, autoritários e predadores, a revolta das populações árabes, excetuando-se as monarquias petrolíferas, encontra-se em plena evolução.

Contudo, é possível traçar algumas linhas fortes: a) abre-se uma fase constitucional durante a qual as bases jurídicas da nova ordem deverão ser assentadas; b) em todas as consultas feitas por meio do voto, os partidos islâmicos mostraram sua força. Regimes baseados na secularização foram substituídos por confessionais, embora moderados; c) o suposto despotismo intrínseco ao Islã foi questionado e pode haver compatibilidade entre regimes islâmicos e modelos de democracia representativa e constitucional; d) as revoluções da Primavera Árabe são feitas pelos jovens que expressam demandas sociais e respeito às regras de democracia; e) as potências ocidentais apoiadas até então em Israel e nas monarquias do golfo persa poderão contar com aliados mais confiáveis; f) o longo processo de transição que conduzirá da Primavera ao Verão Árabe será marcado pelo enfrentamento entre os modelos democrático ocidental e o islamismo radical.

A extraordinária capacidade bélica dos Estados Unidos torna flagrante a assimetria em relação ao restante do mundo. Contudo, a superioridade militar não dispensa as considerações de natureza jurídica e moral das RI. As vítimas civis dos aviões sem pilotos (*drones*) dos Estados Unidos no Afeganistão e no Paquistão, a lista de pessoas a assassinar e o desrespeito às normas mínimas do Direito Internacional e da própria Constituição dos Estados Unidos na Prisão de Guantánamo imprimem à ação de Washington a marca da imoralidade e da indecência.

Frente a uma ativa opinião pública mundial, não basta à única superpotência dispor de capacidade técnica de dominação. Para que esta se torne efetiva, é necessário reunir atributos que somente o caminho da razão e do direito podem conceder. Em um mundo onde se intensifica o intercâmbio de todos os gêneros, surgem novos atores que se orientam por parâmetros distintos. Há, portanto, um duplo sentido que opera nas RI contemporâneas: por um lado, o entrelaçamento do mundo, transnacionalizando os interesses, e, por outro, a multiplicação do número de atores cuja ação incide sobre as RI.

54 Relações internacionais • Parte I

BIBLIOGRAFIA

ARON, R. *Paz e guerra entre as nações*. Brasília, UnB e IPRI, 2002, 936p.

_____. "O que é uma teoria das relações internacionais?" *In: Estudos políticos*. Brasília, UnB, 1985, p.375-96.

BADIE, B.; SMOUTS, M. C. *Le retournement du monde*: sociologie de la scène internationale. Paris, Dalloz, 1995, 251p.

BERTRAND, M. *La fin de Vordre militaire*. Paris, Presses de Sciences Po., 1996, 132p.

BOBBIO, N. "As relações internacionais e o marxismo". *In: Ensaios escolhidos*. São Paulo, Cardim, s/d, p.109-26.

BRAGUE, R. *Europe, la voie romaine*. Paris, 1992.

BRAILLARD, P. *Teoria das relações internacionais*. Lisboa, Calouste Gulbenkian, 1990, 626p.

_____. *Mythe et réalité du non-alignement*. Paris, PUF, 1987.

_____. "International theory: the case for a classical approach". *In: World politics*, XVIII, 1966.

BULL, H. *The anarchical society*: a study of order in world politics. Nova York, Columbia University, 1995, 329p.

CAO-HUY, T.; FENET, A. (eds.). *Mutations internationales et évolution des normes*. Paris, PUF, 1994, 199p.

CARR, E. H. *Vinte anos de crise: 1919-1939. Uma introdução aos estudos das relações internacionais*. Brasília, UnB, 1982, 221p.

CHAUNU, P. *Histoire de l'Amérique Latine*. Paris, PUF, 1976.

CHEMILLIER-GENDREAU, M. *Humanités et souverainetés*: essai sur la fonction du droit international. Paris, La Découverte, 1995, 382p.

DE BIAGGI, E.M. La cartographie et les représentations du territoire au Brésil. Tese de doutorado, Instituto de Altos Estudos da América Latina, Universidade de Paris III, 2000, mimeografada, 484p.

DEUTSCH, K. *El analisis de las relaciones internacionales*. Buenos Aires, Paidos, 1974 (publicado também em português pela UnB).

DREYFUS, S. *Droit des relations internationales*. Paris, Cujas, 1992, 537p.

DROZ, J. *Histoire diplomatique de 1648 à 1919*. Paris, Dalloz, 1959, 636p.

DUROSELLE, J. D.; RENOUVIN, P. *Introdução à história das relações internacionais*. São Paulo, Difusão Europeia do Livro, 1967, 542p.

ELIAS, N. *La société de cour*. Paris, Flammarion, 1985, 330p.

_____. *La dynamique de l'Occident*. Paris, Calmann-Lévy, 1975, 320p.

FEUER, G.; CASSAN, H. *Droit international du développement*. Paris, Dalloz, 1985.

FONTAINE, A. *Histoire de la Guerre Froide*. Paris, Seuil, 1983.

GERBET, P. *Le rêve d'un ordre mondial*. Paris, Imprimerie Nationale, 1996, 492p.

GILPIN, R. *A economia política das relações internacionais*. Brasília, UnB, 2002, 492p.

HASSNER, P. "Où vont les relations internationales". In: *Esprit*. Paris, dezembro 1992.

HOFFMANN, S. "Choices". *In: Foreign policy*. Washington, 1973.

_____. "Théorie et relations internationales". *RFSP*, vol. XI, 1961.

_____. (ed.). *Contemporary theory in international relations*. Englewood Cliffs (NJ), Prentice Hall, 1960.

HUNTINGTON, S. *Le choc des civilisations*. Paris, Odile Jacob, 1997, 402p. (publicado também em português).

MERLE, M. *Sociologie des relations internationales*. Paris, Dalloz, 1976, 480p. (publicado em português pela UnB).

MILZA, P. *Les relations internationales de 1973 à nos jours*. Paris, Hachette, 1996, 255p.

MOREIRA, A. *Teoria das relações internacionais*. Coimbra, Almedina, 1996, 528p.

MORGENTHAU, H. *Politics among nations*. Nova York, Knopf, 1973.

RAFFESTIN, C. "Pour une analyse géographique du politique". In: *Guerres et paix*. Genève, Georg, 2000.

RIST, G. *Le développement: histoire d'une croyance occidentale*. Paris, Presses des Sciences Po., 1996, 427p.

_____. *Le développement: un mythe de l'Occident*. Paris, Gallimard, 1991.

ROUQUIÉ, A. *Amérique Latine: introduction à l'Extrême Occident*. Paris, Seuil, 1998, 484p.

SEITENFUS, R. *Manual das organizações internacionais*. 5.ed. Porto Alegre, Livraria do Advogado, 2012, 386 p.

_____. *Legislação internacional*. 2.ed. Barueri, Manole, 2009, 1.408 p.

_____. "Quatro teses sobre a política externa brasileira dos anos 1930". In: *Sessenta anos de política externa*. v. I. São Paulo, Cultura, 1996, p.115-60.

_____; VENTURA, D. *Direito internacional público*. 5.ed. Porto Alegre, Livraria do Advogado, 2008, 286p.

SMOUTS, M.C. (org.). *Les nouvelles relations internationales*: pratiques et théories. Paris, Presses des Science Po., 410p.

SUR, S. *Relations internationales*. Paris, Montchrestien, 1995, 587p.

TOURNAYE, C. *Kelsen et la sécurité collective*. Paris, LGDJ, 1995, 121p.

VAYSSIÈRE, P. *L'Amérique Latine de 1890 à nos jours*. Paris, Hachette, 1999, 256p.

WENDZEL, R.L. *Relações internacionais*. Brasília, UnB, 1985, 318p.

PARTE II

OS ATORES DAS
RELAÇÕES INTERNACIONAIS

Malgrado o surgimento de importante concorrência, as relações internacionais (RI) prosseguem sendo dominadas por um ator principal – o Estado –, secundado e, muitas vezes, contraditado por vários atores cuja influência manifesta-se de maneira parcial e episódica: as organizações interestatais – sejam elas simplesmente intergovernamentais ou atinjam o estágio complexo da supranacionalidade, como é o caso da União Europeia (UE), criando o original Direito Comunitário –, os entes privados de vocação transnacional e, de certa forma, os indivíduos.

Encontra-se na atuação externa do Estado o alicerce das modernas RI. Membro inquestionável do sistema internacional, o Estado *é* seu ator originário e nele permaneceu de forma solitária por longo período. Não se trata somente do exercício de uma primazia ou de dominação da figura estatal, como propugnam as teorias tradicionais. Na verdade, trata-se de exclusividade, pois, centrado em seu único ator, o sistema foi identificado, até o início do século XX, como *interestatal* e não internacional, como se define atualmente.

A atuação externa do Estado pode inspirar-se nos interesses privados de seus nacionais, sejam eles empresas ou indivíduos. Todavia, o Estado permanece como o juiz – único e supremo – da oportunidade, da forma e do conteúdo do agir no plano externo.

Não obstante, ao final da Primeira Guerra Mundial e sobretudo após a Segunda, a conjunção de vontades dos Estados fez nascer um novo ator. Pela expressão de um consentimento coletivo, os Estados delegaram funções específicas e delimitadas às Organizações Internacionais (OI). Nasceu, então, um ator secundário, pois as OI passaram a existir em razão de uma vontade externa a elas, qual seja, a vontade de seus Estados-membros fundadores e, posteriormente, a dos associados.

As OI possuem caráter público, uma vez que somente os Estados nelas detêm representação plena. Ao perseguir objetivos específicos, adotam modelos institucionais diferenciados, que podem prever a transferência de poderes de seus membros para a instância coletiva ou simplesmente constituir um fórum de contato e cooperação. As relações entre a criatura e os criadores são impregnadas de uma carga conflituosa, pois a organização coletiva tende a buscar, de forma incessante, a diminuição de seu grau de dependência em relação aos Estados.

Por outro lado, o grupo heterogêneo das OI não estatais que denomino de *Organizações não governamentais de alcance transnacional* (Ongat) é composto por instituições de origem privada, vinculadas a uma ordem jurídica nacional, mas que, em razão de seus objetivos e atividades, visam atingir os indivíduos ou os bens localizados no território de dois ou mais Estados, ou em espaços internacionalizados. A diferença essencial com relação ao ator anterior está na ausência formal do Estado e, portanto, na autonomia da organização em relação aos governos.

Com efeito, o surgimento de uma Ongat não provém de uma vontade externa à sua, tampouco da ação do Estado. Não raro tal organismo é criado para opor-se ao Estado, competindo com ele tanto no campo internacional quanto no espaço em que o Estado detém jurisdição exclusiva, ou seja, no interior de suas fronteiras nacionais. A variada gama de OI privadas – confessionais, culturais, jurídicas, esportivas, econômicas, cooperativas, políticas – repousa sobre um denominador comum: a autonomia com relação aos outros dois atores das RI.

Um terceiro grupo de atores internacionais encontra-se nas manifestações de fé, organizadas de maneira transnacional, aqui designadas genericamente como igrejas. Paradoxalmente, a religião tem servido como combustível de incontáveis conflitos internacionais, mas também exerce e dissemina o valor da solidariedade em missões humanitárias relevantes mantidas pelos movimentos religiosos.

Paralelamente à existência das religiões monoteístas, que se afrontam no mercado da fé com nítida tendência a transcendê-lo, conduzindo a disputa para o terreno das armas, existem outras centenas de movimentos paralelos, alguns subterrâneos, que agem internacionalmente. Essas *seitas*, pouco conhecidas, interferem nas RI de maneira crescente.

As dificuldades para identificar os contornos do submundo do crime internacional não devem servir de escudo para desconsiderá-lo. Os diferentes tráficos – de narcóticos, de seres humanos, de armas, de metais preciosos etc. –, a lavagem de dinheiro por meio de paraísos fiscais, a corrupção transnacional que afeta a administração dos Estados e, finalmente, as redes de terror que demonstram sua força são atores fundamentais das RI contemporâneas.

A história das RI já havia indicado o quanto o indivíduo, agindo isoladamente, com total autonomia e desvinculado de liames organizacionais, poderia influenciar seus rumos. O estopim da Primeira Guerra Mundial foi um ato terrorista individual. Por essas razões, paralelamente à contribuição de certos indivíduos à tomada de consciência sobre questões transnacionais, é necessário ter presente, igualmente, a face obscura das ações individuais.

Acrescente-se ao rol de atores das RI a complexidade intrínseca aos fenômenos de opinião pública. Sua possível manipulação e o impacto diferenciado nas distintas sociedades tornam perigoso o exercício de análise de sua influência nas RI. Todavia, desde meados da década de 1930, com o surgimento dos mecanismos de avaliação da sensibilidade pública por meio das pesquisas de opinião, esse termômetro é utilizado pelos responsáveis por decisões políticas e econômicas. Por conseguinte, em certas condições, a opinião pública nacional ou transnacional, como a que se organiza na contemporaneidade, torna-se um ator que influencia o curso das RI.

Finalmente, o indivíduo, considerado por parte da doutrina jurídica um sujeito fragmentário de Direito Internacional, esforça-se para deixar a condição de mero destinatário das RI. Sua recente evolução indica que certas categorias particulares de indivíduos alcançam níveis razoáveis de autonomia com relação aos outros atores, tendo acesso ao privilegiado campo de atuação internacional.

4 O principal ator das relações internacionais

O Estado é um fenômeno internacional de marcante sucesso cuja vivacidade impressiona. Quando um Estado desaparece em razão de conflitos, internos ou internacionais, decretando o fenecimento da vontade de compartilhar valores e destino, a história demonstra que sua morte equivale a um renascimento de um ou de vários outros entes estatais, no mesmo espaço territorial.

O sucesso do modelo fez com que sociedades sem Estado ou dependentes de outros Estados buscassem criar seu próprio Estado, como bem o revela a organização das sociedades que passaram pelo processo de descolonização. Tal fenômeno significou o aumento extraordinário do número de Estados, alcançando atualmente duas centenas.

O surgimento desordenado de novos Estados traz consigo uma das principais características do Estado contemporâneo: grande parte deles é simplesmente uma caricatura de Estado de Direito e de fato. Trata-se de Estados objetivamente inviáveis ou em colapso, enfim, *quase-Estados*. Um exemplo marcante dessa realidade encontra-se no grupo dos Países Menos Avançados (PMA ou LDC, *Least Developed Countries*). Composto de 49 Estados, sendo 34 africanos (os demais asiáticos ou localizados no Pacífico, com apenas um americano, o Haiti), os PMA reúnem um décimo da população mundial, sem qualquer perspectiva de desenvolvimento, condenada à mendicância internacional para encontrar meios de subsistência.[1]

O Estado desempenha três funções que correspondem a necessidades contemporâneas:

---

1   O crescimento anual médio durante a década de 1990 foi somente de 0,9%. Onze desses Estados, vítimas de guerra civil, sofreram uma diminuição anual de 3% de seu PIB durante o mesmo período.

4 O principal ator das relações internacionais **61**

1) *Repartidor de espaços*. A ordem internacional é essencialmente territorial e, portanto, compartimenta o espaço, na medida em que todos os espaços somente adquirem sentido por meio dos Estados. Em razão dessa função os Estados se apresentam como verdadeiros *esquartejadores de espaços*. Como instrumento de organização da sociedade humana, o Estado é ator universal, pois administra diretamente, ou por meio de concessão de delegação estatal, a totalidade do espaço terrestre.[2] Seu alcance atinge igualmente o espaço marítimo contíguo de 200 milhas. Assim, as primeiras 12 milhas são consideradas mar territorial sobre o qual o Estado exerce plena soberania, e as restantes 188 milhas, consideradas zona econômica exclusiva, onde ele detém os direitos exclusivos de exploração econômica, mas não a soberania relativa ao mar territorial.

No mesmo sentido, os Estados definem coletivamente, por tratados internacionais, o mar internacional, ou alto-mar, ou seja, o espaço marítimo que não constitui propriedade individual de um Estado, mas patrimônio comum da humanidade, tanto em sua superfície quanto nos fundos marinhos. As terras emersas desprovidas de soberania ou objeto de litígio, bem como o espaço extra-atmosférico, são igualmente objetos de variadas regulamentações provenientes dos Estados.

2) O *Estado-instrumento*, que tenta adaptar as sociedades ao ambiente em constante evolução. Como ordenador dos anseios da sociedade, a ação do Estado decorre dos vínculos de:

- *causalidade* – a mudança nascida da necessidade;
- *funcionalidade* – a criação de novas estruturas e a reforma de outras;
- *intencionalidade* – capacidade do homem de Estado, ao contrário do burocrata, de moldar seu ambiente segundo os objetivos a serem alcançados.[3]

3) O Estado garante *segurança* para seus cidadãos. Lutando contra o estado de natureza de Hobbes, o Estado obriga-se a diminuir os riscos de violência provenientes do exterior e a eliminar a violência privada dentro de seu espaço territorial.

Contrariamente às duas funções precedentes, percebidas como dogmas pelo Estado, esta última merece variadas interpretações. Assim, durante o violento século XX, marcado por duas guerras mundiais, o número de vítimas eliminadas por

---

2   Há uma exceção. A base militar norte-americana de Guantánamo, localizada no extremo leste da ilha de Cuba, não é considerada território sob jurisdição comum dos Estados Unidos. Em razão desse ambíguo estatuto, os bens e sobretudo as pessoas que nela se encontram estão submetidos às regras jurídicas vigentes nas Forças Armadas norte-americanas. Ao conduzir àquele local os prisioneiros capturados no Afeganistão e no Iraque, as autoridades militares norte-americanas tentaram subtraí-los de qualquer proteção concedida por suas próprias leis nacionais, ou ainda dos direitos que os protegem em razão dos dispositivos das Convenções de Genebra.

3   Consultar ROCHE, J.J. *Relations internationales*. Paris, LEDJ, 1999, p.99.

62 Relações internacionais • Parte II

seus próprios governos foi amplamente superior ao número de vítimas de guerras internacionais, pois alcançou 150 milhões de pessoas.[4]

1. OS FUNDAMENTOS INSTITUCIONAIS DA AÇÃO EXTERNA DOS ESTADOS

Internamente, o Estado não sofre, a princípio, qualquer concorrência. Organizado segundo critérios que lhe são próprios, os atributos da soberania, o Estado dispõe da legitimidade que lhe confere o *poder fazer* nos limites de seu espaço territorial, onde exerce, sem partilha, seu poder discricionário.

Sua discricionariedade somente pode vir a ser limitada por princípios que inspiram sua organização, portanto por sua própria iniciativa, e por compromissos firmados com o exterior, com os quais livremente consentiu. Neste caso, a assinatura de tratados internacionais, como lembrou, em 1923, a Corte Permanente de Justiça Internacional (CPJI), "não significa um abandono de soberania, pois a capacidade de contrair compromissos internacionais é justamente um atributo da soberania do Estado".[5] No entanto, enquanto a formalização do compromisso decorre do exercício da soberania, sua execução tende a limitá-la. Em outras palavras, o tratado entre Estados expressa, a montante, um de seus atributos fundamentais, e a jusante limita ou modifica uma ou algumas de suas competências.

O Estado apresenta três elementos necessários, indispensáveis e exclusivos:

• *território delimitado e inconteste* – a massa territorial constitui o espaço onde o Estado exerce sua soberania. Esse espaço encontra seu limite territorial na linha de fronteira que separa sua soberania daquela de que dispõe o Estado contíguo;

• *população estável* – os habitantes da massa territorial são nacionais do Estado em questão. Tal vínculo, acrescido da residência no espaço territorial, descarta a possibilidade da existência de Estado sem população ou provido unicamente de uma população nômade;

• *poder de polícia* – ao Estado é atribuído o direito, mas igualmente o dever, de organizar a sociedade humana sob sua responsabilidade, respeitando, evidentemente, os compromissos internacionais e o princípio do *jus cogens*.[6]

Na seara externa, o Estado define-se como detentor inconteste, portanto soberano, de um espaço territorial delimitado, ocupado de forma permanente por indivíduos que se vinculam a ele pelo liame da nacionalidade. Compartilhando

---

4   RUMMEL, R. *Death by government*, citado por ROCHE, J.J. Op. cit., p.105.

5   Confere decisão no caso Wimbledon da CPJI, 1923.

6   O *jus cogens* pode ser definido como o direito cogente, ou seja, os princípios que se impõem ao conjunto da humanidade e, portanto, são de caráter imperativo. Em outras palavras, um tratado firmado por um Estado não pode conter objetivos que contrariem o *jus cogens*.

valores comuns, estando à sua frente um governo que dispõe de vontade e instrumentos, como a Diplomacia e as Forças Armadas, que operacionalizam sua atuação externa, o Estado encontra pares no sistema internacional que apresentam os mesmos atributos. No princípio da igualdade jurídica entre os Estados sustenta-se o Direito Internacional Público (DIP); na desigualdade de fato entre os Estados nasce o estudo das RI.

Tais predicados tornam o Estado distinto de outros atores internacionais, pois somente ele os possui. Contudo, serão a conjunção e a efetividade desses elementos que concederão ao Estado a natureza singular que o caracteriza.[7]

O traço fundamental das RI consiste na inexistência de uma ordem legal e de subordinação dos Estados a instâncias coletivas superiores. A ausência de um poder comum e de uma ordem centralizada em âmbito externo, ao contrário do que ocorre no plano interno, conduz o Estado a cooperar, competir ou mostrar-se indiferente em relação aos outros integrantes do sistema internacional. Essa situação faz do Estado, detentor de exclusiva competência interna, um ser radicalmente distinto quando age na seara externa, pois ele se confronta com pares, em perfeita igualdade jurídica, mas em flagrante desigualdade de fato.

Tanto quanto a administração da justiça e o estabelecimento de normas tributárias no plano interno, as relações exteriores constituem monopólio do Estado, que o exerce de maneira centralizada. Trata-se de longa evolução que desembocou na criação do instituto da *personalidade jurídica internacional*. Tornando-se atributo intransferível e exclusivo dos Estados, ele elimina definitivamente os rivais e concorrentes, tais como a Igreja e a nobreza. A partir de então, ao Estado é reconhecida a exclusividade do exercício de um duplo direito: o de *desejar* (negociar e concluir tratados) e o de *agir* (conceder legações e recorrer à força).[8]

O monopólio das relações exteriores, exercido pelo Estado, é incontestável quando este apresenta uma forma unitária. Não pode haver transferência de atributos diplomáticos aos órgãos infraestatais. Da mesma maneira, o exercício de re-

---

7 Uma parte reduzida da doutrina do Direito Internacional indica a necessidade de um quarto elemento: o Estado deve ser objeto de reconhecimento internacional manifestado pelos outros Estados. Em outras palavras, é indispensável que a efetividade da nova realidade interna seja transposta além-fronteiras. Todavia, caso fosse aceita essa condição, colocar-se-ia nas mãos do exterior o poder tanto de criação quanto de existência de um novo Estado. Ora, o Estado é um ente *per se*, que independe da vontade alheia à sua realidade. Por conseguinte, segundo o direito das gentes, o reconhecimento da existência de um novo Estado não é ato constitutivo, mas simplesmente declaratório. Porém, a prática de um novo Estado contradiz a percepção declaratória, pois a procura do reconhecimento de seus pares e a busca de relações com eles são invariavelmente seu primeiro e principal desafio. Portanto, essa prática indica a existência de um quarto elemento constitutivo do Estado, embora recusado majoritariamente pela doutrina jurídica.

8 O reconhecimento da personalidade jurídica internacional às organizações internacionais ocorre por delegação dos Estados, que são seus únicos detentores originários. Consultar ZOLLER, E. *Droit des relations extérieures*. Paris, PUF, 1992, 368p.

presentação do Estado, de negociação e conclusão de acordos internacionais, é atribuído ao Poder Executivo nacional.

A situação dos 23 Estados que atualmente se organizam sob a égide dos princípios federativos é distinta, já que suas unidades federadas detiveram, em passado recente, importantes atributos no campo externo. No entanto, progressivamente, suas capacidades internacionais foram restringidas pela União. A Constituição da Confederação Helvética prevê que somente de *maneira excepcional* os Cantões possam concluir tratados sobre a economia pública, as relações de vizinhança e de polícia. A Constituição dos Estados Unidos indica que nenhum Estado da União poderá concluir um tratado.[9]

No sentido oposto, com a modificação do art. 23 da Constituição alemã, os Estados federados (*Länder*) ampliaram sua participação no processo de tomada de decisão em política externa, sobretudo nos assuntos de integração europeia. Eles podem designar um representante em Bruxelas detentor de atribuições funcionais excetuando as de representação diplomática, e participam dos debates prévios na Câmara baixa do Congresso (*Bundestag*) sobre todos os temas que lhes interessam.

A federalização da política externa torna mais pesado e complexo o processo de tomada de decisões. No entanto, concede maior legitimidade e, sobretudo, permite alcançar o consenso político, condição indispensável aos processos de integração econômica.

Todavia, mesmo que certas Constituições reconheçam atributos residuais aos Estados federados, elas não lhes concedem competência exclusiva, mas concorrente ou complementar à competência da União. Além disso, as atribuições externas dos entes federados são impregnadas pelo princípio de tutela da União, que se concretiza pela concessão de autorizações específicas e de um controle permanente sobre suas atividades na esfera internacional.[10]

O Executivo federal encontra-se em permanente dilema. Por um lado, a concessão de legítimas e indispensáveis atribuições na seara internacional aos entes federados pode ocasionar dispersão e contradições de sua ação internacional, provocando seu enfraquecimento. Por outro, a ação externa de um ente federado, mormente a diplomática, pode representar a perspectiva de uma secessão. As turbulentas relações da Província do Quebec, dotada de uma *paradiplomacia* ativa,

---

9   Esse dispositivo foi confirmado pela Suprema Corte que o justificou, em 1936, entendendo que mesmo antes da independência os Estados federados nunca haviam desfrutado de soberania.

10   Para um debate atual sobre a questão, consultar DEHOUSSE, R. *Fédéralisme et relations internationales*. Bruxelas, Bruylant, 1991, 284p.

paralela e contrária à diplomacia federal, com o Executivo da União canadense demonstram esses tênues limites.[11]

As atividades internacionais dos entes infraestatais têm sido objeto, nas duas últimas décadas, das atenções dos pesquisadores em RI. Todavia, ainda não foi solidificada uma teoria da *paradiplomacia*. A própria denominação das atividades dos entes infraestatais é tema controverso. Trata-se de uma diplomacia paralela ou uma diplomacia com vários níveis, ou, ainda, uma pós-diplomacia? Por outro lado, seria mais apropriado designar essas ações como um *ativismo público transnacional*, já que, tanto sob o ângulo jurídico como de conteúdo, a ação dos atores infraestatais encontra sustentação exclusivamente em propósitos concretos?

No entanto, alguns elementos conceituais podem ser indicados. O primeiro vincula a intensidade da *paradiplomacia* à existência de conflitos étnicos e culturais no interior do espaço nacional e à incapacidade do governo central em administrá-los. Tais litígios transbordam as fronteiras e colocam-se no centro da política internacional, como demonstram vários exemplos em todos os continentes.

Um segundo conceito indica a natureza não conflitante entre a *paradiplomacia* e a ação centralizada do Estado. Trata-se de uma complementaridade funcional, pela qual os entes infraestatais colaboram na elaboração de uma pauta secundária, de conteúdo técnico, àquela estabelecida pela diplomacia central. Nesses casos, a denominação de *paradiplomacia* parece errônea, na medida em que os entes infraestatais tendem a defender interesses e não valores.

Finalmente, há o conceito de *regionalismo estreito* ou de *localismo*, que identifica as correntes de cooperação transnacional de alcance limitado, envolvendo o intercâmbio de uma comunidade a qual foi dividida pela linha de fronteira política dos Estados. A Europa abriga inúmeros exemplos e o caso brasileiro mais revelador dessa situação encontra-se na fronteira entre Santana do Livramento (RS) e Rivera (Uruguai).

A organização da Federação brasileira demonstra a inexistência de um espaço próprio de atuação internacional dos Estados federados. Durante o regime militar, o Executivo federal interpretou de forma abusiva seu monopólio, proibindo inclusive que contatos internacionais fossem realizados pelos representantes dos poderes municipal e estadual sem a prévia e expressa anuência do Ministério das Relações Exteriores (MRE).

O retorno ao Estado de Direito, o processo de integração econômica no âmbito do Mercosul e a interpenetração dos interesses domésticos e externos conduziram à seara internacional administrações municipais – por exemplo, a rede *Mercoci-*

---

11 Consultar MORIN, C. *L'art de l'impossible*: la diplomatie québécoise depuis 1960. Montreal, Boréal, 1987, 478p.

66 Relações internacionais • Parte II

dades – e concederam aos governadores um espaço inédito de atuação internacional.[12] Consciente dos novos tempos, o MRE criou escritórios de representação regionais em vários Estados da federação.[13]

A Constituição de 1988, marcada pela superficialidade ao tratar das questões externas, faz somente uma única referência à atuação externa dos Estados federados quando aborda a política tributária.[14] Contudo, a debilitação crescente do governo da União, adicionada à ausência de planejamento necessário a um projeto nacional, fornece aos Estados federados um inesperado espaço de atuação na seara externa. Assim, a política de atração de novos investimentos, sustentada, entre vários elementos, na concessão de incentivos fiscais, provém do Estado federado. Resultando em uma redefinição do tecido industrial no país e na desconcentração da produção do Sudeste, a União assiste a uma *guerra fiscal* que limita seu poder e dificulta, inclusive, o exercício de uma indispensável arbitragem.

Ao silêncio constitucional, os entes federados responderam com iniciativas políticas e administrativas, criando instâncias sob variadas denominações (secretaria, assessoria, núcleo) capazes de coordenar a política estadual voltada para o exterior e sustentar as ações externas do Chefe do Executivo estadual. Os campos de atuação preferidos concernem à atração de novos investimentos, à busca de novos mercados e, em certos casos, à contestação da ordem internacional e da diplomacia do Executivo federal.

Além da rede *Mercocidades*, há significativos exemplos de uma nova fase da ação externa das regiões, conduzindo-as da defesa exclusiva de interesses econômicos para o campo do embate político e ideológico. Sublinhe-se o projeto de criação de um novo liame regional infraestatal denominado *Mercoprovíncias*, no âmbito do Mercosul, e o apoio concedido pelo Governo do Rio Grande do Sul e pela Prefeitura de Porto Alegre à realização do Fórum Social Mundial (FSM) na capital gaúcha.[15]

---

12 Os governos federais argentino e brasileiro firmaram em novembro de 1988 um "Protocolo de cooperação regional e fronteiriça" que prevê a participação, limitada às questões regionais, tanto dos municípios quanto das Províncias argentinas e Estados brasileiros fronteiriços, na definição de uma política de cooperação local, inclusive com ações preventivas oriundas dos comitês de fronteira.

13 Vinculados à Subsecretaria Geral de Serviço Exterior (SGEX), o MRE conta com os seguintes Escritórios de Representação nos Estados: ERESUL (RS), ERESC (SC), EREPAR (PR), ERESP (SP), ERERIO (RJ), EREMINAS (MG), ERENOR (Norte, Manaus), ERENE (Nordeste, Recife) e EREBAHIA (BA).

14 Em seu art. 155, II, a CF estipula que "compete aos Estados e ao Distrito Federal instituir impostos sobre: [...] II – operações relativas à circulação de mercadorias e sobre prestações de serviços de transporte interestadual e intermunicipal e de comunicação, *ainda que as operações e as prestações se iniciem no exterior*" (ressaltado pelo autor).

15 Para um breve relato sobre a criação e atuação da pioneira Secretaria de Assuntos Internacionais de um Estado da federação, consultar SEITENFUS, R. *Para uma nova política externa brasileira*. Porto Alegre, Livraria do Advogado, 1994, p.74-97.

4 O principal ator das relações internacionais **67**

O Executivo federal desfruta de incontestável primazia e de amplos privilégios na condução das relações exteriores dos Estados federados. Trata-se de traço indelével, profundamente ancorado nos princípios do Estado autocrático. A expansão do modelo republicano, a afirmação recente de um número cada vez maior de Estados de Direito e a consolidação do regime democrático como forma que tende a universalizar-se não afetaram a condução da política externa. Esta permanece na alçada do Executivo, nas mãos de poucos privilegiados. Nesse sentido, sua condução sugere uma reminiscência do estilo monárquico de governar,[16] que alcançou extraordinária intensidade na administração de Fernando Henrique Cardoso com a implementação da chamada *diplomacia presidencial*.

A personalização dos sistemas políticos contemporâneos incide sobre a condução das relações exteriores. Esse questionamento da "lógica estatal através da pessoa do Chefe de Estado é particularmente saliente na cena internacional, pois, de um lado, ele consagra por meio de encontros de cúpula um suplemento de recursos do príncipe e, de outro, a função de representação favorecida pela política internacional conforta as tradições culturais que encontram no chefe uma função de encarnação da nação".[17]

A seara internacional reserva um lugar especial ao Chefe de Estado. Sustentado em dispositivos constitucionais, ele detém poderes de intervenção muito mais amplos e profundos se comparados aos outros âmbitos da ação governamental.[18] Nos regimes presidencialistas, trata-se de poderes substantivos, reais e incontestáveis que fazem que o Primeiro Mandatário ocupe um lugar *sui generis*, primando sobre todos os outros Poderes do Estado,[19] que pode assim resumir-se:

- garante da unidade nacional, o Chefe de Estado detém a função de representação formal do Estado, que independe do regime governamental; a realidade do poder do Primeiro Mandatário decorre de sua capacidade exclusiva para

---

16 Para Norbert Elias, as sociedades contemporâneas, no que diz respeito a suas relações exteriores, permanecem vivendo na tradição do Estado monárquico soberano. In: *La société des individus*. Paris, Fayard, 1991, p.298.

17 BADIE, B.; SMOUTS, M.C. *Le retournement du monde*. Sociologie de la scène internationale. Paris, Dalloz, 1992.

18 Um quadro resumindo os dispositivos constitucionais brasileiros no que atine aos princípios das relações exteriores, às prerrogativas do Chefe de Estado e dos órgãos da administração federal encontra-se em: SEITENFUS, R.; VENTURA, D. *Direito internacional público*. 5.ed. Porto Alegre, Livraria do Advogado, 2009, p.33-8.

19 Nos regimes semipresidencialistas ou parlamentaristas, há repartição de atribuições e competências entre os Chefes de Estado e de Governo. Mesmo quando a Constituição estabelece os limites e o alcance da atuação de cada um na seara internacional, constata-se uma intensa luta entre as duas instituições. Geralmente, ao Primeiro Mandatário é reservado, com exclusividade, o poder de representação. As lições dos casos italiano, português e francês ilustram as dificuldades funcionais e políticas que se originam nesse embate.

nomear embaixadores,[20] exonerá-los, aceitar o *acreditamento* de representantes diplomáticos dos Estados estrangeiros[21] e declará-los *persona non grata*;

- todas as convenções internacionais são submetidas aos poderes de iniciativa e de negociação, e à ratificação do Chefe de Estado. Sem sua anuência expressa, nenhum compromisso internacional poderá vincular o Estado. Por conseguinte, a construção dos liames que sustentam o direito das relações externas do Estado encontra no Chefe de Estado, mais do que seu arquiteto, aquele que definirá o nível de eficácia do acordado, pois é o responsável por sua operacionalização;

- o Primeiro Mandatário dispõe do poder de manter a paz externa e de declarar a guerra.

Estas últimas atribuições constituem, geralmente, poderes compartilhados com outros órgãos do Estado – Congresso Nacional, Conselhos de Defesa Nacional –, mas a última palavra será a do Chefe de Estado. Portanto, a política das relações exteriores não pode prescindir da ação do Chefe de Estado, nada podendo ser feito sem seu ativo e formal concurso.

Contrapondo-se ao caráter estabilizador e conservador do Estado nas RI, surgem os movimentos de libertação nacional que aspiram a criar seu próprio Estado. Desprovidos dos elementos constitutivos do Estado, tais movimentos apresentam-se como contestadores da ordem internacional vigente e, nesse sentido, podem ser identificados como um **ator em construção**. Auxiliados por escassos Estados e combatidos por muitos – tal combate provém essencialmente, mas não exclusivamente, dos Estados que cederiam território e população para o novo ator –, os movimentos de libertação nacional são impregnados pelo dinamismo de sua ação internacional.

Tais movimentos vincularam-se estreitamente ao processo de descolonização (cf. Capítulo 1). Atualmente, encontram-se sobretudo na Europa e no Pacífico Sul, além das aspirações à independência do Quebec (Canadá). Contudo, os movimentos que almejam atualmente a criação de um Estado devem ser percebidos de forma distinta se comparados à descolonização. Nesta, um território estava submetido à soberania de uma metrópole, enquanto aqueles pretendem fazer uma *secessão*. Ou seja, desligar-se do território nacional.

---

20 No caso brasileiro, o art. 52, IV, da CF estipula que o Senado Federal deve "aprovar previamente [os nomes submetidos pelo Presidente da República], por voto secreto, após arguição em sessão secreta, a escolha dos chefes de missão diplomática de caráter permanente".

21 O art. 84, VII, da CF é redigido de forma equivocada, pois reza que compete privativamente ao Presidente da República "manter relações com Estados estrangeiros e acreditar seus representantes diplomáticos". Ora, trata-se, tão somente, de *aceitar* a acreditação, também denominada de *agrément* (francês) ou *agreement* (inglês), do diplomata que foi indicado, em realidade, pelo Estado estrangeiro. A recusa de acreditação pode ocorrer sem obrigar o Chefe de Estado a fundamentá-la.

Por isso, o *princípio da autodeterminação dos povos*, que inspirou e legitimou o nascimento de grande parte dos Estados no século XX, não deve ser aplicado. Esse é o sentido das diferentes resoluções adotadas no âmbito das OI.[22] Assim, por exemplo, Israel concordou tão somente com a transferência de territórios e de competências para uma *Autoridade* Palestina, descartando a possibilidade de existência de um Estado Palestino. Trata-se de um estatuto ambíguo e de caráter provisório que se aplica nos territórios, concedendo-lhes limitada autonomia administrativa.

Definidas as prerrogativas em política externa na estrutura institucional dos Estados, é necessário estabelecer os parâmetros da ação externa estatal e identificar quais os objetivos, tanto os perenes quanto os transitórios, perseguidos pelos Estados em suas relações recíprocas.

2. OS OBJETIVOS DA POLÍTICA EXTERNA

A política externa define-se como o processo de *percepção, avaliação, decisão, ação* e *prospecção* estatais, inclusive aquelas iniciativas tomadas no âmbito interno que possuam uma incidência além-fronteiras. Ela decorre da confrontação entre, de um lado, as aspirações internas traduzidas pelo interesse nacional e os instrumentos de que o Estado dispõe para promovê-lo e, de outro, as oportunidades e limitações oferecidas pelo sistema internacional. Portanto, a política externa pode ser considerada a resultante entre as necessidades internas e os constrangimentos externos.

Uma clara divisão surge entre dois níveis de política externa. Em primeiro lugar, não deve haver confusão entre política externa e política internacional: a primeira é consequência da existência do próprio Estado, que o obriga a manter relações externas. Ao contrário, a segunda decorre da capacidade de agir externamente, ou seja, do nível de potência do qual ele dispõe. Por conseguinte, somente um número reduzido de Estados participa da política internacional, enquanto todos praticam uma política externa.

Em segundo lugar, há um aumento constante do número de temas que transitam da política interna para a externa, em decorrência da interpenetração de interesses, dos regimes internacionais e da regulamentação oriunda das instâncias internacionais. Todavia, há temas tradicionais da agenda externa dos Estados que foram excluídos. O mais significativo, no campo da segurança, encontra-se no abandono, por parte da ampla maioria dos Estados, de qualquer possibilidade de

---

22 Consultar o texto da Resolução n. 1.514 da AG das Nações Unidas acerca da descolonização. In: SEITENFUS, R. *Legislação internacional*. Op. cit., p.107-8.

70 Relações internacionais • Parte II

dotar-se de armamento sofisticado, seja de defesa ou de ataque, especialmente os de natureza nuclear.

A principal obrigação interna de todos os governos, independentemente de seu perfil político-ideológico, definida de forma límpida nos textos constitucionais, é lutar para tornar perene a existência do Estado. Ao fazê-lo, ele pode vir a contrapor-se à ação de outros Estados que, na tentativa de aumentar seu poder externo, tentam influir no interior dos Estados estrangeiros. Portanto, o princípio essencial da ação externa estatal resume-se, por um lado, no resguardo da amplitude de decisão dentro da linha de fronteira de seu território e, por outro, na tentativa de direcionar os debates sobre as questões internacionais e sobre a evolução interna dos outros Estados, seguindo uma percepção própria do interesse nacional.

Como já foi enfatizado, a política internacional restringe-se a escasso número de Estados, e atualmente a um número inferior a duas dezenas. O aumento geométrico do número de Estados foi acompanhado pela equivalente diminuição do poder da quase totalidade dos Estados. Na atualidade, as RI são totalmente condicionadas pelos Estados excepcionais, ou seja, a superpotência norte-americana, pelas grandes potências militares, tais como Rússia, China, França, Inglaterra e pelas potências econômicas (Alemanha, Japão e Itália).

O interesse nacional encontra-se no âmago da política externa dos Estados e, por conseguinte, no centro das RI. É ele quem orienta as tomadas de posições do Chefe de Estado, as iniciativas diplomáticas, os acordos comerciais, a constituição de blocos econômicos, os votos nas instâncias multilaterais, as concessões de favores e a obtenção de vantagens entre os Estados.

Para o bom entendimento da política externa de um Estado, nada é mais importante do que a clara percepção de seu interesse nacional. No entanto, trata-se de um conceito que apresenta um sensível número de incógnitas, a provocar percepções distintas e contraditórias. À problemática identificação de seu conteúdo e de seu contorno, adiciona-se a dificuldade de visualização dos caminhos percorridos pelo conceito até transformar-se no *Leitmotiv* da ação externa do Estado.

O ceticismo deve ser a regra, pois o interesse nacional não existe por si mesmo. O que existe é uma percepção majoritária dos responsáveis pela orientação da política externa dos Estados. Condicionado pela cultura, pela moral, pela ideologia, pelos interesses partidários e por sua visão de mundo, o Chefe de Estado ou de Governo, em última instância, arbitra as diferentes opções que se apresentam e, na melhor das hipóteses, decide da forma que lhe parece mais conveniente e compatível com o que ele julga ser o interesse nacional.

Não se deve, portanto, confundir a eventual realidade objetiva do interesse nacional com o discurso ideológico que o justifica. Há de se proceder, igualmente, a uma clara distinção entre interesse nacional e interesse governamental. A sustentação das atividades externas dos Estados não repousa sobre o primeiro, mas sobre o segundo, que transforma em ação externa a vontade expressa pelo governo em exercício ou, em uma verdadeira democracia, a vontade expressa pela parcela do eleitorado que o sustenta no exercício do poder. Todavia, nos regimes autocráticos, o interesse estatal é definido por escassos indivíduos.

Além de difícil identificação, o suposto interesse nacional tem sofrido importantes mutações ao longo do tempo. Assim, a conquista de novos territórios e a busca de riquezas (objetivos materiais), bem como a afirmação do prestígio e do reconhecimento dos demais (elementos abstratos não menos importantes), constituem elementos fundadores da competição entre os Estados. Pode-se afirmar, de forma realista, que o interesse nacional se expressa pela *potência*, ou seja, pela *capacidade de fazer, de obrigar outros a fazer, de impedir que outros o façam ou recusar-se a fazer.*

A realidade internacional contemporânea apresenta novos desafios para a identificação do interesse nacional. A primazia dos objetivos anteriores é solapada pela atual complexidade das RI. A concorrência de novos atores e o surgimento de temas transversais abrandam o esquema até então predominante. A conquista de mercados consumidores, a circulação financeira, a manutenção de preços estáveis para os produtos energéticos, o desenvolvimento em Ciência e Tecnologia (C&T), o controle das migrações transfronteiriças, a segurança alimentar, a difusão de valores ideológicos e a luta contra o terrorismo constituem componentes recentes, em todo caso pela sua intensidade, do interesse nacional dos Estados.

A pesquisadora inglesa Susan Strange identificou corretamente a nova realidade do interesse nacional ao propor o conceito de *potência estrutural.* Esta é composta pela estrutura de *segurança* (poder auferido pela capacidade de oferecer, recusar ou ameaçar a segurança); pela estrutura *financeira* (capacidade de oferecer, recusar ou solicitar créditos); pela estrutura de *produção* (capacidade de determinar a localização, o modo e o conteúdo da produção industrial e de serviços); e, enfim, pela estrutura do *saber* (capacidade de influenciar as ideias e as crenças).

Um utensílio importante na identificação do interesse nacional é fornecido pelos elementos internos que compõem e, de certa forma, condicionam a política externa.

3. OS CONDICIONANTES INTERNOS DA POLÍTICA EXTERNA

As mais de duas centenas de unidades estatais hoje existentes moldam sua política externa a partir de dois grupos de determinantes: o primeiro é comum a todos os Estados, pois se trata do contexto internacional. A grande maioria desses Estados pratica uma política externa meramente reativa, condicionada pelo ambiente exógeno, tentando tão somente manter seu *status.* Um número ínfimo de

Estados, ao contrário, age no sistema internacional tentando modificá-lo segundo seus interesses e percepções.

O segundo grupo de determinantes origina-se na realidade interna dos Estados. As distintas características destes fazem que cada política externa seja efetivamente nacional na medida em que encontra suas raízes numa realidade singular. Frente a um estímulo externo, os Estados tendem a reagir de forma distinta, indicando a importância das condições endógenas na definição da política externa.

Há duas classificações para os condicionantes internos. A primeira os divide em elementos *estruturais*, que são estáticos e perenes, e *conjunturais*, ou seja, dinâmicos e provisórios. Os elementos *estruturais* são compostos por aqueles que não são passíveis de modificação: a localização geográfica, a dimensão territorial, os recursos naturais disponíveis, as condições climáticas, a cultura dominante que se apresenta por meio da língua, da religião e do sistema de valores.

Ao contrário, os elementos *conjunturais* sofrem constante mutação e tendem a adaptar-se mais facilmente às mudanças e à realidade cambiante: nível de desenvolvimento socioeconômico, organização político-administrativa, capacitação tecnológica e nível de mobilização social.

A segunda forma classificatória é mais abrangente. Ela divide os diferentes elementos em quatro grandes categorias de fatores: físicos, organizacionais, militares e culturais. Além de listar essas características, indica-se que elas podem ser estáticas, mistas e dinâmicas. Há consciência das limitações da última diferenciação. Todavia, ela objetiva simplesmente sugerir a possibilidade evolutiva de alguns elementos.

O inventário dos condicionantes propostos não pretende ser exaustivo ou exclusivo, e não há uma hierarquia definida entre os valores. Em outras palavras, não se encontram as raízes que explicam a política externa de um Estado em uma simples indicação de uma causa solitária. Ela resulta de uma combinação de fatores que evoluem no tempo e são impregnados de maneira diferenciada para a elaboração de cada uma das políticas externas dos Estados. O analista atento deve perceber que a singularidade dos Estados implica a mensuração diferenciada dos ingredientes internos que contribuem para a definição das políticas externas.

A Tabela 4.1 indica um rol de condicionantes internos que, se bem adaptados a uma situação específica, poderão oferecer chaves explicativas para a ação externa dos Estados.

Descartando a visão simplista que justifica a história, explica o presente e condiciona o futuro pelo determinismo geográfico, é necessário, no entanto, reconhecer que as *condições físicas dos Estados* constituem um elemento fundamental de suas estratégias externas. Assim, em razão das posições geográficas, pode-se afirmar que tanto existem grandes eixos de confrontação internacional – Oriente Médio, Europa, Caribe, Bacia do Pacífico, rotas marítimas – como espaços menos in-

4 O principal ator das relações internacionais **73**

teressantes do ponto de vista estratégico e econômico, por exemplo, a América do Sul. O fato de um Estado localizar-se em um ou em outro desses espaços condiciona sua política externa: na primeira hipótese pode conceder a ele riscos e oportunidades, e deixá-lo, na segunda, à margem do interesse internacional.

A localização territorial determina a existência de certos fenômenos naturais que incidem fortemente na organização do Estado: a situação insular ou seu contrário, a impossibilidade de acesso ao mar aberto, representam condição importante para as relações exteriores de um Estado. O fato de o território abrigar fraturas tectônicas, estar sujeito à ação de vulcões ou furacões, torna frágil o Estado, que deve apelar periodicamente à ajuda internacional para fazer frente a essas catástrofes naturais.[23]

Enfim, a localização geográfica traz consigo a noção de ambiente e de vizinhança, auxiliando a definir o conteúdo, a intensidade e o direcionamento da política externa dos Estados. Em certos casos extremos, a vizinhança condiciona a evolução histórica do país. O caso mexicano ilustra perfeitamente tal realidade, resumida na frase amargurada do presidente Porfírio Díaz (1876-1911), que lamentava a localização do México, "tão longe de Deus e tão perto dos Estados Unidos".

A grande maioria das políticas externas dos Estados esgota-se em seu limitado espaço regional de vizinhança. A contiguidade geográfica representa, historicamente, um liame problemático para os Estados: conflitos fronteiriços, contrabando e migração clandestina. A realidade fronteiriça carrega consigo as noções do proibido e do ilegal. Ainda em passado recente, o horizonte espacial representava constante sobressalto em razão de oposições veladas ou abertas entre os Estados contíguos. Embora perdurem na atualidade casos em que a vizinhança possui uma carga negativa, é imperioso reconhecer que, em muitos outros, o convívio no mesmo espaço guia-se por princípios cooperativos. A contiguidade e a vizinhança podem significar, na atualidade, perspectivas de cooperação e intensificação das trocas. Os processos regionalizados de integração econômica atestam a reversão da histórica tendência de oposição, transformando importantes regiões fronteiriças em polos de aproximação entre dois ou mais Estados. Os exemplos dessa mudança são encontrados nas relações franco-germânicas, entre Canadá/Estados Unidos/México, e entre Brasil/Argentina.

---

23 Consultar a íntegra da Resolução n. 43/131 da Assembleia Geral das Nações Unidas relativa à assistência humanitária às vítimas de catástrofes naturais e situações de urgência. In: SEITENFUS, R. *Textos fundamentais do direito das relações internacionais*. Op. cit., p.300-2.

Apesar do desenvolvimento das trocas e do comércio de bens e serviços, a dimensão e a configuração territorial do Estado ainda conservam o condão de conceder maior ou menor grau de autonomia em relação ao exterior. Os Miniestados serão fortemente dependentes. Ao contrário, os Estados que dispõem de amplo território poderão praticar regimes relativamente autárquicos com maior facilidade. Contudo, um território de dimensão continental apresenta geralmente sensíveis desequilíbrios e exige uma administração pública atenta às especificidades locais.

O fato de abrigar importantes recursos naturais, sobretudo energéticos, transforma radicalmente a política externa de um Estado. Além de facilitar seu desenvolvimento, o potencial energético situa o Estado no centro nevrálgico do poder internacional. O exemplo contundente dessa situação encontra-se junto aos países membros da Organização dos Produtores e Exportadores de Petróleo (Opep).

As condições climáticas e de solo podem fazer com que o Estado transforme-se num importante ator no comércio de *commodities*. O caso brasileiro é ilustrativo, agregando-se o fato de o país possuir imensa riqueza ambiental – objeto de cobiça dos grandes laboratórios de pesquisa, sobretudo os fármacos, químicos e medicinais. Todavia, tais riquezas podem incidir de maneira negativa sobre a política externa do Estado caso ele não disponha de capacidade tecnológica para explorá-las corretamente.

As condições populacionais, como o número de habitantes, a densidade demográfica, o perfil da pirâmide de idade, as características étnicas — responsáveis por guerras civis e internacionais que inviabilizaram numerosos Estados –, podem incitar a emigração de parte da população, fenômeno que ocorreu nos Estados europeus durante o século XIX e ocorre atualmente com frequência em muitos Estados do Terceiro Mundo, em que parte significativa da população tenta ingressar nos territórios dos Estados desenvolvidos, provocando inúmeros conflitos.

O grau de unicidade étnica deve ser ponderado quando seu baixo nível não for compensado por ações políticas e administrativas que afastem o sempre possível confronto étnico e tribal. A região dos Grandes Lagos africanos, onde a fronteira política entre os Estados, herdada da colonização, separou comunidades que historicamente mantinham um convívio harmônico, viveu terríveis conflitos que provocaram, na década de 1990, mais de um milhão de mortes. O genocídio de Ruanda deve lembrar ao analista a importância da questão étnica.

Os *condicionantes organizacionais formais* indicam o modelo institucional escolhido pelo Estado e como ele pode influir sobre sua política externa. Reitere-se que a política externa é sempre centralizada, independentemente da forma unitária ou federal do Estado. No entanto, um Estado centralizado tende a ser mais coerente em sua ação internacional, embora em detrimento de uma maior legitimidade.

Tabela 4.1 Condicionantes internos da política externa

	FÍSICOS			ORGANIZACIONAIS		MILITARES	CULTURAIS
	Geografia	Recursos naturais	Demografia	Formais	Informais		
Estáticos	Dimensão territorial Posição estratégica Perfil do território Clima	Fertilidade do solo Reservas energéticas Riqueza ambiental	Distribuição espacial da população entre cidades e campo Existência de minorias	Organização do Estado (federado ou unitário) Repartição do poder entre as diferentes esferas Separação e equilíbrio entre os três Poderes	O grau de mobilização social e tipologia dos partidos políticos	Importância das forças armadas na estrutura do Estado Disponibilidade de armamento sofisticado, sobretudo nuclear	Caráter nacional Língua Sistema de valores
Mistos			Distribuição étnica Pirâmide de idade Número de habitantes	Regime político Estrutura econômica (liberal ou intervencionista) Divisão por setor de atividade econômica	Ação dos grupos de pressão Mobilização social Importância das ONG	Nível de desenvolvimento tecnológico	Existência de uma opinião pública
Dinâmicos		Capacidade tecnológica para explorar os recursos		Nível de desenvolvimento Inserção internacional Liberdade de imprensa	Ação dos grupos linguísticos, étnicos e religiosos Messianismo revolucionário	Autonomia da indústria nacional de armamentos	Ideologia predominante Personalidade dos responsáveis políticos

A independência entre os Poderes do Estado, por sua vez, possui forte incidência sobre a condução de sua política externa. O Judiciário poderá declarar inconstitucional uma parte ou a totalidade de um tratado internacional firmado pelo Executivo. O Legislativo terá a oportunidade de refutá-lo. Há, ainda, Estados que permitem que o Legislativo aprove parcialmente o teor de um tratado e indique ao Executivo os aspectos que deverão sofrer modificações. O embate que ocorre nos Estados Unidos em torno do *fast track* é exemplo dessa situação.[24]

Um Estado dominado por uma filosofia econômica liberal tenderá a colocar sob a responsabilidade da iniciativa privada importantes atividades. Ele privatizará os bens públicos e acolherá de maneira laxista os recursos financeiros provenientes do exterior. Portanto, ao transferir responsabilidades e vincular-se profundamente ao exterior, o Estado perde autonomia interna e abandona instrumentos importantes de política externa. O recente caso argentino é exemplar. Por outro lado, todas as negociações econômicas internacionais de um Estado fortemente intervencionista deverão ser realizadas por meio do poder público. Assim, enquanto no primeiro caso há uma diminuição da pauta e de opções de política externa, no segundo esta adquire amplo leque e fundamental conteúdo. Ambos indicam o grau de inserção externa do Estado.

A política externa é profundamente tributária do regime político. As ditaduras de partido único ou personalizadas são marcadas por políticas externas decididas sem qualquer controle público, institucional e social, e são elaboradas por escassos atores, impregnadas por um voluntarismo agressivo. Nas democracias, inversamente, existem múltiplas instâncias que colaboram com a definição da política externa. Um Estado democrático não permitirá que decisões fundamentais, como a de construir a paz e declarar a guerra, fujam de um controle institucional. A liberdade de imprensa das democracias faz surgir um contrapoder que pode e deve contestar as escolhas governamentais. Em resumo, as ditaduras sustentam-se em políticas externas de confrontação, enquanto as democracias tendem à cooperação.

Os *condicionantes organizacionais informais* listam a realidade do embate sociopolítico e como ele pode incidir sobre a formulação e condução da política externa dos Estados. Historicamente, raros foram os partidos políticos preocupados com as questões internacionais. Com sua atenção monopolizada em conquistar o poder ou manter-se nele, os partidos negligenciam o exógeno, já que seu potencial eleitor move-se exclusivamente pelos problemas internos. São reveladoras as diferenças mínimas existentes entre os grandes partidos políticos nas democracias ocidentais em matéria internacional.

---

24 O *Trade Promotion Act* (TPA), conhecido como *fast track*, permite ao Executivo negociar acordos comerciais retirando do Congresso sua capacidade de modificá-los. Uma vez aprovado o TPA, restam ao Congresso somente duas possibilidades: aprovar ou rejeitar em bloco o acordado.

4 O principal ator das relações internacionais **77**

No entanto, a atualidade aponta indícios de mudanças, já que os partidos, atentos à sensibilidade de uma opinião pública que se volta às questões externas, tendem a cortejá-la inserindo tais preocupações em sua estratégia. Por outro lado, os partidos agrupam-se de maneira transnacional em famílias filosóficas e ideológicas pelas diferentes *internacionais*,[25] e em ações legislativas concretas como as que ocorrem no âmbito do Parlamento europeu.

O grau de mobilização da sociedade incide sobre a política externa dos Estados, seja de maneira pontual e desorganizada, seja com a constância das Ongat ou por meio da atuação dos grupos de pressão – por exemplo, os que impedem mudanças tanto na política agrícola comum europeia quanto na dos Estados Unidos, bem como aqueles vinculados aos interesses da indústria bélica. Há muito a pesquisa tem demonstrado interesse por essas misteriosas e paralelas atividades. O escasso conhecimento científico, sobretudo nos países do Sul, não deve constituir obstáculo para que não se leve em consideração sua importância.

Da mesma forma, a ação de grupos linguísticos, étnicos e religiosos pode incidir, em certos casos de maneira definitiva, como em alguns países muçulmanos, na condução da política externa, a qual, quando praticada por Estados multiculturais, deve contemplar as expectativas das diferentes comunidades. Raros são os Estados, como o Brasil e Portugal, que, além de apresentarem uma única língua nacional, esgotam-na na linha de fronteira. Ou seja, o estrangeiro não somente possui outra nacionalidade, mas também uma língua diferente. A maioria dos Estados abriga população que pratica a mesma língua dos Estados contíguos.

A mudança de regime político de maneira inconstitucional, sobretudo nos países que foram cenário de revoluções violentas, imprime uma reviravolta completa em suas relações exteriores. Impregnados por um messianismo revolucionário, tais Estados, como nos casos da União Soviética, de Cuba e do Irã, tornam-se hiperativos no cenário internacional, imbuídos de uma missão redentora e de uma solidariedade seletiva. A influência internacional da revolução cubana contrasta com os escassos recursos da pequena ilha caribenha. As atividades por ela inspiradas e patrocinadas na América Latina e na África representam o quanto uma revolução é capaz de modificar profundamente a política externa de um Estado.[26]

Os *condicionantes militares* exercem, logicamente, extraordinária influência na política externa dos Estados. O domínio do ciclo do átomo – caso dos Esta-

---

25 As internacionais socialista, democrata-cristã, social-democrata e liberal são algumas das instâncias de atuação transnacional dos partidos políticos. A ativa e influente Fundação Konrad Adenauer, vinculada à democracia-cristã alemã, dispõe de dois escritórios de representação no Brasil (Fortaleza e São Paulo) e participa dos debates nacionais sobre questões de interesse público.

26 Em sentido contrário, os fatores físicos incitam a uma certa continuidade, como no caso da busca incessante de uma saída para os mares quentes que orientava a política externa czarista e soviética.

dos-membros do Clube Nuclear – e o percentual da defesa nos gastos governamentais desenham a inserção internacional dos Estados.

Considerando, como o faz Raymond Aron, que a política externa de um Estado manifesta-se pelo diplomata e pelo militar, adquire fundamental importância o papel das Forças Armadas na estrutura do Estado, seu nível tecnológico e a existência de uma indústria bélica nacional, que pode significar uma garantia de autonomia em relação ao exterior. A grande maioria dos Estados depende da boa vontade externa para o equipamento de suas Forças Armadas. Raros são aqueles que dispõem de uma produção nacional. Portanto, seria relativamente simples controlar o mercado internacional de armas, o que não ocorre em virtude da influência da indústria bélica e de sua utilização por parte dos Estados que a abrigam.

Como a defesa nacional é um dos atributos fundamentais dos Estados, é natural que eles procurem armar-se ou colocar-se sob a proteção dos mais poderosos. Os casos de Estados que por livre iniciativa não se dotaram de Forças Armadas, como a Costa Rica, ou daqueles aos quais foram impostos constrangimentos oriundos de suas recentes derrotas militares – Iraque, Afeganistão, Japão, Alemanha e Itália – são exceções. Geralmente, o mercado internacional de armamentos opera segundo regras de oferta e demanda, sendo o número de compradores sensivelmente superior ao de vendedores.

Os Estados dotados de tecnologia militar de ponta tentam, com o auxílio das OI, controlar a disseminação das armas sofisticadas e de destruição em massa. Nesse sentido, os Estados-membros do Clube Nuclear formam um grupo cujo poder é incontestável. As recentes experimentações de artefatos nucleares da Índia e do Paquistão impulsionaram a política externa dos dois países no cenário internacional. Até então, o litígio da Caxemira não havia despertado o interesse da comunidade internacional, apesar de datar de 1948.

Raros são os Estados que possuem uma estratégia de defesa exclusivamente nacional. A quase totalidade optou por participar de alianças militares defensivas, baseadas no princípio da segurança coletiva. Outros Estados, sobretudo ex-colônias, mantêm vínculos de dependência securitária com as ex-metrópoles. Somente a China, os Estados Unidos e a Rússia conservam clara autonomia. Moscou tenderá a perdê-la na medida em que se aproximar da União Europeia, podendo vir a integrar, a médio prazo, a Organização do Tratado do Atlântico Norte (OTAN). Os Estados Unidos são a grande exceção, já que promovem e lideram inúmeras alianças militares, mas conseguem, simultaneamente, manter uma autonomia nacional de julgamento e de ação.

Finalmente, é imprescindível levar em consideração os *condicionantes culturais*: o sistema de valores, o caráter nacional, a língua, o papel desempenhado pela opinião pública, os componentes ideológicos e a qualidade dos responsáveis políticos. A cultura de um país o conduz a aproximar-se daqueles que esposam os mesmos valores. Muitos eixos estratégicos das RI repousam em afinidades culturais, como, por exemplo, o eixo Estados Unidos/Grã-Bretanha e o pan-arabismo. O conceito de América Latina, passível de importantes críticas, encontra suas raízes na história e na geografia, mas igualmente na cultura.

Trata-se de uma redundância insistir sobre a importância da qualidade dos homens públicos para a definição da política externa de um Estado. Contudo, os numerosos exemplos históricos confirmam que, em época de calmaria das relações externas, a personalidade do Chefe de Estado desempenha um papel essencial. Quando desinteressado pelas questões internacionais, ele comandará uma diplomacia reativa. O contrário ocorrerá quando, em razão de sua formação e interesse, ele der importância às relações externas.

Em caso de crise internacional, até mesmo os políticos provincianos e desinteressados pelas questões mundiais são levados a desempenhar políticas relevantes. Muitos desses dirigentes demonstraram estar à altura dos desafios e transformaram-se em estadistas, contrariando expectativas, por causa de sua ação internacional.

Uma vez feito um sobrevoo dos elementos internos que concorrem para a definição da política externa do Estado, é chegado o momento de analisar o itinerário do processo decisório e os instrumentos utilizados para colocá-la em prática.

4. O PROCESSO DE TOMADA DE DECISÕES: ITINERÁRIO E INSTRUMENTOS

A grande diversidade do número de condicionantes internos que concorrem para a formulação da política exterior de um Estado encontra eco na formidável complexidade internacional, que implica grande variedade de situações e dilemas. A extensa pauta internacional, na qual há crescente confluência entre o endógeno e o exógeno, aconselha prudência ao analista que busca modelos explicativos para os processos decisórios.

Reunindo-se alguns critérios, como sua natureza, a amplitude dos grupos envolvidos, o grau de violência implícito, os custos previsíveis, o nível de urgência e a necessidade ou não de uma escolha entre as alternativas propostas, é possível perceber os contornos dessas decisões, aqui reunidas em quatro grupos: decisão política ou de poder, econômica ou de riqueza, ideológica ou de valor, e de prestígio.

Tabela 4.2 Classificação das decisões em política externa

Natureza	Amplitude	Violência	Custo	Urgência	Escolha
Política	Nacional	Dramática	Ruinoso	Imediata	Inevitável
Econômica	Importante	Perigosa	Alto	Urgente	Evitável
Ideológica	Limitada	Sem perigo	Reduzido	Prazo fixo	Criadora
Prestígio	Individual	Insignificante	Zero	Sem prazo	Gratuita

Fonte: transcrita de DUROSELLE, J.B. *Todo império perecerá – teoria das relações internacionais*. Brasília, UnB, 2000, p.168. As decisões constantes da primeira coluna podem ser combinadas, enquanto as demais impõem exclusividade de escolha.

80 Relações internacionais • Parte II

Inexiste modelo analítico ideal que possa ser aplicado à totalidade das decisões em política externa, a qual resulta de um somatório de condições que impõe maleabilidade ao observador. Malgrado tal limitação, cabe indicar algumas formulações que se esforçam para explicar o itinerário da decisão. A primeira pressupõe a constatação de algumas precondições: a decisão é racional, fundamentada numa clara percepção do interesse nacional, tomada por um dirigente supremo, que age solitariamente com total conhecimento de causa.

Um segundo modelo considera o dirigente supremo um simples porta-voz da decisão, que resulta do funcionamento normal da burocracia do Estado. O respeito aos princípios hierárquicos da administração pública deve ser percebido como uma pirâmide invertida, já que os funcionários técnicos são os primeiros a ser consultados e enquadram a tomada da decisão definitiva. Quanto mais a decisão amadurece ao longo de sua escalada nessa pirâmide invertida, paradoxalmente, mais difícil torna-se para o superior hierárquico modificá-la.

Complementando o modelo analítico, a decisão pode resultar, igualmente, de um jogo de influência dos diferentes setores da administração pública – planejamento, finanças, diplomacia, comércio exterior, agricultura – que possuem percepções próprias e que levam em consideração, de forma diferenciada, a realidade internacional. Para contornar o risco de uma fragmentação da decisão, alguns Ministérios das Relações Exteriores, como o brasileiro, colocam diplomatas à frente da área internacional dos demais Ministérios.

A evidente vantagem conferida pela unicidade e homogeneidade decisória deve ser contraposta a duas possíveis debilidades. Por um lado, o monopólio da cooperação técnica internacional pelos diplomatas fere o princípio da legitimidade, pois eles deveriam restringir-se à execução dos programas elaborados pelos distintos ministérios. Por outro, a supremacia diplomática concede poder de decisão a agentes cuja formação profissional não os habilita a identificar com competência as necessidades técnicas e concretas das demais instâncias do poder público.

Na estrutura do Estado brasileiro, as funções externas são distribuídas entre diferentes órgãos. Resumidamente, a repartição de competências segundo a versão atualizada da Lei n. 9.649/98 se apresenta conforme mostra a Tabela 4.3.

Um quarto modelo analítico indica que as decisões em política externa resultam, em definitivo, das pressões de setores informais e clandestinos situados no interior das fronteiras do Estado, mas que, de fato, estão vinculados a interlocutores que se encontram no exterior. O liame entre os condicionantes nacionais, ressaltados anteriormente, e os interesses transnacionais analisados a seguir criam conivente redes de influência que modelam e orientam as decisões em política externa.

Finalmente, uma quinta categoria analítica sublinha a impossibilidade, para os responsáveis pelos processos decisórios, de reunir a totalidade das informações pertinentes e projetar as possíveis consequências de suas decisões. A escassez das

4 O principal ator das relações internacionais **81**

variáveis utilizadas para tomar uma decisão afasta do processo a racionalidade. Contudo, a incessante busca da racionalidade pode, inclusive, ser questionada, pois o objetivo a ser perseguido em política externa não é uma hipotética e impossível racionalidade, mas como fazer que a decisão tomada atinja os objetivos desejados.

Tabela 4.3 Repartição de competências externas no Estado brasileiro (segundo a Lei n. 9.649/98)

Órgão	Dispositivo legal	Competências
Ministério da Agricultura, Pecuária e Abastecimento	14, I, g, e § 10, III e IV	a) Classificação e inspeção de produtos e derivados animais e vegetais, inclusive em ações de apoio às atividades exercidas pelo Ministério da Fazenda, relativamente ao comércio exterior b) Fomento à pesca e à aquicultura, o Ministério da Agricultura, Pecuária e Abastecimento c) Autorizar o arrendamento de embarcações estrangeiras de pesca d) Autorizar a operação de embarcações estrangeiras de pesca
Ministério da Ciência e Tecnologia	art. 14, II, g	Controle da exportação de bens e serviços sensíveis
Ministério da Defesa	art. 14, V, g, o, p	a) Relacionamento internacional das Forças Armadas b) Política nacional de exportação de material militar; fomento às atividades de pesquisa e desenvolvimento, produção e exportação em áreas de interesse da defesa; controle da exportação de material bélico de natureza convencional c) Atuação das Forças Armadas na garantia da lei e da ordem, preservação da ordem pública e da incolumidade das pessoas e do patrimônio; cooperação com o desenvolvimento nacional e a defesa civil; apoio ao combate a delitos transfronteiriços e ambientais
Ministério do Desenvolvimento, Indústria e Comércio Exterior	14, VI, d	a) Políticas de comércio exterior b) Regulamentação e execução dos programas e atividades relativas ao comércio exterior c) Aplicação de mecanismos de defesa comercial d) Participação em negociações internacionais relativas ao comércio exterior
Ministério do Esporte e do Turismo	14, VIII, b	Promoção e divulgação do turismo nacional, no país e no exterior
Ministério da Fazenda	14, IX	a) Moeda b) Política tributária e aduaneira c) Administração das dívidas públicas interna e externa d) Negociações econômicas e financeiras com governos e entidades nacionais, estrangeiras e internacionais e) Fiscalização e controle do comércio exterior
Ministério da Integração Nacional	art. 14, X, m	Obras públicas em faixas de fronteiras
Ministério da Justiça	14, XI, d, h, n	a) Entorpecentes b) Nacionalidade, imigração e estrangeiros
Ministério do Planejamento, Orçamento e Gestão	14, XIV, f	Formulação de diretrizes, coordenação das negociações, acompanhamento e avaliação dos financiamentos externos de projetos públicos com organismos multilaterais e agências governamentais

(continua)

Tabela 4.3 Repartição de competências externas no Estado brasileiro *(continuação)*

Órgão	Dispositivo legal	Competências
Ministério das Relações Exteriores	14, XVII	a) Política internacional b) Relações diplomáticas e consulares c) Participação nas negociações comerciais, econômicas, técnicas e culturais com governos e entidades estrangeiras d) Programas de cooperação internacional e) Apoio a delegações, comitivas e representações brasileiras em agências e organismos internacionais e multilaterais
Ministério da Saúde	14, XVIII, *f*	Ação preventiva em geral, vigilância e controle sanitário de fronteiras e de portos marítimos, fluviais e aéreos
Ministério do Trabalho e do Emprego	14, XIX, *g*	Política de imigração
Ministério dos Transportes	14, XX, *b*	Marinha mercante, portos e vias navegáveis
Gabinete de Segurança Institucional	6º, § 1º	Coordenar e integrar as ações do Governo nos aspectos relacionados com as atividades de prevenção do uso indevido de substâncias entorpecentes
Conselho de Defesa Nacional	art. 11, c/c art. 91, § 1º, I e III, da CF	Opinar nas hipóteses de declaração de guerra e de celebração da paz; propor critérios e condições de utilização da área de segurança nacional, especialmente na faixa de fronteira

Os instrumentos utilizados pelos Estados em suas relações externas são numerosos: a diplomacia (política, econômica e cultural), os instrumentos informais e as forças armadas. Frente a cada desafio, o Estado deve optar por uma estratégia que pode implicar a utilização simultânea de seu instrumental. A escolha dependerá do objetivo perseguido: uma política de aproximação ou de confrontação. Ou seja, trata-se de aprofundar o conflito ou, ao contrário, buscar fórmulas para solucioná-lo e dar demonstrações de cooperação. Encontram-se na Tabela 4.4 os principais instrumentos estatais utilizados em suas ações externas.

Entre os diferentes meios e fórmulas para relacionar-se com o exterior, sobressai um agente indispensável para o Estado: o diplomata, representante do Estado e, ao mesmo tempo, instrumento de ligação entre os seus objetivos externos e a realidade internacional.

5. O AGENTE ESTATAL DA POLÍTICA EXTERNA: O DIPLOMATA

A diplomacia, concebida como a arte de negociar, encontra suas raízes na Antiguidade. No entanto, sua acepção moderna data do final do século XVIII, quando Linguet e Robespierre utilizaram-na pela primeira vez. Desde então, surgem incompreensões sobre seu significado. A primeira confunde diplomacia com política externa, ou seja, entre o *negociar* e o *executar* daquela com o atributo de *con-*

ceber desta. A segunda imprecisão consiste em considerar o termo "diplomacia" um adjetivo. A terceira, finalmente, sugere uma carga positiva e misteriosa que afasta os leigos, colocando essas questões nas mãos de profissionais.

Tabela 4.4 Instrumental da política externa

Instrumentos	Cooperação	Confrontação
Diplomacia bilateral	Relações diplomáticas; visitas de autoridades; métodos pacíficos, mediação	Notas de protesto; retirada do embaixador; suspensão e ruptura das relações diplomáticas; denúncia de acordos; expulsão de cidadãos estrangeiros
Diplomacia multilateral	Participação em conferências e OI; encontros de cúpula	Boicote de conferências e OI; apoio à oposição interna
Político-econômicos	Concessão de preferências tarifárias; ajuda econômico-financeira	Barreiras alfandegárias; nacionalização de bens estrangeiros; embargo; corrupção de agentes públicos
Integração	Criação e participação de organismos multilaterais; acolhida de conferências regionais	Isolamento; recusa de concessão de ajuda
Militares	Designação de adidos; fornecimento de armas; participação em missão de paz; sistema de alianças	Manobras militares; intervenção; bloqueio; auxílio a ações terroristas
Serviços de inteligência	Busca de informações; propaganda	Desinformação; auxílio para derrubada de governo estrangeiro
Informais	Utilização das ONG e da religião	Manipulação das missões de ajuda humanitária; operacionalização das seitas
Jurídicos	Assinatura de tratados; solução dos litígios através das OI	Medidas unilaterais, sobretudo comerciais

Fonte: transcrita, com modificações, de PFETSCH, F. *La politique internationale*. Bruxelas, Bruylant, 2000, p.219-20.

A palavra "diplomacia" deriva do verbo grego *diploun*, que significa dobrar. Desde o Império Romano, documentos em forma de placas metálicas dobradas, designadas *diplomas*, legalizavam a circulação nas estradas imperiais. A seguir, todos os documentos oficiais, sobretudo os que regulavam as relações exteriores, passaram a ter essa denominação. Os encarregados da sua conservação, ou seja, os arquivistas, foram identificados como diplomatas, aqueles que lidam com os diplomas. Essa é a origem de uma das funções importantes da diplomacia: a continuidade de uma política de Estado e a conservação da memória por meio dos arquivos.

Há várias definições para a diplomacia: trata-se de uma "ciência das relações exteriores ou negócios estrangeiros dos Estados" (*Dicionário Aurélio*); ou "a atividade política referente às relações entre os Estados e à representação dos interesses de um governo no exterior" (*Dicionário Robert*), ou, ainda, a que considera "a diplomacia a condução das RI através da negociação; a maneira como estas relações são resolvidas pelos embaixadores e enviados; a atividade ou a arte do diplomata" (*Dicionário Oxford*).

Decorre dessas diferentes definições um elemento que fundamenta a diplomacia: ela está a serviço dos interesses do Estado e do governo. Nesse sentido, os serviços encarregados da diplomacia são o instrumento da soberania externa do Estado. O diplomata é um funcionário público especial, pois integra uma carreira de Estado submetida, no mínimo, às mesmas regras impostas ao serviço público civil. Entretanto, o dever de reserva do diplomata constitui uma notável exigência suplementar.

Não estando a serviço da sociedade, da nação ou de grupos de interesses (políticos, partidários, religiosos ou econômicos), o diplomata sofre restrições à sua liberdade pessoal. Ele deve cumprir com lealdade as funções que lhe são atribuídas pelo governo, que detém naquele momento o controle do Estado, independentemente de sua orientação política e ideológica. A liberdade de apreciação pessoal do diplomata não pode interferir na execução de suas obrigações profissionais. Em síntese, a função de representação estatal do agente diplomático retira-lhe os atributos da cidadania quando estes se chocam com os interesses do Estado.

Para agir externamente, os Estados dotam-se de instrumentos específicos. Em geral, um Ministério das Relações Exteriores, órgão do Executivo, depositário de delegação de competência do Chefe de Estado,[27] dispõe de uma estrutura burocrática própria e de um serviço permanente localizado no país e no exterior. O organograma dos diferentes Ministérios das Relações Exteriores reflete uma dupla preocupação. Por um lado, é imprescindível que a estrutura administrativa cubra a totalidade da face do globo. Ou seja, a divisão espacial impõe-se e os departamentos obedecem a um corte regional: Departamento das Américas, da África, da Europa, da Ásia etc.

Por outro lado, a existência de assuntos transversais ou de maior relevância leva à criação de departamentos ou divisões temáticas, ressaltando o interesse por certas questões internacionais: direitos humanos, desarmamento, integração econômica etc. O dilema imposto pela organização mista espacial/temática traz consigo o permanente risco de diminuir as atribuições e responsabilidades dos departamentos delimitados geograficamente, que se tornam essencialmente administrativos, em benefício da estrutura temática.

A título de comparação entre a forma de organizar os serviços externos dos diferentes países, transcrevem-se a seguir os organogramas dos Estados Unidos e do Brasil. Ambos são marcados pela dualidade espacial/temática. Todavia, a atuação externa dos Estados Unidos, na condição de única superpotência, concede ao Departamento de Estado uma estrutura *sui generis*, na qual são indicados temas fundamentais de sua agenda externa (Figura 4.1).

---

27 O domínio de competência do MRE brasileiro alcança os seguintes assuntos: "política internacional, relações diplomáticas e serviços consulares, participação nas negociações comerciais, econômicas, técnicas e culturais com governos e entidades [*sic*] estrangeiras, programas de cooperação internacional e de promoção comercial; e apoio a delegações, comitivas e representações brasileiras em agências e organismos internacionais e multilaterais" (Decreto n. 7.304, de 22.09.2010).

Figura 4.1 Organograma do Departamento de Estado dos Estados Unidos

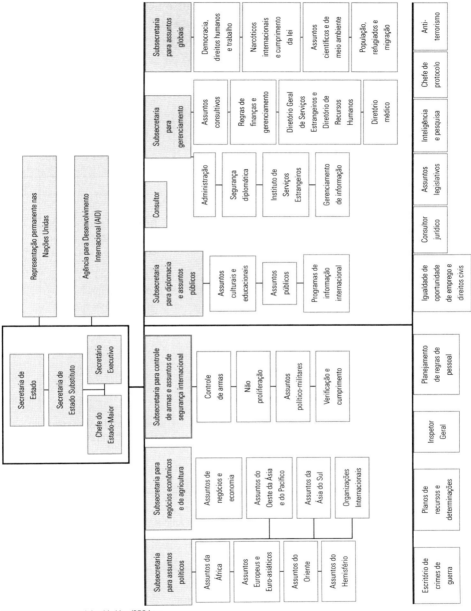

Fonte: www.state.gov/r/pa/rls/dos/352.htm.

O organograma dos serviços externos brasileiros é marcado por três características essenciais. Por um lado, expressa a estrutura política e administrativa de uma potência média do sistema internacional, com forte matriz em suas relações econômicas. Por outro lado, contempla novos temas, como a assistência aos brasileiros no exterior e os processos de integração em curso no continente. Enfim, o organograma do Itamaraty revela a importância da atual reestruturação de nossos serviços diplomáticos, que tentam estar à altura dos novos desafios internacionais.

Figura 4.2 Organograma Geral do Itamaraty

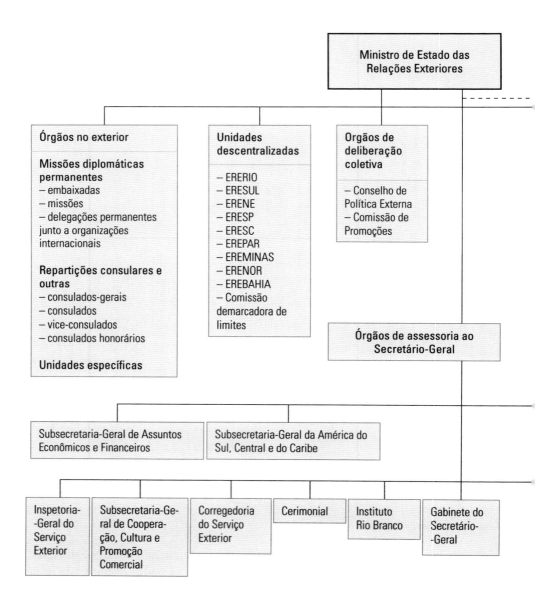

O financiamento externo para a reforma do MRE brasileiro é revelador dos dilemas que assaltam um Estado que tenta se firmar no cenário internacional, mas que não consegue redirecionar os recursos necessários sequer para a modernização de seus serviços externos. Certamente, a discrição e a autonomia que deveriam acompanhar as atividades diplomáticas brasileiras sofrem com a impossibilidade do Estado de resolver, sem ingerência externa, meras questões administrativas. Eis como se apresenta o organograma geral do Itamaraty:

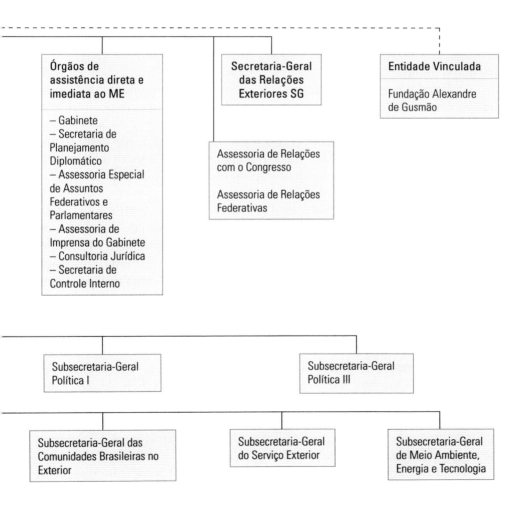

Reflete a reorganização do MRE segundo o Decreto n. 7.557 de 26.08.2011.

A diplomacia não deve ser confundida com a política externa. A diplomacia é o *instrumento de execução* de uma estratégia de negociação para atingir objetivos definidos pelo Estado. Portanto, ela se compõe de atividades práticas e concretas embasadas em técnicas de gestão e de negociação dos interesses externos dos Estados. A política externa é, por sua vez, uma atividade estritamente intelectual que expressa a *concepção* do relacionamento externo de um Estado.

A política exterior tem a dimensão de uma estratégia, enquanto a diplomacia vincula-se a uma tática ou, como enfatizava Metternich, "a diplomacia é a aplicação cotidiana da política externa". A formulação e a execução são noções distintas por natureza. No entanto, alguns serviços diplomáticos tendem a fundi-las. O exemplo brasileiro é sugestivo, pois, segundo o Decreto n. 3.959, de 10 de outubro de 2001, "cabe ao Ministério das Relações Exteriores *auxiliar* o Presidente da República *na formulação* da política exterior do Brasil, assegurar sua *execução* e manter relações com Estados estrangeiros, organismos e OI" (art. 1º, parágrafo único).

Os Estados que atuam de forma intensa e possuem importantes responsabilidades e interesses internacionais preocupam-se com análises prospectivas, criando espaços de reflexão independentes do cotidiano ministerial. O Secretário de Estado George Kennan, dos Estados Unidos, foi o primeiro, em 1947, a lançar mão de um *Policy Planning Staff* (PPS) integrado por acadêmicos e especialistas independentes, e que desempenhou importante papel na elaboração do Plano Marshall.

A diplomacia francesa criou, em 1973, um Centro de Análise e de Previsão (CAP). Atualmente, a maioria das chancelarias dos Estados desenvolvidos possui um laboratório do gênero. No Brasil, ao contrário, somente o Ministro das Relações Exteriores dispõe de um *Conselho de Política Exterior*, cuja composição, ao descartar a participação externa, transforma-o em mais uma instância da burocracia, já que não tem independência de avaliação e julgamento, indispensáveis para o profícuo exercício das funções de tais instâncias.

A busca de uma definição da diplomacia é facilitada quando se recorre ao conteúdo de suas atribuições. As quatro principais são a representação, a negociação, a informação e a proteção. A *representação* é a mais antiga das funções diplomáticas. Ela implica, para o embaixador, substituir o Chefe de seu Estado, do qual recebe delegação expressa e intransferível, junto ao Chefe de Estado estrangeiro que o acolhe em missão diplomática. O princípio de legação, ou seja, o direito de receber e enviar representantes do Estado é recíproco e encontra-se no centro das funções de representação.

A representação pode ser cumulativa, um mesmo Embaixador pode representar o Chefe de Estado junto a vários países, não existindo qualquer subordinação hierárquica entre as representações. Como delegação originária do Estado, a missão diplomática beneficia-se da extraterritorialidade e de total liberdade, pois, como indica Montesquieu, "os embaixadores são a palavra do Príncipe que lhes envia e essa palavra deve ser livre".[28]

A capacidade de *negociação* foi, historicamente, uma das funções essenciais do diplomata. Generalistas, conhecedores do direito, da história e dos idiomas, os negociadores recebiam instruções e estavam aptos a tratar, no nível mais elevado, dos interesses do Estado. As negociações, segundo o Cardeal Richelieu, "são remédios inocentes que jamais fazem mal: é necessário agir em todos os lugares, próximos ou distantes, e sobretudo em Roma".[29]

Atualmente, a multiplicação e a complexidade temática exigem predicados que o generalista não possui. Assim, raramente os embaixadores negociam temas bilaterais, e as embaixadas são utilizadas frequentemente como lugar de acolhida e de intendência para especialistas responsáveis pela condução das negociações. Essa situação deve incitar os jovens diplomatas a especializarem-se em alguns temas ou regiões, o que pode transformá-los em verdadeiros negociadores.

A *proteção* dos direitos e interesses do representado é a terceira função do diplomata. As Convenções de Viena definiram o alcance das proteções diplomática (1961, art. 3º) e consular (1963, art. 5º). A primeira trata da representação política do Estado. O serviço consular, ao contrário, defende interesses concretos e situa-se no plano administrativo. Por isso, há uma só representação diplomática junto ao Estado estrangeiro, enquanto podem existir, segundo as necessidades, várias representações consulares, cada qual respondendo por uma jurisdição espacial.

Mesmo que os interesses do Estado não coincidam com os dos nacionais que se encontram em solo estrangeiro, o diplomata moderno é conduzido a prestar auxílio, socorro e proteção a seus compatriotas. Para tanto, é necessário haver coragem e profundo conhecimento jurídico, sem os quais a missão de proteção pode resultar em mal-entendidos e gerar crises desgastantes.

Finalmente, as representações diplomáticas são encarregadas de recolher *informações* do país de acolhida. Sofrendo a concorrência do jornalismo e dos particulares, a informação transmitida deve conter aspectos, qualidades e originar-se em interlocuções incompatíveis com os informes das agências de imprensa ou dos relatos turísticos. A observação diplomática – que não se confunde com espionagem – deve utilizar-se de meios lícitos e é prática cotidiana das embaixadas.

---

28 Graças ao princípio da extraterritorialidade, o local onde se situa a Embaixada é considerado uma extensão do próprio território do Estado acreditado. Por outro lado, o diplomata e seus familiares desfrutam de determinados privilégios fiscais e penais que os diferenciam do restante da população sob a jurisdição do Estado hospedeiro.

29 Aquele que negocia pode encontrar um momento propício para a defesa de seus interesses. Mesmo que não o encontre, ele se informa, por meio da negociação, da evolução do mundo.

90 Relações internacionais • Parte II

As informações devem ser transmitidas de forma concisa e clara para que possam auxiliar na tomada de decisões do Estado. Com efeito, um dos principais entraves encontrados pela prática da diplomacia contemporânea prende-se ao extraordinário acúmulo de informações sobre um mesmo assunto. Elas podem apresentar-se, segundo o jargão jornalístico, como dados "plantados" nos meios de comunicação, ou informações falsas apresentadas como confidenciais, ou ainda de maneira distorcida ou contraditória, dificultando sua utilização. Portanto, o *tratamento da informação* apresenta-se atualmente, para o responsável pela decisão em política externa, como um vultoso desafio, tão grande quanto o vivido nos séculos passados, quando buscava somente colhê-las.

Além de recolher informações do Estado acreditante, a missão diplomática deve divulgar notícias sobre seu próprio país que lhe pareçam úteis aos objetivos por este perseguidos. A montagem de um banco de dados sobre a capacidade econômica e exportadora do país, a divulgação de suas características naturais e a organização de mostras culturais são instrumentos valiosos para a ação diplomática.

Todavia, o diplomata deve evitar a transmissão de falsas informações ou de meias-verdades. Ninguém deve duvidar de sua palavra, pois a suspeição e a desconfiança são sentimentos que o incapacitarão para o exercício do cargo. Portanto, o anedotário diplomático que define o embaixador como "um homem honesto incumbido de mentir no exterior para o bem de seu país" encontra-se absolutamente desatualizado e desprovido de sentido.

A diplomacia foi exercida, originalmente, pela aristocracia e pelo clero. A democratização do Estado e o aumento geométrico das relações interestatais conduziram a um duplo fenômeno: a profissionalização e o acesso à carreira por concurso público. Nasce, assim, no âmbito do serviço público civil dos países democráticos avançados, uma *mérito-diplomacia*, com estabilidade funcional e direitos distintos.

Apesar da ausência de dados estatísticos gerais, é possível calcular a quantidade de funcionários de Estado envolvidos com as relações diplomáticas e consulares na atualidade: aproximadamente 350 mil. Na Grã-Bretanha, tem-se um dos quatro principais corpos de servidores do Estado, com 13.400 funcionários que servem em 222 missões no exterior; a Alemanha conta com 231 representações, sendo 147 embaixadas, 74 consulados e 10 missões permanentes junto às OI, totalizando 8.300 funcionários; a França dispõe de 415 postos no exterior com mais de 10 mil funcionários (147 embaixadas, 123 consulados, 128 estabelecimentos culturais e 17 missões permanentes); o Japão conta com 5 mil funcionários em 140 representações diplomáticas ou consulares; os Estados Unidos dispõem de 260 postos diplomáticos e consulares, congregando mais de 39 mil funcionários;

finalmente, o Brasil possui 149 representações no exterior (92 embaixadas, 6 missões permanentes junto às OI, 37 consulados e 14 vice-consulados).[30]

Agregadas as atividades de divulgação cultural – casas de cultura e línguas, rádio e televisão –, bem como as Câmaras de Comércio,[31] o número de especialistas envolvidos com as relações exteriores dos Estados atinge cifras impressionantes. Contudo, grande número de observadores da evolução do Estado e de suas relações externas sustenta a inutilidade da diplomacia em face da globalização e do papel preponderante das forças do mercado. Ora, a necessidade de mudança situa-se no plano da atualização da diplomacia e jamais em sua extinção. O diplomata do futuro deve estar atento às transformações do mundo, com o surgimento de uma opinião pública mundial, o crescimento da relevância do econômico, as facilidades de comunicação e o crescimento da influência cultural.

À estreiteza progressiva do mundo deve-se contrapor sua crescente complexidade. Assim, a multiplicação dos contatos internacionais faz aumentar de forma exponencial os temas internacionais até então restritos a um tratamento nacional. Somente poderá fazer frente a essa realidade uma diplomacia capaz de autoquestionar-se e agir segundo os desafios contemporâneos.

---

30 Os dados foram obtidos nos diferentes sites oficiais dos Ministérios das Relações Exteriores dos países mencionados.

31 A Alemanha e a França possuem, cada uma, mais de setenta instituições do gênero no exterior.

5 Os atores secundários das relações internacionais

1. AS ORGANIZAÇÕES INTERNACIONAIS[1]

Apesar das interpretações divergentes sobre suas prerrogativas, as OI adquiriram capital importância nas RI contemporâneas, em razão de sua extraordinária multiplicação. Recorrendo à tradicional tecnologia parlamentar desenvolvida pelo modelo estatal, a diplomacia criou, sobretudo a partir do final da Segunda Guerra Mundial, mais de 350 OI, sendo uma centena de alcance universal.

Uma verdadeira rede cooperativa institucionalizada cobre a face do globo, os fundos marinhos e o espaço extra-atmosférico, abordando os mais variados temas de interesse coletivo. Assim, questões que sempre foram tratadas como cerne da ação estatal passam a ser objeto de consideração das instituições internacionais, tais como as que se referem à manutenção da paz e segurança internacionais, bem como às comunicações, migrações, saúde, trabalho, além de temas transversais e difusos como os vinculados aos direitos humanos e ao meio ambiente.[2]

As OI podem ser definidas como "associações voluntárias de Estados,[3] constituindo uma sociedade, criada por um tratado, com a finalidade de buscar interesses comuns por meio de uma permanente cooperação entre seus membros".[4]

---

1   Ver SEITENFUS, R. *Manual das organizações internacionais*. Op. cit.

2   A importância das OI é perceptível no tratamento que elas recebem da mídia impressa internacional. Os mais importantes cotidianos voltados às questões mundiais reservam um lugar específico às notícias das OI, atribuindo a estas uma autonomia muitas vezes desmentida tanto pelos fatos quanto pela história.

3   Em razão das características de seus sócios, as organizações internacionais são interestatais, pois a responsabilidade dos Estados encontra-se comprometida. Nesse sentido, a governabilidade das OI decorre da atuação dos Estados-membros.

4   O art. 2°, § 6°, da Carta das Nações Unidas ressalta o voluntarismo dessa participação, pois a ONU não pode impor sua autoridade a um Estado que não a integra. Contudo, as regras e os princípios contidos em um tratado constitutivo de uma organização internacional com vocação universal podem adquirir, por

Nota-se que a própria intitulação das OI pode causar confusão: não se trata de instituições que congregam várias *nações*. Seus exclusivos membros plenos são os Estados. Portanto, tais organizações deveriam denominar-se *interestatais* ou *intergovernamentais*. Outros atores menores ou fragmentários das RI podem alcançar somente o patamar de observadores, colaboradores e consultores. Jamais serão membros plenos.

Muitos autores enfatizam a importância de a organização internacional ser dotada de instituições, ou seja, de órgãos próprios. Alguns, como Paul Reuter, somente consideram a existência de uma organização internacional quando ela pode, por meio de uma organicidade própria e independente, manifestar uma vontade distinta dos Estados-membros.[5]

Dessa percepção decorre uma definição distinta das OI. Elas seriam uma "associação voluntária entre Estados, constituída através de um tratado que prevê um aparelhamento institucional permanente e uma personalidade jurídica distinta dos Estados que a compõem, com o objetivo de buscar interesses comuns através da cooperação entre seus membros".[6]

As OI são percebidas de forma diferenciada pelos Estados-membros. Para os mais poderosos, elas constituem um inovador instrumento de ação externa pelo qual se busca a *eficácia* que o bilateral não comporta, e sobretudo a *legitimidade* outorgada pelo coletivo. Para os Estados mais débeis, sobretudo os PMA, as OI representam fator de sobrevivência. Para os Estados intermediários, elas representam incontornável instrumento de administração pública, como é o caso das ações do Fundo Monetário Internacional (FMI) e do Banco Mundial (BIRD) na América Latina.

Os princípios do *bom governo* e da *estabilidade econômica* são elementos que orientam as iniciativas das OI, mormente as vinculadas à cooperação econômica (FMI, OMC, BIRD, BID). Em definitivo, quanto maior for o peso do Estado, mais presente será a tendência de perceber a OI como um espaço suplementar de atuação de política externa, excluindo desde logo os constrangimentos do coletivo.

A importância das OI no cenário internacional decorre igualmente da paciente construção de princípios e valores compartilhados de maneira transnacional. Formalizadas por meio de tratados internacionais, certas OI detêm instrumentos de controle tanto de sua aplicação quanto de sua eficácia. Elas contribuem para o processo de juridicização das RI, concedendo-lhes um maior grau de previsibilidade

---

meio do costume, valor para os Estados não membros. Exemplos são fornecidos pela Declaração da República Federal Alemã de 1954, que aceitava os princípios contidos na Carta da ONU, ou ainda o art. 28 da Convenção de Viena sobre o Direito dos Tratados.

5 REUTER, R. *Institutions internationales*. Paris, Dalloz, p.199.

6 A Convenção de Viena sobre o Direito dos Tratados define de forma sucinta as OI: "entende-se por Organização Internacional uma organização intergovernamental" (art. 2°).

e, por conseguinte, de estabilidade. Assim, as OI não se opõem aos Estados, constituindo, de fato, um instrumento complementar indispensável às ações estatais.

Contudo, é permanente a tensão entre criatura e criador, entre OI e Estado. As OI tentam desvencilhar-se dos limites impostos pelos Estados-membros – fundadores ou associados – que figuram em seu tratado constitutivo e nos documentos subsequentes. Trata-se de luta incessante em busca de maior autonomia. Há, inclusive, raras OI que conseguiram obter dos Estados-membros tradicionais prerrogativas de Estado, como o caso das OI que adotaram o modelo supranacional cujo melhor exemplo é a União Europeia (UE). No entanto, a quase totalidade dos Estados reluta em delegar competências e prefere fazer com que as OI permaneçam como simples organizações intergovernamentais, cujas decisões são tomadas por consenso ou por maioria qualificada.

As OI são atores secundários das RI. Contrariamente aos Estados, sua existência vincula-se à vontade de terceiros, ou seja, dos próprios Estados. Seus eventuais poderes foram obtidos por delegação e eles somente podem ser exercidos quando imprescindíveis à consecução dos objetivos estabelecidos no tratado constitutivo. Há, todavia, a teoria dos poderes implícitos das OI, que defende a ideia da extensão de suas competências, desde que dita ampliação mostre-se imprescindível à consecução dos objetivos fixados em seu tratado constitutivo.

Como decorre de sua denominação, o tratado constitutivo é um acordo firmado por dois ou mais Estados que obedece a normas oriundas do direito dos tratados, em particular da Convenção de Viena, ao qual é acrescido um elemento singular, qual seja, a criação de um novo sujeito de Direito Internacional dotado de personalidade jurídica específica.

A evolução das OI consolida três de suas atuais principais características: multilateralidade, permanência e institucionalidade.

O caráter *multilateral* das OI apresenta-se pelo seu alcance *regional* ou *universal*. Mais do que objetivos e princípios, a diferença entre as duas formas é encontrada na composição dos sócios. As OI regionais pertencem a um espaço físico delimitado, onde a contiguidade geográfica é uma das principais, mas nem sempre a decisiva característica. Ao contrário, as OI de cunho universal não fazem discriminação de origem, de natureza política ou de localização dos parceiros. As relações entre as organizações regionais e as universais são estabelecidas nos tratados constitutivos. Os compromissos assumidos pelos Estados em âmbito regional não podem ser incompatíveis com os firmados na organização universal.[7]

---

7   A Carta das Nações Unidas (art. 52), mesmo reconhecendo que "nada na presente Carta impede a existência de acordos ou entidades regionais, destinadas a tratar dos assuntos relativos à manutenção da paz e da segurança internacionais que forem suscetíveis de uma ação regional", enfatiza que essa liberalidade pressupõe que "tais acordos ou entidades regionais e suas atividades sejam compatíveis com os Propósitos

A *permanência* da OI manifesta-se pelo fato de que ela foi criada com o objetivo de durar indefinidamente, mas não se pressupõe que ela seja perene, pois muitas já desapareceram; ou ainda que os Estados-membros não possam desobrigar-se e dela retirar-se, após cumprirem o rito previsto no tratado constitutivo. A duração por tempo indeterminado prende-se à ausência de qualquer limite temporal estabelecido no ato constitutivo. Ainda que este contenha a previsão, de forma explícita, de sua própria reforma, fica excluída, desde logo, sua extinção.[8]

A *institucionalização* das OI é tema controverso em razão da natureza da realidade internacional, cuja essência se encontra no sistema relacional entre os Estados, isto é, uma intrincada rede de relações bilaterais. Com o surgimento das OI, o sistema relacional não desapareceu, na medida em que, até o momento, as relações no âmbito das organizações não atingiram um grau que pudesse vir a substituí-lo.

A mais simplista e primária forma de institucionalização consiste em compor um restrito secretariado administrativo sob a responsabilidade, por vezes rotativa, de um dos sócios. A mais complexa e avançada se reflete na delegação de competência e poderes dos Estados-membros para um órgão *supranacional*, capacitado a impor certas decisões e controlar sua forma de aplicação. Como exemplo atual e marcante, serve uma parte da estrutura orgânica da União Europeia: a Comissão Europeia e o Tribunal de Luxemburgo.

Decorrem da institucionalização das OI três importantes mudanças nas RI. Em primeiro lugar, surge uma maior previsibilidade de situações que outrora eram enfrentadas coletivamente apenas quando os interessados buscavam auxílio ou atuavam em defesa própria. A OI prevê em seus tratados fatos e condutas que poderão vir a materializar-se na realidade, e atribuem-lhes consequências, inclusive sanções internacionais. Cria-se, assim, um espaço institucional de solução de conflitos e de relacionamento interestatal. Por isso, o advento das OI é um importante fator de juridicização das RI.[9]

---

e Princípios das Nações Unidas". O art. 136 da Carta da Organização dos Estados Americanos (OEA) reconhece a primazia da organização universal ao definir que "nenhuma das estipulações desta Carta se interpretará no sentido de prejudicar os direitos e obrigações dos Estados-membros, de acordo com a Carta das Nações Unidas". Consultar a íntegra das duas Cartas In: SEITENFUS, R. *Legislação internacional.* Op. cit.

8   Além disso, o caráter permanente das OI expressa-se pela criação de um Secretariado, com sede fixa, dotado de personalidade jurídica internacional. Seus funcionários não perdem a nacionalidade original, mas, no exercício de suas obrigações funcionais, dispõem de poderes e documentos legais fornecidos pela organização internacional.

9   "A organização internacional tende a corrigir o caráter facultativo dos procedimentos políticos e jurisdicionais, colocando a sua disposição instâncias pré-instituídas." In: DUPUY, R.J. *Le droit international.* Paris, PUF, 1993, p.115.

96 Relações internacionais • Parte II

Em seguida, apesar do crescimento incessante do número e do alcance das OI, os Estados mantêm plena autonomia de vontade. Ou seja, eles as criam ou a elas aderem de maneira voluntária. O desejo manifestado por um Estado de integrar uma OI constitui condição *sine qua non* de sua participação. Ou seja, os Estados não são obrigados a fazê-lo, mas, uma vez aceito o seu ingresso, se comprometem tanto quanto aqueles que as criaram. Tal conclusão resulta na impossibilidade da OI de impor uma decisão a um Estado que dela não faz parte, com exceção do poder que detém o Conselho de Segurança (CS), reconhecido por parecer da Corte Internacional de Justiça, de constranger Estados não membros da ONU a acatar decisões que objetivam a manutenção da paz e da segurança internacionais.

Enfim, a institucionalização das OI questiona os princípios que sustentam a *soberania* do Estado. A participação estatal pode vir a significar a necessidade de dimensionar coletivamente certas competências que antes pertenciam ao absoluto domínio nacional, no caso de algumas culturas, sob a forma de um dogma. No entanto, é necessário enfatizar que a plena participação em uma OI vincula-se exclusivamente aos Estados e decorre, justamente, do fato de estes disporem da soberania. Em definitivo, somente os Estados soberanos são sujeitos das OI, porque detêm a soberania primária e sua adesão constitui um evidente exercício de soberania.

Frente ao amplo e díspar leque que abarca as OI, deve-se identificar os princípios que as caracterizam. Elas podem ser classificadas segundo a *natureza* de seus propósitos, atividades e resultados. Assim, delineiam-se dois objetivos distintos. Por um lado, as organizações que perseguem objetivos *políticos* e, por outro, aquelas que buscam cooperação *técnica*. As primeiras enfrentam questões essencialmente conflitantes. As segundas trabalham com temas para os quais o bom-senso, a busca de eficácia e um mínimo de racionalidade impõem um tratamento internacional.

As OI de natureza política podem pretender congregar a totalidade do mundo, como, por exemplo, a Liga das Nações ou a ONU, ou somente parte dele, caso da Organização dos Estados Americanos (OEA). Seu traço fundamental prende-se ao caráter político-diplomático de suas atividades. Seu objetivo primeiro é a manutenção da paz e da segurança internacionais. Uma OI dessa natureza interfere em questões vitais dos Estados-membros e sua forma de ação é essencialmente preventiva.

As OI de cooperação técnica, denominadas também organizações *especializadas*, descartam, em princípio, a interferência em assuntos de natureza política, e restringem-se a aproximar posições e tomar iniciativas conjuntas em áreas específicas. Trata-se, por exemplo, do combate às epidemias, da busca de melhoria da produtividade agrícola, da divulgação do conhecimento científico, educacional e cultural ou, ainda, da introdução de regras trabalhistas. São exemplos a Organi-

5 Os atores secundários das relações internacionais   **97**

zação Mundial de Saúde (OMS), a Organização Internacional do Trabalho (OIT), a Organização Mundial da Propriedade Intelectual (OMPI), a Unesco, a União Internacional de Telecomunicações (UIT), a Organização de Aviação Civil Internacional (OACI), a Organização das Nações Unidas para Alimentação e Agricultura (FAO) etc.

Outra forma de classificar as OI emana da análise das *funções* que se vinculam aos *objetivos*, inclusive implícitos, de seu ato constitutivo, e aos *instrumentos* utilizados para alcançá-los. Trata-se de organizações que não recebem delegação de competência ou de poderes dos Estados-membros. Elas são denominadas *de concertação* e tentam regular a sociedade internacional, por distintas formas de cooperação, perseguindo os seguintes objetivos:

- *Aproximar posições* dos países-membros sobre temas de mútuo interesse. A OCDE e o Grupo dos 8 (G8) constituem exemplos perfeitos dessa forma institucional na qual, por meio da diplomacia parlamentar em seu nível mais elevado, tais organizações ajustam atitudes e utilizam-se da mídia para interferir nas RI.[10]

- A segunda forma congrega os Estados-membros com o fim de adotar *normas comuns de comportamento* em áreas específicas como os direitos humanos (ONU, OEA), as questões trabalhistas (OIT) ou de saúde pública internacional (OMS).

- Existem igualmente organizações voltadas a *ações operacionais*, quando há urgência em aportar soluções a crises humanitárias decorrentes de conflitos civis ou internacionais e catástrofes naturais (CICV, Acnur, Pnud). As OI operacionais podem, igualmente, orientar a colaboração na pesquisa em C&T entre os Estados em áreas de interesse comum, como a energia nuclear (Aiea e Cern).

- Finalmente, as OI de *gestão* prestadoras de um serviço público aos Estados-membros, particularmente no campo da cooperação monetária, financeira e do desenvolvimento econômico (FMI, BIRD e BID).

Uma terceira e singela forma de classificar as OI prende-se à sua *composição* e, consequentemente, ao seu alcance espacial. Há organizações *regionais* que admitem como sócios unicamente Estados que se encontram em determinada região do mundo (OTAN, OEA, ASEAN, Mercosul, UE). Nestas, o princípio da contiguidade geográfica é determinante.

Ao contrário das organizações de alcance regional, existem OI compostas de maneira *universal*, que não impedem por motivos de localização geográfica a participação dos Estados (ONU e a quase totalidade das organizações especializadas).

---

10 A Organização Mundial do Comércio (OMC) poderia ser assimilada à regulação. Contudo, os mecanismos de solução de controvérsias comerciais com utilização, por exemplo, do *panel*, ou seja, de um comitê de arbitragem, concede à OMC a faculdade de permitir que países considerados infratores sejam objeto de represálias por parte de seus parceiros.

Uma derradeira classificação de grande utilidade para o pesquisador e reveladora das verdadeiras intenções dos Estados-membros decorre da *estrutura de poder* adotada pela OI. A identificação da repartição do poder entre os parceiros – incontornável instrumento que desvenda a *alma* da OI – manifesta-se de maneira objetiva no processo de tomada de decisões. As regras dividem-se entre aquelas que impõem a *unanimidade* para que um organismo tome uma decisão e as que estabelecem diferentes tipos de *maioria* como quórum para definir o resultado das votações.

Há uma estreita relação entre a politização ou a tecnicidade dos objetivos perseguidos pela OI e o grau de democracia de seu processo decisório. Trata-se de uma aparente evidência a ser, entretanto, enfatizada. Quanto mais a natureza da OI for marcada por questões políticas, estratégicas e diplomáticas, mais ela irá afastar-se do voto universal. Inclusive no interior das organizações, os órgãos podem dotar-se de diferentes modelos de tomada de decisão, segundo o assunto a ser enfrentado. Assim, por exemplo, ao contrário da Assembleia Geral, o CS da ONU diferencia o peso do voto entre membros permanentes e não permanentes. Tal situação repete-se com a ponderação de votos na UE, FMI, BIRD e OMI, entre outras.

O princípio da *unanimidade* apresenta uma grande vantagem e um nítido inconveniente. A primeira vincula-se à legitimidade da decisão, que garante boas possibilidades de eficácia na medida em que inexiste, presumidamente, oposição ou obstáculo à execução daquilo que foi unanimemente decidido. O grande inconveniente atine à extraordinária dificuldade em alcançar a unanimidade, o que implica propalada paralisia ou lentidão das instituições internacionais.

Foram criados, então, mecanismos que alteraram a regra da unanimidade em seu estado puro, originando diversos critérios no deslinde das votações. Há a *unanimidade fracionada*, pela qual se concluem acordos parciais que vinculam apenas os Estados que votarem favoravelmente a determinada decisão, eximindo-se, assim, os demais membros da organização de seu cumprimento. Já a *unanimidade limitada* é praticada no CS da ONU, na medida em que os membros permanentes dessa instância dispõem, na prática, de um direito de veto. Portanto, a ausência de um dos membros permanentes ou sua abstenção não impede que se determine um resultado unânime, porém limitado.

A *unanimidade formal*, por sua vez, tem como objetivo impedir a paralisia que poderia decorrer da abstenção reiterada de parte de alguns membros. Trata-se da busca do chamado *consenso*, que pode ser definido como a ausência de objeção. Ao contrário da unanimidade *stricto sensu*, em que há votação, o consenso é uma espécie de *não voto*, que assegura a definição de um texto ou de outra espécie de manifestação de vontade que contemple a ausência de uma contrariedade expressa por um dos signatários.

Logo, a unanimidade formal, que é o consenso, diferencia-se das demais modalidades por ser um conceito ontologicamente negativo. Ou seja, é pela inação das partes que ele se estabelece, originando a tendência à timidez dos acordos firmados sob sua égide e a menor visibilidade de sua repercussão. Há, enfim, a possibilidade de simples adoção de um texto ou de uma moção sobre assunto específico, sendo desnecessária a redação de um texto de acordo. O CS da ONU, mais uma vez, oferece exemplos vários, como a condenação de um atentado ou a recomendação de atitudes a serem adotadas pelos Estados-membros.

O sistema de decisão por maioria pode ser quantitativo, qualitativo ou misto. A *maioria quantitativa*, clássica nas OI, considera cada Estado um voto. Em tais circunstâncias, pode estipular diversos quóruns, seja a chamada maioria simples, de 50% mais um dos membros, ou a qualificada, de dois terços ou três quartos. Obviamente, a OI pode prever diferentes quóruns para cada tipo de tema a ser enfrentado.

A *maioria qualitativa* diferencia os membros, segundo critérios próprios a cada organização internacional. Trata-se do denominado *voto ponderado*. Atribui-se a cada Estado-membro um determinado coeficiente a ser computado quando do escrutínio. Há critérios como a população, o PIB e a disponibilidade de forças armadas. O grau de interesse de cada um pode ser um critério de ponderação. Nos organismos de harmonização, cooperação e financiamento econômico, tais como o BIRD, BID e FMI, introduziu-se o *voto ponderado* calculado com base nas cotas de participação financeira de cada país membro.

O *sistema misto*, como seu nome indica, exige uma dupla maioria, ou seja, quantitativa e qualitativa. Assim funciona o CS da ONU, que, para tomar uma decisão, necessita de nove dos quinze votos possíveis. Ocorre que entre os nove devem, obrigatoriamente, estar os votos dos cinco membros permanentes, ou ao menos sua abstenção. O voto contrário de um membro permanente, ainda que reunidos nove votos favoráveis, impedirá a tomada de uma decisão pelo Conselho.[11]

O tratado constitutivo (fonte de direito originário) e os textos normativos ou "legais" adotados posteriormente (fonte de direito derivado) indicam o alcance e os limites da competência de cada OI. Por conseguinte, a análise jurídica constitui o primeiro e indispensável passo para apreender o alcance e os limites das OI. Os textos indicarão os motivos que levaram os Estados a fundar uma OI: os obje-

---

11 O poder de veto não pode ser utilizado nas questões processuais. O sistema tripartite da OIT é uma notável exceção. Cada país tem direito a quatro votos: dois do governo, um patronal e um dos trabalhadores. Não se trata propriamente de uma ponderação, mas de uma natureza diversa da organização, que ultrapassa a representação nacional para buscar em cada país setores privados, que certamente poderão emitir votos de conteúdo diferenciado em relação aos expressos pelos representantes do governo.

tivos perseguidos, os meios colocados a sua disposição, a repartição do poder de decisão entre os Estados-membros, as obrigações financeiras, materiais e militares dos parceiros, os mecanismos para a eventual atualização do rol de direitos e obrigações e, eventualmente, as sanções aplicadas aos membros infratores.

Tome-se como exemplo a Carta que constitui a Organização das Nações Unidas. Esse diploma legal determina a natureza político-diplomática de uma organização de alcance universal encarregada da manutenção da paz e da segurança internacionais. Como princípio constitutivo, ela detém, por meio do CS, a principal responsabilidade na manutenção da paz e da segurança internacionais. Os Estados-membros "concordam em que, no cumprimento dos deveres impostos por essa responsabilidade, o Conselho de Segurança aja em nome deles" (art. 24.1).

O poder do CS é amplo e pode ser preventivo, já que ele dispõe da faculdade de determinar "a existência de *qualquer ameaça* à paz, ruptura da paz ou ato de agressão, e fará recomendações ou decidirá que medidas deverão ser tomadas" (art. 39). Há progressividade nas medidas a serem adotadas pelo CS. Portanto, ele detém ampla margem de manobra e de interpretação, pois decidirá sobre as medidas que, sem envolver a utilização das forças armadas, deverão ser tomadas para tornar efetivas suas decisões e poderá convidar os membros das Nações Unidas a aplicarem tais medidas. Estas poderão incluir a interrupção completa ou parcial das relações econômicas, dos meios de comunicação ferroviários, marítimos, aéreos, postais, telegráficos, radiofônicos ou de outra qualquer espécie, e o rompimento das relações diplomáticas (art. 41).

Caso necessário, o CS poderá tomar medidas ofensivas por forças aéreas, navais ou terrestres que poderão incluir "demonstrações, bloqueios e outras operações, por parte das forças aéreas, navais ou terrestres dos membros das Nações Unidas" (art. 42). Para comandar a utilização de forças armadas, o CS prevê a criação de uma Comissão de Estado-Maior composta pelos Chefes de Estado-Maior, dos membros permanentes ou de seus representantes. Portanto, a operacionalização do comando das intervenções militares – inclusive preventivas – será realizada pelos cinco Estados-membros permanentes do CS.

Tanto o surgimento da organização internacional quanto a sua evolução e a eficácia de suas iniciativas decorrem de uma equação de forças. A presença da OI somente institucionaliza essas relações e tende a não colocar em xeque o poder exercido pelos Estados mais fortes. Nesse sentido, as OI formalizam e concedem legitimidade a uma *hegemonia consensual*. Não se deve, contudo, confundir a existência das OI com uma ampla e objetiva eficácia. Por tal razão, multiplicam-se as vozes, tanto no Norte como no Sul, que exigem sua profunda transformação.

O século XX deve ser considerado o *século das OI*, que aportam métodos decisórios distintos e incluem a totalidade dos Estados no jogo internacional, provocando uma verdadeira revolução conceitual e prática no sistema das RI. Com a introdução da diplomacia parlamentar, ficou afastada a possibilidade de voto, cláusula ou reserva secretos, antes considerados causas da eclosão de conflitos bélicos. Cada Estado manifesta abertamente sua posição. A publicidade dos debates, além de conceder transparência e respeito a posições diferenciadas, permite que o próprio processo decisório sofra a influência que a opinião pública nacional exerce sobre seus delegados, revelando a possibilidade de afirmar-se uma opinião pública internacional.

Tanto o processo institucional que se acaba de retratar quanto o processo efetivo de tomada de decisões nas OI desenrolam-se tendo como pano de fundo o movimento do poder hegemônico de certos Estados. Ora, a hegemonia não pode ser exercida somente por meios materiais, financeiros e tecnológicos. É imprescindível que ela atue igualmente no campo dos valores, ou seja, no plano da ideologia.

Torna-se, então, imprescindível distinguir claramente a ideologia da organização internacional como sujeito da decisão e a ideologia dos atores, particularmente os Estados-membros. Contudo, a distinção não pode afastar a organização internacional do meio onde ela atua. Ora, mesmo a unidade ideológica que atualmente impera em grande parte do sistema internacional é mais aparente do que real. Os conflitos interestatais prosseguem, sustentando-se com menos vigor no discurso ideológico, mas não afastando seu conteúdo. Portanto, para a identificação dos contornos reais, além dos institucionais, dos processos decisórios no âmbito das OI, eles devem ser inseridos no âmbito das RI e dos embates que nelas se travam.

Desse modo, as OI representam um subconjunto das RI. Torna-se, então, impossível identificar os mecanismos concretos do exercício do poder em seu seio sem compreender os contornos do sistema das RI. A primeira indicação do exercício do poder internacional transparece no perfil hierárquico dos Estados. Os principais traços do meio internacional onde se manifestam a ação e o discurso das OI indicam que sua ideologia está intimamente vinculada às ideologias dos Estados-membros. A margem de manobra disponível para as OI dependerá do grau de coesão sistêmica do meio internacional.

A trajetória ideológica das OI repousa em cinco momentos distintos de sua evolução pós-1945. Certamente o fato de os Aliados digladiarem-se após a vitória permitiu o surgimento da primeira fase das OI: trata-se do *funcionalismo*. Baseada no princípio de que as OI deveriam servir aos interesses da sociedade e descartar a preponderância da influência dos Estados, a teoria funcionalista propõe-se a socializar suas ações e iniciativas. Criou-se o mito da possibilidade da existência de uma relação direta, portanto sem intermediação dos Estados-membros, entre a organização internacional e a sociedade.

102 Relações internacionais • Parte II

A segunda fase ideológica das OI surgiu a partir do início da década de 1960, com o *desenvolvimentismo*. Enredadas em suas próprias contradições, em plena oposição Leste/Oeste, impossibilitadas de atuarem mais incisivamente no campo da manutenção da paz e da segurança, as OI encontraram uma nova justificativa ideológica para as suas atuações: trata-se do estreito vínculo entre paz e desenvolvimento.

Impulsionado pela presença de um grande número de Estados que recentemente haviam tido acesso à independência política, o desenvolvimento econômico de ampla maioria dos Estados do mundo tornou-se um fim em si. Para tanto, as OI deveriam transformar-se em um instrumento para a expansão econômica nos moldes liberais e criar condições favoráveis para o investimento direto de capitais privados e públicos, tanto nacionais quanto estrangeiros.

A terceira fase decorreu da precedente. Trata-se da teoria do *transnacionalismo*, que se formou a partir da década de 1970. Como os detentores da escassa capacidade de poupança interna dos países pobres transferiam, por variadas razões, seus recursos para os países ricos, foi necessário apelar para os investimentos das empresas transnacionais. Por outro lado, a incapacidade dos países pobres em dispor de divisas, inviabilizando, portanto, a importação de bens de capital, induziu-os a oferecer condições para a instalação em solo pátrio de filiais de empresas estrangeiras. A ideia central das OI presumia que essas empresas seriam os elementos dinâmicos do processo de desenvolvimento.

A quarta fase ideológica das OI apresentou, em um primeiro momento, uma visão exclusivamente nortista e negativa do desenvolvimento. Tratava-se do *globalismo*, a partir do final da década de 1970 e início de 80, que identificava os limitados recursos em matérias-primas de que dispunha a Terra e os efeitos perversos, do ponto de vista ecológico, da busca incessante do crescimento econômico. Sintetizado pelo *Clube de Roma*, que propugnava o crescimento zero e o controle demográfico, o globalismo foi rejeitado pelos países pobres, pois significava a manutenção do *status quo* e o abandono de políticas indutoras do desenvolvimento.

Finalmente, a quinta fase marca atualmente as OI: trata-se da *globalização*. Em razão de suas características fundamentais, que tendem a diminuir o papel do Estado em benefício de forças transnacionais privadas, essencialmente comerciais, tecnológicas e financeiras, a globalização enfraquece igualmente as OI. O poder dos mercados e dos entes privados que atuam no sistema internacional representa um inovador desafio, que pode colocar em risco os fundamentos das OI, sobretudo os esforços coletivos que objetivam alcançar um desenvolvimento solidário e manter a segurança e a paz internacionais.

2. OS ENTES PRIVADOS DAS RELAÇÕES INTERNACIONAIS

Os avanços extraordinários da tecnologia de comunicações aumentaram de forma geométrica o intercâmbio internacional, fazendo surgir uma verdadeira sociedade transnacional. Ela se manifesta por meio das relações econômicas, em particular as comerciais e financeiras, pela comunhão ou oposição de valores, solidariedade ativa com os integrantes mais frágeis das sociedades nacionais, ação dos partidos políticos e dos movimentos sindicais, por intermédio da atuação de igrejas e seitas e ação dos consumidores, pela transnacionalização do crime e pelo surgimento de uma influente opinião pública internacional.

A importância dos atores privados na formatação das RI é facilmente observável. Os numerosos casos em que eles exerceram sua *influência* – como, por exemplo, o programa brasileiro de luta contra a epidemia da AIDS, que conseguiu dissuadir os fabricantes de medicamentos e o governo dos Estados Unidos, com o auxílio da opinião pública internacional e das Ongat – fizeram sua interferência ser claramente perceptível. No entanto, ela é difusa e de difícil quantificação. Por essa razão, somente se pode indicar as características básicas de alguns desses atores, tendo presente que na atualidade impõe-se a realização de pesquisas capazes de avaliar seu alcance, eficácia e limites.

2.1. As empresas transnacionais

São empresas transnacionais aquelas cujas matrizes estão localizadas no território de um Estado, que lhes concede nacionalidade, possuindo, ao mesmo tempo, filiais em outro(s), ou exercendo um controle acionário sobre empresas cujas atividades desenvolvem-se em vários países.[12]

O planejamento das atividades empresariais é concebido de forma centralizada. No entanto, sua execução – por exemplo, gestão, pesquisas e comércio de bens e de serviços – estende-se a múltiplos espaços nacionais. Trata-se, portanto, de um desrespeito à territorialidade dos Estados ou, como preferem alguns autores, sua *desterritorialização*, criando um campo empresarial divorciado e independente do espaço delimitado pelas linhas de fronteira nacionais.

A tecnologia e o capital transformaram-se em elementos fundamentais para o desenvolvimento econômico dos Estados, que, quando dispõem de mão de obra abundante e amplo mercado consumidor, preenchem dois requisitos fundamentais para a implantação das empresas transnacionais. A terceira virtude, que, mais do que uma condição, constitui uma exigência, decorre da definição de regras claras sobre a promoção e a proteção dos investimentos estrangeiros. Garantias sobre a não desapropriação de empresas e ausência de barreiras para a transferência de lucros para o país de origem são pontos essenciais desses acordos.

---

12 Essa definição exclui a expressão multinacional na medida em que a empresa não desfruta de múltiplas nacionalidades, mas somente a concedida pelo Estado onde se localiza a matriz.

104 Relações internacionais • Parte II

Um dos aspectos inovadores dos acordos sobre investimentos trata da solução dos eventuais litígios entre o Estado hospedeiro e o investidor privado. Até o presente, os tribunais nacionais possuíam jurisdição sobre o assunto. Os novos textos preveem que os litígios podem ser solucionados por instâncias privadas estrangeiras, com mediação e arbitragem compulsórias.

A crescente importância econômica das empresas transnacionais pode ser percebida na Tabela 5.1, sobretudo quando seu faturamento é confrontado com o orçamento dos Estados nacionais.

Tabela 5.1 As dez principais sociedades transnacionais por faturamento (dados referentes a 2011 expressos em bilhões de dólares)

Empresa	Nacionalidade	Setor	Faturamento	Lucro	Funcionários
Royal Dutch Shell	Holanda e Reino Unido	Petróleo	484,49	30,92	
Exxon Mobil	Estados Unidos	Petróleo	452,93	41,06	
Wal-Mart	Estados Unidos	Distribuição	446,95		2.200.000
British Petroleum	Reino Unido	Petróleo	386,46	25,70	
Sinopec Group	China	Petróleo Petroquímica	375,21		1.021.979
China National Petroleum	China	Petróleo Petroquímica	352,34		1.668.072
State Grid	China	Eletricidade	259,14		1.583.000
Chevron	Estados Unidos	Petróleo	245,62	26,90	
Conoco Phillips	Estados Unidos	Energia	237,27		
Toyota Motors	Japão	Automobilístico	235,36		

A empresa transnacional pode tanto ser uma aliada circunstancial como uma opositora ao poder do Estado hospedeiro. A procura do lucro, da rentabilidade e da segurança para os investimentos realizados pode ocasionar conflitos com as autoridades públicas locais. A fase mais crítica nas relações entre empresas transnacionais e os Estados receptores ocorreu durante as décadas de 1960-1970. O princípio da soberania sobre os recursos naturais e a autonomia de escolha do regime político, da organização social e do modelo econômico – princípios que nortearam a Nova Ordem Econômica Internacional (NOEI) reivindicada por uma maioria de Estados no âmbito da AG das Nações Unidas – chocaram-se com o desejo de autonomia e de garantia dos investimentos defendidos pelas firmas transnacionais.

Em caso de conflito, a nacionalização dos ativos nas mãos dos estrangeiros foi, durante o período referido, uma das estratégias adotadas por vários Estados, sobretudo na África e na América Latina. O caso chileno é exemplar dessa fase: o socialista Salvador Allende nacionalizou várias empresas norte-americanas e introduziu novos critérios que afastaram a possibilidade de ressarcimento e de pagamento de indenizações. Apoiados pelos Estados Unidos e financiados por empresas transnacionais, movimentos de protesto resultaram, em setembro de 1973, em um golpe militar sangrento que conduziu ao poder Augusto Pinochet e garantiu o retorno dos ativos econômicos aos seus antigos proprietários.

Ao longo da década de 1970 e nos anos subsequentes, vários textos e declarações multilaterais foram propostos, sem sucesso, buscando regulamentar as relações entre os Estados hospedeiros e as empresas transnacionais: Comissão das Sociedades Transnacionais no âmbito do Conselho Econômico e Social (Assembleia Geral da ONU, 1974), declaração envolvendo Estados, sindicatos patronais e de trabalhadores, sobre a política social das empresas transnacionais (OIT, 1977), um código de boa conduta no âmbito da mesma organização e igualmente na Organização de Cooperação e Desenvolvimento Econômico (OCDE). A União Europeia (UE) adotou, por sua vez, vários textos proibindo a formação de cartéis e a chamada "posição dominante" de mercado.

Apesar das regulamentações, nota-se que as empresas transnacionais opõem decidida resistência às tentativas de enquadramento nacional ou multilateral de suas atividades. No entanto, elas incentivam a criação de instrumentos de avaliação privados que auxiliem em sua política de investimentos. O primeiro desses mecanismos consiste na avaliação do grau de competitividade de uma economia nacional. Para tanto, são listadas aproximadamente três centenas de itens que fornecem, por uma média ponderada, uma hierarquia dos países consultados. Eles auxiliam a estratégia de expansão empresarial indicando os parâmetros do cenário de acolhida para novos investimentos e podem, igualmente, sublinhar os pontos fracos de cada país para que seu governo tome iniciativas objetivando aumentar sua eficiência.

Amplamente divulgado pela mídia, o resultado dessas pesquisas influencia a política de investimentos estrangeiros e, por conseguinte, o desempenho econômico e a balança de pagamentos dos Estados. A indispensável condição a ser preenchida pela cesta de indicadores é sua credibilidade. Por isso, as instituições responsáveis lançam mão de especialistas universitários, tentando afastar qualquer perigo de manipulação. As duas instituições mais respeitadas nesse campo encontram-se na Suíça: o Fórum Econômico Mundial (WEF)[13] de Genebra e

---

13 O Fórum Econômico Mundial, conhecido como o Fórum de Davos (pequena estação turística dos Alpes suíços), foi criado em 1971 pelo economista alemão Klaus Schwab. Professor no Instituto de Altos Estudos Internacionais da Universidade de Genebra, Schwab pretendia, inicialmente, ensinar práticas comerciais aos empresários europeus. Atualmente, o WEF é percebido como centro do pensamento liberal.

106 Relações internacionais ▪ Parte II

o Instituto Internacional para Administração e Desenvolvimento (IMD) de Lausanne.[14]

O segundo mecanismo de controle, divulgado pela primeira vez em 1992, provém do *Índice de Liberdade Econômica*. Promovido pela *Heritage Foundation* em colaboração com o *Wall Street Journal*, ele parte do pressuposto de que quanto maior for a liberdade para as atividades econômicas, maiores serão as taxas de crescimento econômico no longo prazo. Além disso, os países mais livres apresentam níveis de tolerância e de civilidade maiores do que os economicamente repressivos. Ou seja, os autores constatam a existência de um estreito vínculo entre a liberdade empreendedora e o grau de democracia. A história recente tende a demonstrar que tal vinculação pode ser contestada, pois muitos regimes ditatoriais latino-americanos impuseram políticas econômicas liberais. Por outro lado, a colocação da França e de outros Estados reconhecidamente democráticos junto a tradicionais e consolidadas ditaduras listadas na Tabela 5.2 demonstra claramente as limitações existentes nos supostos vínculos entre responsabilidade econômica e liberdade política.

A classificação obedece a quesitos como liberalidade da política de comércio exterior, carga regulamentar e fiscal sobre os contribuintes, solidez da política monetária, proteção a direitos de propriedade e importância do mercado negro, considerado revelador da existência de uma repressão à atividade econômica. A classificação indica cinco níveis de liberdade: países livres, quase livres, moderadamente livres, moderadamente não livres e repressores.

O desenfreado liberalismo normatizado preconizado pela *Heritage Foundation* como formulação mágica para alcançar o desenvolvimento econômico e a democracia política não revela uma de suas importantes distorções: a existência dos paraísos fiscais e da prática sistemática de corrupção a eles intrinsecamente vinculada.

O descompasso entre os modernos métodos dos crimes financeiros internacionais e o desinteresse dos Estados em combatê-los faz que uma longa lista de países se transforme em paraísos fiscais, acolhendo capitais errantes sem preocupar-se com suas origens. Uma simples solicitação de informação de um magistrado, através de uma Carta Rogatória, permanecia sem resposta. Inclusive democracias

---

14 O International Institute for Management Development (IMD), sediado na Suíça, indica que, para o ano de 2012, entre 58 países observados, o Brasil ficou na 46ª posição. Em uma pontuação de zero a 100, o Brasil alcançou 56,524. Consultar também o mais recente relatório elaborado pelo World Economic Forum. *The Global Competitiveness*, 2012-2013, Genebra, 2012, 545p. Em um universo de 144 Estados pesquisados por essa avaliação, o Brasil passou atualmente da 53ª para a 48ª posição.

consolidadas, como a Suíça, demoravam dois anos para respondê-las. Chicanas procedimentais faziam caducar os processos. Uma vez atravessada uma fronteira, os circuitos financeiros estavam protegidos.

No início de outubro de 1996, um grupo de magistrados europeus responsável pela luta contra a evasão fiscal e a corrupção que impregnam as RI lança o *Apelo de Genebra*. Conscientes de que, ausentes a justiça e sobretudo a justiça financeira, as sociedades ocidentais ingressariam em uma etapa de desregulamentação generalizada, podendo conduzi-las à barbárie, os signatários clamam por uma efetiva cooperação judicial na Europa.

Apesar dos esforços de juízes como o espanhol Baltasar Garzon, o suíço Bertossa e o francês Robert, tanto a União Europeia quanto os governos dos Estados-membros pouco fizeram para remediar o câncer do crime financeiro transnacional que corrói a democracia e hipoteca o desenvolvimento equilibrado do continente europeu. O que dizer então das demais regiões do mundo em que a corrupção viceja sem freios?

O terceiro mecanismo é de fundamental importância. Trata-se das agências de *notação de risco soberano*, instrumento que permite que as políticas públicas dos Estados, sobretudo as de natureza econômica, sejam avaliadas por empresas privadas que elaboram uma notação sobre o denominado risco soberano. Os índices computados indicam uma hierarquia sustentada na confiabilidade futura do Estado analisado para honrar, sobretudo, suas dívidas internas e externas. Trata-se, na verdade, de um exercício de *meteorologia financeira* com a pretensão de prever, em médio e longo prazo, o comportamento dos agentes econômicos, notadamente as políticas públicas.

Uma vez colhidas e analisadas as informações disponíveis, as agências de notação de risco soberano emitem um diagnóstico. Ele pode provocar o afastamento do Estado do mercado financeiro internacional ou fazê-lo pagar um pesado tributo para participar dele. Assim, um Estado que apresenta frágeis índices macroeconômicos é levado, caso necessite recorrer ao sistema financeiro internacional, a oferecer garantias e condições suplementares, em particular uma elevada taxa de juros.

108 Relações internacionais • Parte II

Tabela 5.2 Índice de liberdade econômica (2012)[15]

Países livres	Países quase livres	Países moderadamente livres	
1. Hong Kong	6. Canadá	29. Uruguai	60. Tailândia
2. Cingapura	7. Chile	30. República Checa	61. Bulgária
3. Austrália	8. Ilhas Maurício	31. Coreia do Sul	62. Romênia
4. Nova Zelândia	9. Irlanda	32. Jordânia	63. Trinidad e Tobago
5. Suíça	10. Estados Unidos	33. Botsuana	64. Polônia
	11. Dinamarca	34. Geórgia	65. Cazaquistão
	12. Bahrein	35. Emirados Árabes Unidos	66. Cabo Verde
	13. Luxemburgo	36. Espanha	67. França
	14. Reino Unido	37. Barbados	68. Portugal
	15. Holanda	38. Bélgica	69. Eslovênia
	16. Estônia	39. Armênia	70. África do Sul
	17. Finlândia	40. Noruega	71. Kuwait
	18. Taiwan	41. El Salvador	72. Montenegro
	19. Macau	42. Peru	73. Turquia
	20. Chipre	43. Macedônia	74. Arábia Saudita
	21. Suécia	44. Costa Rica	75. Madagascar
	22. Japão	45. Colômbia	76. Namíbia
	23. Lituânia	46. Bahamas	77. Belize
	24. Santa Lúcia	47. Omã	78. Uganda
	25. Qatar	48. Israel	79. Paraguai
	26. Alemanha	49. Hungria	80. Dominica
	27. Islândia	50. Malta	81. Mongólia
	28. Áustria	51. Eslováquia	82. Guatemala
		52. São Vicente e Granadinas	83. Croácia
		53. Malásia	84. Gana
		54. México	85. Burkina Faso
		55. Panamá	86. Samoa
		56. Letônia	87. Marrocos
		57. Albânia	88. República do Quirguistão
		58. Jamaica	89. República Dominicana
		59. Ruanda	90. Líbano

---

15 Afeganistão, Iraque, Liechtenstein, Somália e Sudão não foram avaliados.

5 Os atores secundários das relações internacionais 109

Países moderadamente não livres		Países repressores
91. Azerbaijão	121. Iêmen	151. Maldivas
92. Itália	122. Paquistão	152. Serra Leoa
93. Honduras	123. Índia	153. Bielorússia
94. Gâmbia	124. Moldávia	154. Libéria
95. Tunísia	125. Níger	155. Togo
96. Zâmbia	126. Costa do Marfim	156. Equador
97. Sri Lanka	127. Djibuti	157. Burundi
98. Sérvia	128. Papua-Nova Guiné	158. Argentina
99. Brasil	129. Tajiquistão	159. Kiribati
100. Egito	130. Bangladesh	160. Angola
101. Nicarágua	131. Mauritânia	161. Lesoto
102. Camboja	132. Seicheles	162. Ilhas Salomão
103. Quênia	133. Suriname	163. Ucrânia
104. Bósnia-Herzegovina	134. Etiópia	164. Uzbequistão
105. Fiji	135. Camarões	165. Comores
106. Suazilândia	136. Vietnã	166. Chade
107. Filipinas	137. Guiana	167. República do Congo
108. Moçambique	138. China	168. Turcomenistão
109. Tonga	139. Síria	169. Timor Leste
110. Tanzânia	140. Argélia	170. Guiné Equatorial
111. Butão	141. Guiné	171. Irã
112. Vanuatu	142. Haiti	172. República Democrática do Congo
113. Gabão	143. Micronésia	173. Birmânia
114. Malauí	144. Rússia	174. Venezuela
115. Indonésia	145. República Centro-Africana	175. Eritreia
116. Nigéria	146. Bolívia	176. Líbia
117. Mali	147. Nepal	177. Cuba
118. Benin	148. São Tomé e Príncipe	178. Zimbábue
119. Grécia	149. Guiné-Bissau	179. Coreia do Norte
120. Senegal	150. Laos	

110 Relações internacionais • Parte II

Um risco mais consistente deve ser compensado por um prêmio maior àquele que se dispõe a enfrentá-lo. Por conseguinte, surge um flagrante desajuste do sistema financeiro internacional: quanto mais um país necessitar de um auxílio externo, mais alta será a taxa de juros dele cobrada, pois maior é a insegurança do empréstimo. Assim, o risco-país resume-se ao medo, por vezes ao pânico, dos credores.

Essa realidade não deve ser interpretada como resultante de teorias conspiratórias sustentadas na má-fé ou na corrupção que possam afetar as agências de notação. A condição *sine qua non* das atividades das agências vincula-se a sua credibilidade. Portanto, as constantes reclamações dos Estados mal notados decorrem de desacertos metodológicos entre as agências e as instâncias governamentais. Além disso, os instrumentos analíticos não seguem uma padronização, pois suas fontes de informações são variadas, por vezes incompletas, irregulares e pouco confiáveis.[16]

A capacidade de influir sobre a realidade do objeto analisado embasa a crítica mais pertinente às agências de notação. Quando elas elaboram e divulgam uma previsão sobre um país, influem sobre o desenrolar dos acontecimentos, sobretudo os de natureza econômica e financeira, do dito país. Não se tratando de um trabalho acadêmico que se beneficia do recuo do tempo, mas, ao contrário, de um instrumento prático que deve orientar instantaneamente seus utilizadores em suas decisões econômicas, o *rating*, ou seja, a classificação do país segundo os critérios adotados,[17] detém o condão de influenciar o próprio objeto analisado.

A autoconfirmação da hipótese em razão de sua própria existência obedece ao *princípio da reflexividade*. Conhecido das ciências humanas, o princípio consiste na relação entre elementos de um mesmo conjunto. O que seja, a simples aferição de um dado – real ou fictício, justo ou falso – incide sobre esse dado. O observador de campo, pelo fato de observar e divulgar os resultados de sua análise, interfere sobre o campo observado. Nessas condições, pode-se concluir que o analista não somente integra o analisado, mas também detém o condão de deturpá-lo.

A importância adquirida nos últimos anos pelas agências de notação de risco potencializou este efeito: uma economia cuja delicada situação é constatada por uma agência conhecerá um agravamento da crise com o aumento das taxas de juros ou a simples suspensão da concessão de empréstimos. Ao contrário, uma economia bem avaliada terá melhores condições de extrair-se da crise.

---

16 Assim, por exemplo, as avaliações de risco soberano feitas pela Caixa de Depósitos e Consignações (CDC) francesa alcançam resultados distintos da média das agências tradicionais. As oscilações positivas e negativas indicam a falta de consenso e o nível científico medíocre das avaliações. CDC IXIS. *Risques émergents*, Paris, maio de 2002, n. 59.

17 O *rating* origina-se de um anglicismo que significa avaliação. Trata-se, originalmente, de um índice que classifica os iates em várias categorias segundo suas características técnicas.

Os pequenos investidores, não dispondo de informações amplas, profundas e confiáveis para seus investimentos, tal como ocorre com os grandes bancos e instituições de investimentos, fazem surgir uma nova prestação de serviço que fornecerá tais informações, em um primeiro momento exclusivamente a seus clientes. Note-se que todos os países desenvolvidos mantêm em seus bancos de fomento às exportações e às importações (*eximbanks*) um núcleo de prospecção de mercados, de análise de risco e de estudos sobre as perspectivas da economia mundial.

A hierarquização do país observado resulta da conjunção de variadas informações, tais como a estrutura econômica, a liquidez, o câmbio, o nível da dívida externa comparada com a capacidade de exportar, a situação política, a orientação econômica governamental e o sistema financeiro nacional. A preocupação essencial gira em tomo da capacidade de honrar dívidas, ou seja, a relação entre o endividamento e a capacidade de gerar receita.

As principais classificadoras de risco soberano na atualidade são: *Duff & Phelps*, *Fitch*, *Moody's* e *Standard & Poor's*. A Tabela 5.3 fornece os *ratings* de três agências de notação sobre alguns países, e alguns dos critérios utilizados para o estabelecimento de uma hierarquia entre eles.

Tabela 5.3 Classificação e significado do risco soberano (2012)

Moody's	Standard & Poor's	Fitch	Significado
Aaa	AAA	AAA	Segurança máxima. Capacidade *extremamente grande* de cumprir compromissos (Austrália, Reino Unido, Alemanha, Suíça, Holanda, Canadá, Finlândia)
Aa1 Aa2 Aa3	AA+ AA AA-	AA+ AA AA-	Alta segurança e qualidade. Capacidade *muito grande* de cumprir compromissos (China, França, Estados Unidos, Japão)
A1 A2 A3	A+ A A-	A+ A A-	Segurança média-alta. Capacidade grande de pagar dívidas e relativamente suscetível à mudança do cenário econômico (Brasil, Chile, México)
Baa1 Baa2 Baa3	BBB+ BBB BBB-	BBB+ BBB BBB-	Segurança média-baixa. Possui capacidade *adequada* para cumprir compromissos, podendo sofrer mais com alterações do cenário econômico (Colômbia, Índia, Itália, Peru, Rússia, Espanha, Uruguai)
Ba1 Ba2 Ba3	BB+ BB BB-	BB+ BB BB-	Investimento não seguro. O país é menos vulnerável no curto prazo entre os países de *rating* inferior, mas sua capacidade de pagamento é afetada por incertezas e volatilidade das condições financeiras e econômicas (Paraguai, Portugal)
B1 B2 B3	B+ B B-	B+ B B-	Investimento especulativo. Maior vulnerabilidade comparada com os países do grupo anterior frente às mudanças no cenário econômico (Argentina, Bolívia, Equador, Grécia, Venezuela)

(continua)

112 Relações internacionais • Parte II

Tabela 5.3 Classificação e significado do risco soberano (2012) *(continuação)*

Moody's	Standard & Poor's	Fitch	Significado
Caa1 Caa2 Caa3	CCC+ CCC CCC-	CCC+ CCC CCC-	Investimento altamente especulativo. Países muito vulneráveis às condições do cenário econômico, com dificuldades para cumprir os compromissos (atualmente não há países que se encontrem nesse patamar)
Ca C	CC+ CC CC-	CC C DDD	Risco substancial
	C+	DD	Extremamente especulativo
	C	D	Forte probabilidade de calote

Fonte: dados referentes ao mês de novembro de 2012, fornecidos pelas agências de notação citadas.

Paralelamente à ação das agências de notação, os investidores contribuem para a fixação, por meio do mercado de capitais, do *ranking* de cada país. A variação do valor dos títulos da dívida pública, interna e externa, quando cotados na Bolsa de Valores, representa outro importante indicador da saúde econômica e do nível de confiança em um país. Para tanto, foi criado um instrumento avaliador denominado *taxa de risco* ou *risco-país*. Trata-se do adicional de juro que um governo paga ao contrair empréstimos internacionais, em razão do nível de desconfiança dos credores sobre a sua capacidade de honrar os pagamentos.

Os dois principais índices foram criados pelo banco JP Morgan. O primeiro a nos interessar é o EMBI+ (*Emerging Markets Bond Index*), que calcula a solvabilidade dos países emergentes, entre os quais o Brasil. O segundo é o EMBI Global, que inclui o restante das economias.

O *risco-país* é ajustado constantemente e determinado por meio de uma pontuação cuja referência encontra-se na taxa de juros praticada pelo principal título da dívida dos Estados Unidos – *T-Bond* de 30 anos –, considerado o investimento de menor risco do mercado. Adiciona-se a ele a *taxa de risco*, que representa, para cada ponto, 0,01%.

Nota-se, portanto, que a simples especulação financeira pode acelerar uma crise latente e causar sérios danos à economia de um país ou de uma região, como ocorreu nas crises asiática, russa, mexicana, brasileira, argentina, grega, espanhola e portuguesa em razão do risco de contágio e da natureza volátil do capital.

Ao se alimentarem das informações do mercado, os analistas das agências de notação de risco projetam cenários que, uma vez divulgados, condicionam a atitude do próprio mercado. Essa relação implica um moto contínuo perante o qual as autoridades do Estado objeto da análise encontram-se desamparadas, em parti-

5 Os atores secundários das relações internacionais **113**

cular as economias ditas emergentes, que dependem de um oxigênio financeiro de origem externa.

No início de novembro de 2012, a justiça australiana condenou a agência de notação de riscos *Standard & Poor's* a uma compensação financeira para associações de consumidores que se sentiram lesados ao comprar títulos bem avaliados pela agência quando da crise financeira de 2008.

Em fins de novembro de 2012, o Ministério Público da cidade de Trani (Sul da Itália) solicitou a condenação das agências *Fitch* e *Standard & Poor's* por supostamente haverem manipulado o mercado, considerando que elas haviam rebaixado a nota da dívida soberana italiana com objetivos de especulação.

A degradação da anotação italiana de A para BBB+ provocou, segundo a demanda judicial, um prejuízo de 120 bilhões de euros, ou seja, a soma acumulada pelas medidas de austeridade adotadas pelo governo italiano, encarecendo o financiamento da rolagem da dívida. Segundo o Senador Elio Lanutti – presidente da associação dos consumidores ADUSBEF –, as agências de notação de riscos investigadas "fazem parte de uma gangue internacional que manipulou durante anos, juntamente com os bancos e grandes fundos de investimentos, o mercado italiano da dívida soberana".

Caso o processo judicial conduza as agências de notação de riscos aos tribunais italianos pela segunda vez na História, elas próprias correriam o risco de serem condenadas a pesadas multas, obrigando-as a rever os parâmetros metodológicos utilizados.

As relações agências/mercado possuem, em definitivo, duas faces em uma mesma moeda, que interferem nas RI e nas políticas públicas dos Estados. A conexão dos principais mercados mundiais pela *telemática*[18] faz que problemas localizados alhures possam ter importante incidência na condução de políticas nacionais.

O cálculo da taxa de risco surgiu com a avaliação da saúde das empresas e assim prossegue na atualidade. Balanços confiáveis, gestão transparente e uma boa administração são fatores importantes na avaliação dos investidores em bolsa. Nesse sentido, as empresas localizadas nos países emergentes, mesmo que respondam favoravelmente às condições impostas pelos mercados, são penalizadas por estarem sediadas em países com suposto elevado risco. Houve o caso da Petrobras, que ostentava uma classificação de *Baa1*, equivalente a dois níveis acima do nível mínimo de investimento e seis acima do nível brasileiro da época, mas é avaliada segundo critérios aplicados ao Brasil e não a partir das condições objetivas da empresa. Comparativamente, uma empresa alemã mal administrada pode beneficiar-se de

---

18 Expressão que designa a conjunção das telecomunicações com a informática.

114 Relações internacionais • Parte II

condições mais favoráveis de acesso ao mercado de capitais do que uma brasileira, simplesmente por causa de sua localização territorial.

2.2. As Organizações Não Governamentais de Alcance Transnacional (Ongat)

Fenômeno marcante da contemporaneidade, as organizações não governamentais de alcance transnacional (Ongat) podem ser definidas como instituições sem fins lucrativos, de direito privado, podendo reunir pessoas físicas, jurídicas ou morais, com o intuito de atingir objetivos de alcance internacional e de natureza pública expostos em seus estatutos.

Delas participam pessoas ou instituições detentoras de variadas nacionalidades. Seus recursos materiais e financeiros originam-se de múltiplas fontes internacionais e suas ações voltam-se para a busca de soluções de problemas de interesse público que afetam mais de um país.

A generalidade da definição revela a diversidade das Ongat, uma de suas principais características. Assim, paralelamente à existência de Ongat tradicionais que desenvolvem há décadas sua ação transnacional – como, por exemplo, o Comitê Internacional da Cruz Vermelha (CICV, 1863) e a Associação Internacional dos Trabalhadores (1864)[19] – existem milhares de outras que são efêmeras e respondem ao impulso de motivações pontuais e, muitas vezes, pouco claras. Em 1900, já existiam 163 Ongat. No final do século XX, elas alcançaram um número superior a 5 mil.[20]

Na atualidade, o Haiti é conhecido como a *República das Ongat*. Com efeito, após o terremoto que atingiu o país em janeiro de 2010 e a epidemia de cólera trazida pelos soldados da Missão de Paz das Nações Unidas (MINUSTAH) em outubro do mesmo ano, segundo avaliação da Secretária de Estado Hillary Clinton, o Haiti abriga atividades de mais de 10.000 órgãos não governamentais. A maior parte da suposta ajuda concedida ao Haiti transita por essas instituições sem a mínima intervenção do governo haitiano. Os pífios resultados demonstram o fracasso desse modelo.

As Ongat desempenham papel contraditório. A jusante, elas auxiliam a identificação e, por vezes, contribuem para a solução de microproblemas em suas áreas de atuação. A montante, elas problematizam as macroquestões, sobretudo as de

---

19 Várias uniões eclesiásticas surgiram a partir do século IV. Todavia, a primeira Ongat foi fundada em 1694: a Confraria da Rosa-Cruz. Em 1823, surgiu a Sociedade Internacional contra a Escravidão.

20 O Conselho Econômico e Social (ECOSOC) das Nações Unidas ofereceu, em 1968, uma definição negativa das Ongat ao apontá-las como "Organizações Internacionais que não foram criadas pela via de acordos intergovernamentais". Também conhecidas como o terceiro setor ou como formas de expressão da sociedade civil organizada, as organizações não governamentais com atividades transnacionais conheceram um extraordinário desenvolvimento nas últimas décadas.

natureza política relacionadas às definições de responsabilidades. Fazendo concorrência com os tradicionais atributos do Estado, elas questionam o modelo clássico de representação.

Originando-se no espectro, na maioria das vezes reduzido, da sociedade civil organizada, elas não representam importante parcela dessa sociedade que não se organizou. Ao agir, elas o fazem em razão da inércia dos representantes governamentais, que alegam a falta de instrumentos de ação e a impossibilidade de reunir recursos materiais e humanos para fazer frente aos desafios.

Via de consequência, as Ongat representam um ator que se coloca contra o Estado ou, na melhor das hipóteses, como complemento a ele, agindo com ou sem seu beneplácito. Para as Ongat, o que importa é a ação: a concessão ou não de uma autorização do Estado-objeto é secundária. No entanto, as Ongat não pretendem conquistar o poder do Estado, mas simplesmente secundá-lo.

Há um duplo caminho para que as Ongat encontrem sua legitimidade. Por um lado, o *ativismo* que as transforma em atores, indesejados por muitos, das RI. Quando concebidas como contraponto ao Estado, elas realizam o que este não pode ou não deseja fazer: operações de urgência, não respeitando as linhas de fronteira dos Estados e, consequentemente, o princípio da soberania; ações locais junto aos setores mais frágeis da população civil; recolhimento, por meio de doações, dos recursos financeiros e materiais indispensáveis a sua ação; campanhas de opinião por meio da mídia; operações de denúncia da conivência de autoridades públicas com abusos cometidos contra os direitos humanos e o meio ambiente.

Os princípios defendidos tradicionalmente pelo CICV – neutralidade, ausência de julgamento moral, ético ou político, protegendo a todos de maneira a não distinguir algozes e vítimas, discrição, necessidade de um convite do Estado hospedeiro que autorize a ação –, que pratica por definição um *humanitarismo estatal*, são percebidos de maneira inversa pelas Ongat. Para elas, é necessário agir na urgência, com ou sem o aval oficial, procedendo a uma nítida distinção entre algoz e vítima, julgando e colocando-se resolutamente ao lado desta. Além disso, propugnam a organização de campanhas de imprensa para que cessem os abusos e crimes, ao mesmo tempo em que se recolham mais manifestações de simpatia pela causa sustentada.

O outro caminho para que se encontre a legitimidade prende-se ao *rol dos temas* enfrentados. Baseadas em princípios do direito natural e em declarações de âmbito universal firmadas pelos Estados, mas escassamente colocadas em prática, as Ongat conduzem naturalmente sua ação para o campo internacional: humanitário (Médicos sem Fronteiras; Médicos do Mundo); do meio ambiente (Greenpeace); dos direitos humanos (Anistia Internacional, Americas – Human Rights Watch); da organização política (Transparência Internacional); do desarmamento (*Pugwash*).

116 Relações internacionais • Parte II

O princípio da solidariedade que leva à ação das Ongat decorre da concepção de que a humanidade é uma só e que qualquer sofrimento ou injustiça impostos a um homem devem ser considerados uma violência dirigida a todos os homens. Por outro lado, há a defesa de que o mundo possui recursos não renováveis limitados e de que os seres humanos são os guardiões da Terra e responsáveis por legar um mundo melhor às futuras gerações. Trata-se de um compromisso moral e ético que interfere de maneira substantiva nas RI.

Contrapondo-se ao seu campo de atuação, o estatuto jurídico das Ongat vincula-se ao Direito interno em que se encontra sua sede. Portanto, apesar de sua vocação pública, os Estados não lhes conferem um estatuto especial. Muitos Estados vão além e opõem-se frontalmente às Ongat. Irritados com a desenvoltura com que estas agem em seu território, contrastando com a opacidade da administração pública, e a falta de controle sobre os seus recursos financeiros, eles as percebem como ilegítimas concorrentes da ação estatal e instrumento de ação dos países mais ricos. Mormente quando se trata dos princípios contidos no propalado *Direito de Proteger* que sustenta as recentes intervenções supostamente de caráter humanitário.

Para os críticos da atuação das Ongat, não se trata de organizações caritativas sem fins de lucro. Em realidade, tais instituições são verdadeiros "Cavalos de Troia" da globalização, que buscam auferir "lucros sem fim", pois está ausente qualquer controle público de sua engenharia financeira.

Ao contrário dos Estados, a Carta das Nações Unidas concede um reconhecimento formal às Ongat. Resultante das pressões exercidas pelo Rotary Clube e pelo Comitê Internacional da Cruz Vermelha quando da redação da Carta, estipulou-se que o Conselho Econômico e Social poderá

> entrar em entendimentos convenientes para a consulta às organizações não governamentais, encarregadas de questões que estiverem no âmbito de sua própria competência. Tais entendimentos poderão ser feitos com Organizações Internacionais e, quando for o caso, com organizações nacionais, após efetuar consultas com o Membro das Nações Unidas interessado no caso.[21]

As organizações especializadas das Nações Unidas e a União Europeia buscam a colaboração das Ongat. Atualmente, 2.010 Ongat desfrutam do estatuto consultivo junto às Nações Unidas e centenas de outras são candidatas. Tal estatuto as reconhece oficialmente como "especialistas técnicas, conselheiras e consultoras" indispensáveis à ação das Nações Unidas e constitui permissivo para que

---

21 Conforme art. 71 da Carta de São Francisco.

seus representantes assistam às reuniões das múltiplas comissões e às conferências internacionais sobre os temas que correspondam à sua área de atuação.

As OI buscam junto às Ongat informações técnicas sobre os projetos previstos e, por vezes, transferem a elas recursos financeiros e atribuições, fazendo-as participarem da elaboração e da execução dos projetos propostos. O ex-Secretário-Geral das Nações Unidas, Kofi Annan, concebe o papel da instituição como "uma ponte entre os governos e a sociedade civil", o que permite às Ongat uma intervenção direta nas negociações internacionais, modificando a ordem do dia e sugerindo temas que lhes são próprios ou, ainda, contestando a posição dos governos.

Pelo intercâmbio confidencial e oficioso de informações, as Ongat agem junto ao CS das Nações Unidas. Desde 1999, representantes das Ongat encontram-se com delegados dos Estados-membros do CS e transmitem dados sobre os temas da pauta de discussões. Segundo a *"formula Arria"*,[22] as reuniões ocorrem fora do recinto do CS e servem para uma discussão sobre temas como as questões humanitárias, a proteção da população civil nos conflitos armados e, mais recentemente, a paz e a segurança internacionais.[23]

Diminuindo a intensidade das oposições, as Ongat fazem que a ação junto às vítimas do sistema constitua sua maior preocupação. Elas apontam soluções intermediárias cuja praticidade é marca registrada. Assim, ágeis e funcionais, as Ongat não devem ser percebidas como uma alavanca para reverter a ordem internacional. Elas representam, na melhor das hipóteses, um dos instrumentos de regulação da sociedade internacional segundo parâmetros ocidentais.

2.3. As igrejas

O Renascimento marcou o fim da aliança entre os poderes espiritual e temporal, que dominavam até então as RI. Além da oposição inelutável entre o Papado e o Império, a religião começou a cindir-se com o surgimento do Islã no século VII, com as rivalidades entre católicos e ortodoxos em 1054, e entre católicos e protestantes a partir de 1517. Quatro séculos mais tarde, houve a secularização do sistema internacional, com a separação entre Igreja e Estado.

Apesar de se apresentarem de forma dispersa, as religiões possuem valores comuns graças ao ecumenismo. Sendo seu discurso uma referência de identidade e um chamamento divino, ele se veste da batina generalista, não exerce discriminações e desconhece fronteiras políticas.

As religiões podem ser consideradas

---

22 Sua denominação decorre de uma sugestão do Embaixador da Venezuela junto às Nações Unidas.
23 Consultar HILL, F. "Le point de vue des ONG: les organizations non gouvernamentales et le Conseil de Sécurité". In: *Forum du désarmement*. Genebra, Unidir, 2002, p.31-5.

fontes de sentido – nos dizem o que é o mundo, como devemos nos colocar nele, aceitando-o, rejeitando-o, procurando suas transformações etc. Fornecem modelos não só de identidade, no sentido de dizer quem somos nós, mas também propiciam referências para nossas representações de direitos, de igualdade, de justiça.[24]

Ou seja, encontram-se na natureza dos princípios religiosos os fundamentos que as compelem a atuar em âmbito internacional. Tudo as conduz e nada as refreia. Muito menos as fronteiras nacionais.

A influência da religião nas RI deve ser percebida em três níveis: no primeiro, ela se manifesta de forma espetacular, ambígua, irregular, sendo refém de circunstâncias específicas; no segundo, encontra-se a labuta cotidiana das igrejas – sobretudo as monoteístas que acolhem fiéis e estruturam seu poder tanto no interior do território dos Estados quanto na montagem de uma rede que desconhece os limites de fronteira; finalmente, as religiões influenciam a ação internacional dos Estados quando inexiste separação entre este e a Igreja, sobretudo nos casos da religião ortodoxa, do judaísmo e do islamismo.

A história da Europa Ocidental foi marcada, durante os séculos XIX e início do XX, pela constante luta entre o religioso e o laico. Atualmente, esse embate é reeditado na Argélia, na Índia, em Israel e na Turquia. As dificuldades para encaminhar uma solução à questão palestina ou o alinhamento do Estado turco ao Ocidente decorrem, em grande medida, da pressão exercida internamente pelos grupos religiosos, por vezes organizados sob a forma de partidos políticos. Apesar da solução do impasse entre os poderes temporal e espiritual na grande maioria dos Estados, como a Inglaterra, os Estados Unidos e em menor grau o Brasil, o discurso e por vezes a prática do poder fazem constantes referências à religião. Inclusive não constitui prática incomum o apelo à inspiração divina em símbolos institucionais dos Estados.

O poder do Vaticano não decorre da jurisdição sobre os 44 hectares que cercam a Basílica de São Pedro ou de sua população estimada em 1.500 pessoas.[25] Ele se origina na ação da Santa Sé – organização não governamental *sui generis* –, que acolhe representantes diplomáticos dos Estados e, em contrapartida, envia seus Núncios, observa e influencia vários organismos internacionais e, sobretudo, interfere nas RI por meio da adoção de encíclicas, das viagens papais abundantemente cobertas pela mídia e de declarações públicas sobre temas de interesse internacional. Nesse sentido, mesmo sendo impossível perceber os verdadeiros con-

---

24 MONTEIRO, P. "Cultura e democracia no processo de globalização". *Novos Estudos CEBRAP*, n.44, março de 1996.

25 Com os Acordos de Latrão de 1929, o governo italiano reconheceu "a soberania da Santa Sé no campo internacional como um atributo inerente à sua natureza, em conformidade com sua tradição e com as exigências de sua missão no mundo".

tornos da relevância, impõe-se admitir a existência de uma influência da Santa Sé, considerada por muitos especialistas decisiva na implosão da União Soviética e na democratização da Polônia após a visita efetuada a Varsóvia, em 1979, pelo Papa João Paulo II.[26]

A importância quantitativa e a divulgação do catolicismo através do mundo encontram na ação do Papa o princípio e o fundamento da coesão necessária a esse ator. Identificada pelo dogma como *una, santa, católica e apostólica*, a sociedade católica apresenta-se, segundo definição do Papa Paulo VI em 1964, como

> uma sociedade espiritual e visível, divina e humana, que vive e sobrevive há vinte séculos, composta indistintamente por todos aqueles que desejam dela fazer parte, qualquer que seja sua raça, nação e condição social, uma sociedade na qual todos são irmãos e todos estão unidos, mas que possui uma organização, uma hierarquia, instituída pelo próprio Cristo e onde encontram-se na primeira fila os apóstolos, ou seja, os bispos e à frente deles, Pedro, ou seja, o Papa.

O poder da Igreja católica é universal e independente de todos os outros poderes civis ou eclesiásticos. Assim, seu governo não se compara com nenhum outro governo temporal e jamais um Concílio preocupou-se em definir o regime jurídico do governo da Igreja católica.[27]

Não se encontram no Evangelho vestígios de um código de Direito Internacional. No entanto, por sua ação, a Igreja católica interfere nas questões internacionais. Trata-se de uma força moral ativa que se apresenta nos seguintes planos:

- uma diplomacia em busca da paz;
- um direito de mediação exercido por uma potência neutra;
- uma capacidade em arbitrar litígios internacionais;
- um modelo de conferência internacional que se expressa pelos Concílios ecumênicos.

No século XX, a Igreja foi tentada a acomodar-se com o poder temporal e demonstrou conivência com o nacionalismo. As críticas à sua indiferença com o drama da Segunda Guerra Mundial, bem como a tendência de tratar prioritariamente com os Estados, por meio da diplomacia pontifical, em detrimento de uma atenção aos povos, indicam tanto a natureza conservadora da Igreja como sua faculdade de acomodação frente aos poderosos.

---

26 O vigoroso pacifismo do Papa João Paulo II frente à agressão anglo-americana ao Iraque em março de 2003 foi exemplo marcante da atuação internacional da Igreja, bem como a mediação entre Argentina e Chile no litígio do Canal de Beagle e o recente processo de reformas em Cuba.

27 Somente o Concílio de Trento declarou que existia na Igreja uma hierarquia de direito divino.

120 Relações internacionais • Parte II

Contudo, uma análise da ação dos atores religiosos no cenário internacional não pode desconhecer o fenômeno marcante representado pelo surgimento das seitas transnacionais. Influência difusa, por vezes clandestina, de crenças aparentemente religiosas, as seitas proliferam pelo mundo. *Igrejas* forjadas em torno de personalidades carismáticas – encontramos inúmeros exemplos no Brasil com ramificações no exterior – e seitas consolidadas, como as *Moon* (transnacional), *Aoum* (Japão e Rússia) e *Falungong* (China), organizam-se de forma transnacional e muitas vezes enfrentam o poder constituído.

Na esteira das insatisfações com as igrejas tradicionais e lançando mão de estratégias mercadológicas apuradas, o fortalecimento das seitas pode ser compreendido como a expressão de uma patologia social. Não obstante, trata-se de fenômeno contemporâneo marcante das RI, que afronta os outros atores tradicionais e é desafio incontornável para o correto entendimento do cenário internacional.

A marcante evolução do processo de filiação religiosa brasileira nessas duas últimas décadas, com a expansão dos evangélicos pentecostais, mormente nas periferias metropolitanas, tem incidido de maneira profunda em sua internacionalização. O Brasil transformou-se, nesta seara, em grande potência, praticando, por meio de suas igrejas pentecostais, o que poderia ser denominado de "diplomacia religiosa".

Informações fornecidas pelas principais igrejas brasileiras com atuação internacional demonstram que, em seu conjunto, elas são mais numerosas que as representações diplomáticas do Estado. De um conjunto aproximado de mais de sessenta entidades com filiais no exterior, as que se destacam são as listadas na Tabela 5.4.

Tabela 5.4 Igrejas brasileiras no exterior (2012)

Igrejas	Número de igrejas
Igreja Deus é Amor	137
Igreja Universal do Reino de Deus	78[28]
Congregação Cristã no Brasil	58
Assembleia de Deus	21
Igreja Internacional da Graça de Deus	7
Igreja Sara Nossa Terra	550[29]

---

28 Provavelmente essa indicação está aquém da realidade. Como sublinha seu proprietário, Edir Macedo, "em matéria de fé, a Razão é má conselheira". Desde 1994, ele "proibiu todo e qualquer membro ou pastor de dar entrevistas ou esclarecimentos a quem quer que solicitasse. Proibição que ainda permanece. Além de jornalistas, pesquisadores tampouco são benquistos". MARIANO, R. "A Igreja Universal no Brasil". In: *Igreja Universal do Reino de Deus* – Novos conquistadores da fé. São Paulo, Paulinas, 2003.

29 A Coordenação da Federação Nacional Comunidade Evangélica Sara Nossa Terra indica, sem especificar, em seu *site*, a existência desse número de igrejas distribuídas no Brasil e no exterior.

5 Os atores secundários das relações internacionais **121**

As diversas e criativas denominações das igrejas pentecostais brasileiras decidiram, em um primeiro momento, instalar-se em cidades que acolhiam a diáspora brasileira (Lisboa, Londres, Madri, Miami, Nova Iorque e Tóquio). Numa segunda etapa, foram alcançadas as principais cidades da América Latina e da África (especialmente a África do Sul e as de língua portuguesa). Finalmente o processo atingiu pequenas localidades, inclusive vilarejos, no interior dos continentes americano e africano.

As igrejas pentecostais apresentam uma dupla característica internacional. Por um lado, são descentralizadas em milhares de entidades independentes lideradas por um pastor atento aos supostos anseios dos mais humildes. Podem utilizar-se do proselitismo tradicional ou dos modernos meios de comunicação, com a aquisição de canais abertos de televisão.

Sua mensagem é simples e constante. Elas defendem a *teologia da prosperidade*, enfatizando que o enriquecimento não constitui pecado. Reunindo pessoas menos favorecidas da sociedade, as igrejas pentecostais descartam a ideia de luta de classes e propõem uma visão positiva da vida, uma espécie de direito de extrair-se da miséria e da humilhação, que se tornará realidade por meio do trabalho e da fé.

As igrejas pentecostais brasileiras adaptam-se rapidamente ao ambiente dos países hospedeiros. O demônio no Brasil é representado pelas divindades das religiões afro-brasileiras, ao passo que em Portugal "são os santos católicos que pagam a conta... Na Inglaterra, é a estrutura anglicana, mas também no caso dos indivíduos de origem muçulmana, os 'djinns' e outros seres sobrenaturais do universo árabe... E na França o *marabout* [feiticeiro] do Islã".[30]

A seita *Moon*, que no Brasil intitula-se Associação das Famílias para Unificação e Paz Mundial, pertence ao sul-coreano Sun Myung Moon e estende suas atividades a todos os continentes. Verdadeira fábrica de dinheiro e de sua lavagem, como foi denunciado pela Polícia Federal, ela adquiriu extensas propriedades de terra no Paraguai e comprou, a partir de 1994, mais de 97 mil hectares de 24 cidades do Mato Grosso do Sul, especialmente na faixa de fronteira contígua com Paraguai e Bolívia. Segundo levantamentos preliminares feitos pelas autoridades brasileiras, havia indícios de que a seita pretendia unir as duas áreas, em flagrante desrespeito à linha política que divide esses países.[31]

O proselitismo religioso pode servir de combustível e de sustentação ideológica para ações que moldam o sistema internacional. Os atentados de 11 de setembro de 2001, nos Estados Unidos, impuseram de maneira dramática uma realida-

---

30 AUBREE, M. "Un néo-pentecôtisme brésilien parmi les populations immigrés en Europe de l'ouest". In: *Anthropologie et societés*. volume 27, número 1, 2003, p.14.

31 Conforme *Folha de S. Paulo* de 08.01.2002.

de que há muito se fazia presente nas RI: o papel desempenhado pela religião islâmica.

A existência de inúmeras leituras possíveis do Alcorão e dos ensinamentos de Maomé, tornando inútil e inaplicável uma interpretação reducionista, impõe extremo cuidado ao se tratar da influência do Islã nas RI. Contudo, é possível indicar alguns elementos importantes. Em primeiro lugar, constata-se que, em numerosos países, sobretudo árabes, o islamismo é religião de Estado. A existência de uma organização internacional denominada Conferência Islâmica indica o grau de solidariedade preconizado pelo pan-islamismo.

Todavia, ressaltem-se as imensas diferenças ideológicas encontradas entre Estados aliados históricos do Ocidente, como a Arábia Saudita, bem como seus adversários irredutíveis (Irã e Síria).

Em segundo lugar, do mapa do mundo islâmico extrai-se uma lição. Ele tende a expandir-se em direção ao sul do Saara, onde já conquistou inúmeros Estados. Por outro lado, certas guerras civis (Caxemira, Chechênia, Filipinas, Indonésia, Ceilão) sofrem uma internacionalização em razão da presença do elemento religioso.

Finalmente, apesar de se afastar o perigoso e incorreto vínculo entre Islã e terror internacional, constata-se que a prática terrorista contemporânea, que se expressa no plano internacional, aparenta sustentar-se em um discurso de inspiração islâmica. No entanto, o conservadorismo ocidentalizado das autocracias da maioria dos Estados árabes suplantou o radicalismo revolucionário de minorias ativas. Mais ainda do que a rejeição unânime dos governos islâmicos ao terrorismo, o apoio consentido aos adversários do regime talibã no Afeganistão e à ação bélica dos Estados Unidos demonstra que o poder religioso tende a submeter-se à dissuasão temporal e que a religião islâmica se manifesta preferencialmente por meio dos Estados.

A internacionalização das atividades religiosas obriga os Estados a tentar acompanhar e canalizar sua influência. Assim, o Departamento de Estado dos Estados Unidos criou o Escritório de Liberdade Religiosa Internacional e na França existe, desde 2009, uma unidade específica no Quai d'Orsay.

Contudo, um núcleo de países prefere acompanhar o movimento religioso transnacional por meio do programa das Nações Unidas denominado *Aliança de Civilizações*. Seu objetivo consiste criar uma agenda para a diversidade cultural – onde se inserem as preferências religiosas –, considerada um dos quatro pilares ao desenvolvimento sustentável, juntamente com os aspectos econômicos, sociais e ambientais.

A importância da diáspora religiosa brasileira e sua influência nas RI deveriam ser acompanhadas constantemente pelo Itamaraty. Trata-se de um novo e pouco conhecido instrumental de nossa atuação externa.

2.4. As internacionais do crime organizado

A internacionalização das relações sociais, políticas, econômicas, científicas, culturais e ideológicas apresenta-se sob duas faces, a primeira, aberta à observação e a um relativo controle social público; e a segunda, obscura, dificilmente identificável, impossibilitando, assim, a correta avaliação e quantificação de seu alcance. Ela se manifesta por tráficos de influência, como a corrupção, e pelo comércio ilegal de bens e pessoas.

A natureza do ilícito internacional o retira dos anuários estatísticos. Trata-se de uma economia subterrânea que movimenta anualmente, segundo cálculos do FMI, entre 2 e 5% do produto mundial bruto, ou seja, entre 600 bilhões e 1,5 trilhão de dólares.[32]

A corrupção é uma antiga prática criminosa. Ela acompanha a história da humanidade há mais de três milênios, atingindo, com maior ou menor intensidade, todas as civilizações: a noção de dívida na Índia antiga, a importância da moeda em metal na China, o sistema de crédito no Egito e na Mesopotâmia, os abusos cometidos na Grécia pré-homérica, a divindade da Fortuna no Império Romano, a oposição entre o espírito divino e o dinheiro em Israel e na Judeia, a pilhagem como sistema de conquista do Império Germânico e, finalmente, a indiscriminada utilização do poder político para fins pessoais marcam a história da humanidade.[33]

Todavia, foi com o aumento da intensidade das relações entre os povos que a corrupção adquiriu sua tripla dimensão contemporânea:

- trata-se de fenômeno transnacional corrente;
- atinge, indiscriminadamente, todas as regiões do mundo;
- não se restringe unicamente aos atos dos agentes públicos, mas concerne todas as atividades ilegais que fraudam a organização social.

Há muitas acepções para o termo corrupção, mas todas enfatizam práticas de abuso de funções públicas para auferir benefícios privados. Contudo, a moderna definição da corrupção deve ser ampliada, uma vez que pode referir-se igualmente às atividades privadas. Assim, a corrupção deve ser definida como o suborno, a tentativa de suborno ou a simples promessa de vantagens feitas a indivíduos detentores de responsabilidades públicas ou privadas, violando seu discernimento, com o objetivo de obter vantagens indevidas de qualquer natureza para si ou para terceiros.

---

32 Citado pelo *USA, Patriot Act*, § 302 e por MOULETTE, P. "Tendances actuelles en matière de blanchiment d'argent" In: *Rapport moral sur l'argent dans le monde*. Paris, Montchrestien, 1999, p.208.

33 Consultar THIVEAUD, J.M. "La corruption et les scandales financiers de l'Antiquité au début du XIXème siècle". In: *Rapport moral sur l'argent dans le monde*. Paris, Montchrestien, 1999, p.111-35.

124 Relações internacionais · Parte II

O suborno e a promessa de vantagens devem ser percebidos de maneira ampla. Assim, a prática da fraude (superfaturamento e prestação de serviços de qualidade inferior ao estabelecido), o tráfico de influência, o clientelismo político e eleitoral, o favoritismo e o abuso de informação confidencial (delito de iniciado), a apropriação indevida de recursos e o conflito de interesses entre público e privado e entre acionistas e administradores são práticas características de corrupção.

A corrupção pode ser uma troca clandestina que ocorre de forma episódica, ou um instrumento utilizado de forma sistemática em certas sociedades em que o fenômeno é tratado como um código informal, mas socialmente aceito.

Na última década, a corrupção sofreu uma dupla transformação. Está cada vez mais sofisticada e alcança, sobretudo por meio dos paraísos fiscais, uma dimensão universal. As atividades de interesse da corrupção multiplicaram-se e com elas as formas de praticá-la. Não se trata mais de uma relação bilateral entre o funcionário corrompido e o empresário corruptor. O amplo leque de atividades passíveis de práticas delituosas pode alcançar os subsídios às exportações, as licitações internacionais, as concessões de serviço público, as privatizações, a injeção de capital público nas empresas em dificuldades etc.

A ideia simplista, segundo a qual a globalização significa a plena e total liberdade de movimento de pessoas, bens, capitais e ideias, é contrariada pela opacidade dos circuitos financeiros internacionais, nos quais a corrupção opera de forma intensa por meio de paraísos fiscais aceitos, com total hipocrisia, pelas autoridades dos países desenvolvidos.

As consequências nefastas da corrupção, denunciadas por recentes relatórios do FMI e do Banco Mundial, não são levadas em consideração pelas próprias instituições relatoras, que prosseguem financiando os governos corruptos de vários países. A própria OCDE, que firmou uma convenção com o objetivo de processar os cidadãos dos Estados-membros que corrompem funcionários no exterior, não conseguiu colocá-la em prática. Portanto, a luta contra a corrupção no plano internacional encontra somente dois instrumentos, cabalmente insuficientes: a colaboração jurisdicional que ainda balbucia, inclusive entre os países desenvolvidos, como denunciam reiteradamente juízes europeus, e os meios de comunicação quando alertam a opinião pública.[34]

---

34 Como salientado anteriormente, sete magistrados europeus denunciaram no Apelo de Genebra a defasagem dos sistemas judiciários europeus frente à abertura completa das fronteiras para os indivíduos, bens e capitais. Os sistemas judiciários são estanques e não conseguem, em razão da ausência de cooperação interjurisdicional, enfrentar a criminalidade, sobretudo financeira, transfronteiriça.

Uma visão abrangente e confiável do fenômeno da macrocriminalidade internacional constitui tarefa impossível. Ao envolver escândalos, investigações, denúncias e processos judiciais, as atividades ilegais aparecem de maneira episódica – muitas vezes fortuita –, não se prestando a uma percepção minimamente científica de seu conjunto.

A discrepância entre a criminalidade internacional oculta e a conhecida impede sua verdadeira apreensão. Resta-nos unicamente a possibilidade para especulações, conjecturas e projeções.

Ao contrário do crime de rua (*crime of the streets*, segundo a doutrina anglo-saxã), o de colarinho branco (*crime of the suites*) acontece em ambientes fechados, com técnicas sofisticadas utilizadas para encobri-lo e tornar impossível que seja rastreado. A investigação artesanal e intuitiva que caracteriza o combate ao crime comum torna-se absolutamente insuficiente quando se trata de crime econômico internacional.

Para tentar apreender o fenômeno do crime de colarinho branco internacional é indispensável reunir no mínimo três dimensões: a) medir a percepção social da corrupção; b) medir a incidência do comportamento delitivo indagando os atores sociais envolvidos na cena do crime; c) a estimativa de peritos.

A impossibilidade de lançar mão da dimensão (b) enfraquece a percepção sobre o crime econômico transnacional, tornando toda e qualquer avaliação um instrumento superficial. Ciente de seus limites, a organização Transparência Internacional (TI) criou, em 1994, um índice sobre a percepção da opinião pública de certo número de países sobre a corrupção. Não se trata, portanto, de um indicador sobre a corrupção efetiva, mas unicamente sobre sua percepção.

O Índice de Percepção da Corrupção (IPC) é calculado segundo avaliações realizadas por diversas instituições situadas no país ou no exterior. A importância do IPC não decorre do revelado. Ela resulta melhor da ideia que adquirem tanto a opinião pública como os responsáveis políticos e econômicos internacionais sobre o suposto grau de corrupção a atingir certos países. Tal qual as agências de notação de risco, a divulgação do IPC incide sobre o campo observado e dele faz parte. Muitos países pagam pesado tributo ao serem mal avaliados pela TI. Outros auferem vantagens.

Em uma escala de zero a dez, o Índice de Percepção da Corrupção referente ao ano de 2011 apresenta-se assim:

126   Relações internacionais • Parte II

Tabela 5.5 Índice de Percepção da Corrupção por país (2011)

País	Índice	País	Índice	País	Índice	País	Índice
Nova Zelândia	9,5	Estados Unidos	7,1	Macau	5,1	Itália	3,9
Dinamarca	9,4	França	7,0	Ilhas Maurício	5,1	Macedônia	3,9
Finlândia	9,4	Santa Lúcia	7,0	Ruanda	5,0	Samoa	3,9
Suécia	9,3	Uruguai	7,0	Costa Rica	4,8	Brasil	3,8
Cingapura	9,2	Emirados Árabes	6,8	Lituânia	4,8	Tunísia	3,8
Noruega	9,0	Estônia	6,4	Omã	4,8	China	3,6
Holanda	8,9	Chipre	6,3	Seicheles	4,8	Romênia	3,6
Austrália	8,8	Espanha	6,2	Hungria	4,6	Gâmbia	3,5
Suíça	8,8	Botsuana	6,1	Kuwait	4,6	Lesoto	3,5
Canadá	8,7	Portugal	6,1	Jordânia	4,5	Vanuatu	3,5
Luxemburgo	8,5	Taiwan	6,1	República Checa	4,4	Colômbia	3,4
Hong Kong	8,4	Eslovênia	5,9	Namíbia	4,4	El Salvador	3,4
Islândia	8,3	Israel	5,8	Arábia Saudita	4,4	Grécia	3,4
Alemanha	8,0	São Vicente e Granadinas	5,8	Malásia	4,3	Marrocos	3,4
Japão	8,0	Butão	5,7	Cuba	4,2	Peru	3,4
Áustria	7,8	Malta	5,6	Letônia	4,2	Tailândia	3,4
Barbados	7,8	Porto Rico	5,6	Turquia	4,2	Bulgária	3,3
Reino Unido	7,8	Cabo Verde	5,5	Geórgia	4,1	Jamaica	3,3
Bélgica	7,5	Polônia	5,5	África do Sul	4,1	Panamá	3,3
Irlanda	7,5	Coreia do Sul	5,4	Croácia	4,0	Sérvia	3,3
Bahamas	7,3	Brunei	5,2	Montenegro	4,0	Ceilão	3,3
Chile	7,2	Dominica	5,2	Eslováquia	4,0	Bósnia- -Herzegovina	3,2
Qatar	7,2	Bahrein	5,1	Gana	3,9	Libéria	3,2

(continua)

A luta contra a corrupção internacional depende da tomada de consciência desse grande desafio. Apesar de suas evidentes limitações e inconsistências, a percepção internacional de elevados índices de corrupção causa efeitos diretos e imediatos sobre os investimentos, em especial os de origem estrangeira.

5 Os atores secundários das relações internacionais   **127**

Tabela 5.5 Índice de Percepções da Corrupção por país (2011) *(continuação)*

País	Índice	País	Índice	País	Índice	País	Índice
Trinidad e Tobago	3,2	Senegal	2,9	Armênia	2,6	Paraguai	2,2
Zâmbia	3,3	Vietnã	2,9	Níger	2,5	Zimbábue	2,2
Albânia	3,1	Bolívia	2,8	Paquistão	2,5	Camboja	2,1
Índia	3,1	Mali	2,8	Serra Leoa	2,5	Guiné	2,1
Quiribati	3,1	Bangladesh	2,7	Azerbaijão	2,4	Quirguistão	2,1
Suazilândia	3,1	Equador	2,7	Bielorrússia	2,4	Iêmen	2,1
Tonga	3,1	Etiópia	2,7	Comores	2,4	Angola	2,0
Argentina	3,0	Guatemala	2,7	Mauritânia	2,4	Chade	2,0
Benin	3,0	Irã	2,7	Nigéria	2,4	República Democrática do Congo	2,0
Burkina Faso	3,0	Cazaquistão	2,7	Rússia	2,4	Líbia	2,0
Djibuti	3,0	Mongólia	2,7	Timor Leste	2,4	Burundi	1,9
Gabão	3,0	Moçambique	2,7	Togo	2,4	Guiné Equatorial	1,9
Indonésia	3,0	Ilhas Salomão	2,7	Uganda	2,4	Venezuela	1,9
Madagascar	3,0	República Dominicana	2,6	Tajiquistão	2,3	Haiti	1,8
Malauí	3,0	Honduras	2,6	Ucrânia	2,3	Iraque	1,8
México	3,0	Filipinas	2,6	República Centro-Africana	2,2	Sudão	1,6
São Tomé e Príncipe	3,0	Síria	2,6	República do Congo	2,2	Turcomenistão	1,6
Suriname	3,0	Camarões	2,5	Costa do Marfim	2,2	Usbequistão	1,6
Tanzânia	3,0	Eritreia	2,5	Guiné-Bissau	2,2	Afeganistão	1,5
Argélia	2,9	Guiana	2,5	Quênia	2,2	Mianmar	1,5
Egito	2,9	Líbano	2,5	Laos	2,2	Coreia do Norte	1,0
Kosovo	2,9	Maldivas	2,5	Nepal	2,2	Somália	1,0
Moldávia	2,9	Nicarágua	2,5	Papua-Nova Guiné	2,2		

Fonte: www.transparency.org/cpi2011/results.

Porém, há consequências ainda mais graves. Nestas últimas três décadas, o Haiti alçou-se à condição de ser o primeiro destino da ajuda internacional ao desenvolvimento e humanitária quando calculada *per capita*. O envio de uma Missão de Paz (MINUSTAH) ao país pelas Nações Unidas em 2004, o terremoto de janeiro de 2010 e o surgimento de uma epidemia de cólera em outubro do mes-

128 Relações internacionais • Parte II

mo ano fizeram com que aumentassem geometricamente as supostas doações. Contudo, somente 1% destas dirige-se ao Estado haitiano. A razão alegada vincula-se à posição ocupada pelo Haiti (175ª) na tabela precedente. Ausente o Estado, o país se transformou em *República das Ongat*. Portanto, se corrupção existe, ela deve encontrar-se no seio do mecanismo dessa suposta ajuda internacional.

Geralmente, as autoridades governamentais dos Estados listados contestam a publicação e reprovam a metodologia utilizada. Todavia, o trabalho da TI provocou, em uma segunda etapa, o início de um diálogo para se tentar encontrar soluções para o grave problema. Contudo, até o presente momento, estão ausentes resultados tangíveis.

O IPC não deve ser considerado a constatação de um fato irrefutável, mas o reflexo de uma parcela ponderável da opinião qualificada. Os exemplos das boas classificações da Suíça e de Luxemburgo demonstram simplesmente que suas respectivas opiniões públicas concordam, majoritariamente, com os sistemas financeiro e bancário vigentes no país.

Os países em desenvolvimento encontram-se, salvo raras exceções, na parte negativa da listagem do IPC. Entre as reservas por eles expressas está a que indica que o IPC somente identifica os corrompidos, deixando de lado os corruptores. Por isso, a TI efetuou dois levantamentos sobre o índice de corrupção dos principais países exportadores junto aos quinze Estados com economia emergente e fortemente importadores. Os Estados selecionados (Argentina, Brasil, Colômbia, Coreia do Sul, Filipinas, Hungria, Índia, Indonésia, Marrocos, México, Nigéria, Polônia, Rússia, África do Sul e Tailândia) concentram 60% do total dos investimentos estrangeiros diretos feitos nos países em desenvolvimento.

O primeiro levantamento foi realizado em 1999, no momento em que entrava em vigor a convenção da OCDE de combate à corrupção de funcionário estrangeiro. Com o auxílio do Instituto Gallup, foram entrevistados altos executivos, representantes de Câmaras de Comércio binacionais e bancos comerciais nacionais e estrangeiros e, ainda, advogados especializados em Direito Comercial. Foi colocada a eles a seguinte indagação: "Nos setores que lhe são mais familiares, indique quão provável é que as empresas dos seguintes países paguem ou ofereçam suborno para obter ou manter negócios neste país" [o país de residência do pesquisado].

Apareceram alarmantes índices de corrupção ativa em vários países, sobretudo em áreas como construção civil, obras públicas e armamentos. Os Estados Unidos apresentam indicadores progressivamente preocupantes. Por essa razão, Washington adotou medidas buscando coibir a prática de corrupção de suas empresas atuando no exterior.[35]

---

35 Consultar o documento "A resource guide to the US Foreign Corrupt Practices Act", o qual prevê multas de US$ 2 milhões de dólares e penas de prisão de até 20 anos aos responsáveis por subornos.

No entanto, como afirmou o presidente da Transparência Internacional, geralmente

> os políticos e os funcionários públicos dos principais países industrializados do mundo estão ignorando a podridão em seus próprios quintais e as atividades ilegais de suborno por parte de empresas multinacionais com sede em seus países, ao concentrar-se cada vez mais nos altos níveis de corrupção dos países em desenvolvimento.

Com exceção do sistema de trocas de produtos entre redes de traficantes, como as estreitas relações entre o tráfico de entorpecentes e de armas que atinge frontalmente o Brasil, o restante dos crimes internacionais, inclusive os resultantes da corrupção, enfrentam o mesmo desafio: tornar lícitos os lucros auferidos, a fim de injetá-los no circuito da economia formal. Para tanto, torna-se indispensável "lavar o dinheiro", transformando-o de sujo em limpo, de frio em quente.

A expressão *lavagem de dinheiro* originou-se, provavelmente, na prática da máfia americana que adquiria ou montava lavanderias para servir de fachada às suas atividades criminosas, na década de 1920. O Brasil melhorou sua cotação ao aprovar a Lei n. 9.613/98, que dispõe sobre *os crimes de lavagem ou ocultação de bens, direitos e valores*, definindo uma política de prevenção da utilização do sistema financeiro para os ilícitos previstos nesta Lei e criando o Conselho de Controle de Atividades Financeiras (COAF), vinculado ao Ministério da Fazenda.

O processo de lavagem de dinheiro percorre três fases internacionais. A primeira consiste na colocação dos benefícios ilegais no sistema financeiro, por meio de investimentos de múltiplos montantes que não despertem a atenção, afastando-os de qualquer associação direta com um delito. A segunda tarefa trata da conversão em fundos que possibilitem afastá-lo de sua origem, apagando as pistas e tornando impossível que seu itinerário possa ser rastreado. Finalmente, na terceira etapa, os fundos são reintegrados em atividades legais e tornam-se limpos, pois foram ocultadas sua origem geográfica e a atividade delituosa que os gerou.

A lavagem de dinheiro é possível em razão da existência de numerosas praças financeiras, cujos países ou territórios vendem sociedades extraterritoriais com permissão de negociar unicamente fora do país onde estão localizadas. Uma legislação específica aplica-se às sociedades extraterritoriais, isentando-as de qualquer regulamentação interna fiscal ou de outra natureza, marcada por regulamentos de proteção do segredo social e empresarial.

Criada a sociedade em regime extraterritorial, um depósito é efetuado em seu nome no país de refúgio, não permitindo que o depositante seja devidamente identificado. Assim, torna-se impossível rastrear esses fundos que podem, inclusive, beneficiar-se de uma proteção suplementar, com a criação de um *trust* extraterrito-

130 Relações internacionais • Parte II

rial e da cobertura de uma cláusula de fuga que permite ou obriga o gestor fiduciário a transladar o domicílio do *trust* em caso de ameaça de descoberta.

A regra de ouro de toda operação de lavagem de dinheiro é simular da melhor maneira possível uma operação legal. Para isso, lança-se mão, com pequenas variações, de métodos utilizados pelas sociedades legítimas. Nas mãos dos delinquentes, os preços de cessão interna entre filiais de empresas transnacionais são fontes de práticas de faturamento fictício; as operações imobiliárias entre filiais e os empréstimos garantidos por outros empréstimos são formas de emprestar a si mesmo; as operações de cobertura ou garantia de compra de ações ou de opções convertem-se em um jogo de operações cruzadas ou geminadas; a liquidação de saldos compensatórios é utilizada como base para montar redes bancárias subterrâneas. Não é possível distinguir, pelas aparências, uma operação legítima de sua variante ilegítima; a distinção somente surge quando se descobre algum ato delituoso e as autoridades começam a remontar a pista do dinheiro.[36]

A existência de paraísos fiscais e centros financeiros extraterritoriais, aliada à evolução extraordinária da telemática, como, por exemplo, a recente introdução da moeda eletrônica, exige uma cooperação financeira internacional para combater a lavagem de dinheiro. Várias convenções foram firmadas até que, em 1989, foi criada, junto ao secretariado da OCDE em Paris, pelo G8 e pela União Europeia, a Força-Tarefa de Ação Financeira (*Financial Action Task Force* – FATF).[37]

Para entender e combater a influência nefasta do crime nas RI, é necessário levar em consideração, segundo o PNUFID, os seguintes elementos:

- o abuso do conceito de soberania estatal, que permite a oferta de refúgio seguro ao produto de ato delituoso;
- a proliferação de sociedades comerciais internacionais (conhecidas pela sigla IBC, de *International Business Corporation*) que são utilizadas habitualmente para a lavagem de dinheiro, criando uma carapaça impenetrável sobre a titularidade real dos ativos. A existência dessas sociedades justifica-se tão somente para ocultar a origem e o destino das mercadorias no comércio internacional, e para eludir controles regulamentares sobre o comércio de armas, evadindo impostos por meio da colocação dos benefícios fora do alcance do controle fiscal;
- o abuso dos *trusts* extraterritoriais;
- a colaboração de alguns profissionais que atuam amparados por seus privilégios corporativos;

---

36 Escritório das Nações Unidas para a fiscalização de drogas e prevenção de delitos (PNUFID). *Boletim sobre refúgios financeiros, segredo bancário e lavagem de dinheiro*. Viena, 1998, p.3.
37 Além da OCDE, da Comissão Europeia e do Conselho de Cooperação do Golfo, 29 Estados participam da FATF: Alemanha, Argentina, Austrália, Áustria, Bélgica, Brasil, Canadá, China, Cingapura, Dinamarca, Espanha, Estados Unidos, Finlândia, França, Grécia, Holanda, Irlanda, Islândia, Itália, Japão, Luxemburgo, México, Nova Zelândia, Noruega, Portugal, Reino Unido, Suécia, Suíça e Turquia.

5 Os atores secundários das relações internacionais   131

- o efeito da dolarização do mercado mundial e o provável efeito, nos anos vindouros, da introdução do euro nos mercados financeiros;
- o fim da razão de ser das zonas francas comerciais para fins legítimos, uma vez que foram diminuídos os direitos alfandegários;
- a vulnerabilidade dos cassinos para as operações de lavagem de dinheiro e a necessidade de regulamentar suas atividades;
- a necessidade de desenvolver serviços de inteligência criminal mais eficientes e melhorar a troca de informações;
- regulamentar e divulgar as operações dos bancos extraterritoriais;
- melhorar o treinamento dos investigadores financeiros.

O crime internacional, em suas diversas formas de expressão, prossegue sua atuação internacional sem que os Estados, sobretudo os desenvolvidos, consigam neutralizá-lo. Muitos conflitos de baixa intensidade nos países do Terceiro Mundo (Congo, Colômbia, Ceilão, etc.) e a presença de circuitos clandestinos de lavagem de dinheiro e de tráfico de armas e entorpecentes são combustível indispensável ao mundo subterrâneo das RI.

2.5. A opinião pública

A opinião pública internacional é inovador e marcante ator das RI. Ela surge de duas maneiras. Primeiramente, por meio de responsáveis políticos e governamentais que se apresentam como delegados de sua opinião pública nacional e indicam novas prioridades políticas. Nesses casos, além de agir em nome do Estado, as lideranças transformam-se em líderes de opinião. Por outro lado, a análise do militantismo internacional representa uma forma de identificar o grau de mobilização, por meio de campanhas de denúncia, existente no sistema internacional.

Em ambos os casos, o papel dos meios de comunicação é fundamental, pois eles selecionam, analisam e publicam pesquisas de opinião, podendo, finalmente, servir de caixa de ressonância às mobilizações coletivas, a fim de aumentar a pressão sobre os governos.

Ao eliminar as distâncias e a contradição entre o endógeno e o exógeno, o extraordinário desenvolvimento dos meios de comunicação lançou as bases para a construção de uma opinião pública mundial.

Apaixonada, moldável, volúvel, descontínua e sensível ao imediato, a opinião pública pode ser definida como a *reação coletiva e instantânea de um conjunto de indivíduos perante um acontecimento ou uma situação*. Ou seja, ela se apresenta como o fenômeno que expressa uma ampla convergência na percepção de um tema de interesse coletivo.

Em 1935, o publicitário norte-americano George H. Gallup fundou o American Institute of Public Opinion, pioneiro do método de sondagem da opinião pública, com um duplo objetivo: auxiliar a estratégia publicitária das empresas e fornecer aos governantes e partidos políticos um barômetro sobre temas sociais e políticos. Desde então, a avaliação da opinião pública conheceu impressionante expansão temática e tecnológica, sendo instrumento indispensável ao desenvolvimento capitalista e à democracia de massas.

A existência de uma opinião pública é tributária da possibilidade de livre expressão e por isso limita-se aos regimes pluralistas. Ela se faz presente com manifestações públicas, como as importantes demonstrações pacifistas que aceleraram o fim da guerra do Vietnã, e pelos meios de comunicação. Por conseguinte, a opinião pública somente pode existir quando o combate pela informação se desenvolve por diferentes meios de comunicação, marcados por múltiplos enfoques e interesses, e que não pertençam a um único proprietário – seja ele público ou privado.

A ausência de liberdade de expressão, que se caracteriza pela inexistência pública do contraditório, transforma a opinião pública em mero instrumento de legitimação do poder instituído. Nesse caso, inexiste opinião pública, pois o Estado, ao tolher a possibilidade de expressão de uma vontade coletiva, impossibilita sua eventual influência.

Quando não claramente demarcada do Estado, a opinião pública é simplesmente um instrumento suplementar da ação estatal, e jamais a manifestação de uma força independente que interfere no sistema internacional. Portanto, ao ser objeto e não sujeito do campo político, ela perde a condição de ator, afastando-se do horizonte analítico.

A formação de uma opinião pública é consequência do respeito às liberdades fundamentais, individuais e de grupo. Ilusões não devem ser alimentadas quanto à inexistência de manipulação da opinião pública pelas autoridades constituídas. Ela somente existe nas democracias ocidentais e nos regimes pluralistas. Descarta-se, portanto, a grande maioria da população mundial, que não dispõe de liberdade de expressão. Assim, por exemplo, inexiste opinião pública na grande maioria dos países árabes, na China ou ainda em grande parte da África e da Ásia, todos marcados pela ausência de liberdade de imprensa.

As repercussões, junto à opinião pública nacional, de decisões tomadas no exterior constituem preocupação constante dos responsáveis pelo Estado. Os termos de um tratado de paz ou de um acordo de comércio podem despertar reações contrárias que dificultam sua aprovação, implementação e eficácia. Portanto, apesar de o Executivo deter as rédeas do processo de política externa, ele estará inclinado a avaliar o impacto de suas iniciativas sobre a opinião pública. É comum vê-lo descartar temas que ainda não se encontram suficientemente maduros internamente. Por outro lado, constata-se que o estadista pode justificar a tomada de dolorosas decisões domésticas, com o argumento de que elas se impõem em razão da realidade internacional, ou de compromissos assumidos de maneira bilateral, ou oriundos da diplomacia parlamentar e das OI.

5 Os atores secundários das relações internacionais   133

Na história da política externa brasileira, encontram-se três exemplos em que a mobilização da opinião pública vinculou-se a questões internacionais: a Questão Christie, na segunda metade do século XIX;[38] as manifestações estudantis defendendo a entrada do Brasil na Segunda Guerra Mundial em agosto de 1942; e os protestos no início de 2001 junto à embaixada do Canadá em Brasília, em razão do embargo às exportações brasileiras de carne bovina.

A influência da opinião pública nas questões internacionais deve ser percebida sob um duplo aspecto: primeiramente, como um vetor apreendido, com maior ou menor sensibilidade, pelos outros atores internacionais, os quais tendem a incorporar as demandas da opinião pública fazendo-a participar da definição do conteúdo da ação internacional dos atores tradicionais. É necessário enfatizar que a opinião pública não deve ser confundida com os grupos de pressão e com as ONG. Aqueles tradicionalmente, e estas mais recentemente, interagem internacionalmente de forma autônoma ou por meio de outros atores. A opinião pública deve ser considerada, ontologicamente, uma das expressões da sociedade civil *desorganizada*. Ela não dispõe de autonomia e a emotividade que marca sua ação internacional é inimiga do possível, não lhe concedendo o recuo necessário que sustenta a racionalidade da ação dos outros atores. Portanto, sua influência sobre os acontecimentos internacionais somente ocorre de forma pontual por meio dos atores tradicionais.

A segunda forma de manifestação da opinião pública é recente e decorre da ação da denominada sociedade civil *organizada*, sobretudo pelas redes de telecomunicações. Pode-se questionar a existência de uma verdadeira sociedade civil internacional organizada, mesmo que ela estivesse assentada unicamente nos regimes pluralistas, pois seria indispensável que, além da constância e da continuidade, ela dispusesse de meios para fazer frente aos atores tradicionais das RI, em particular ao Estado. Todavia, parece claro que se presencia a gestação de um ator incontrolável das RI, formatando-se em sociedade civil internacional, com o aumento exponencial de utilizadores da rede internet.

Tomando a rede mundial da internet como parâmetro para identificá-la,[39] deve-se constatar que ela se apresentava inicialmente como uma sociedade compos-

---

38 Tendo como pano de fundo as oposições anglo-brasileiras em torno do trabalho escravo, ocorreram, no início da década de 1860, os episódios do naufrágio da embarcação mercante inglesa Prince of Wales nas praias do Albardão (RS) e a prisão, no Rio de Janeiro, de três marinheiros britânicos da fragata Forte acusados de promover desordens na via pública. A reação autoritária e imperialista do embaixador de Sua Majestade – W. D. Christie –, que pretendia bombardear a capital, provocou manifestações populares de repúdio às ameaças britânicas. Consultar MARTINS, RD. Questão Christie: um estudo de caso de direito internacional. São Paulo, Faculdade de Direito da USP, 1989, dissertação mimeografada, 181p.

39 Em 1º de janeiro de 1983, a *Advanced Research Projects Agency Network* (Arpanet), rede de dados do Departamento de Defesa dos Estados Unidos, migrou oficialmente para o *Transmission Control Protocol/Internet Protocol* (TCP/IP), permitindo que milhões de computadores pudessem conectar-se entre si. Ele

134 Relações internacionais • Parte II

ta essencialmente por membros localizados nos países desenvolvidos. Na atualidade, tal situação mudou radicalmente.

Mais de 1/3 da população mundial, ou seja, 2,3 bilhões de pessoas, utiliza regularmente a internet. Entre 2010 e 2011, o percentual de casas conectadas à internet aumentou em 14%, sendo que atualmente 1,8 bilhão de domicílios recenseados no mundo dispunham de um acesso à rede. Desse total, 23% residem na China. Em números globais, os internautas localizados nos países em desenvolvimento passaram de 44% em 2006 para 62% em 2011. Essa progressão resulta de uma maior velocidade de seu crescimento (16% em 2011) comparada aos países industrializados (5%). Segundo projeções da União Internacional das Telecomunicações (UIT), 40% das residências dos países em desenvolvimento estarão conectadas à internet em 2015.

A telefonia móvel conheceu igualmente incremento sem precedentes durante a última década. Atualmente há 6 bilhões de celulares (ou equivalente) em utilização no mundo, o que significa uma cobertura de 86% da população do planeta. A China abriga mais de 1 bilhão de usuários, número que será alcançado pela Índia em 2012.

A sociedade civil internacional em rede afirma-se à margem dos atores clássicos das RI, em particular do Estado, e constitui contraponto às formas de transmissão de informações da mídia tradicional. Defensora de uma moral internacional, ela desempenha um papel de denúncia de atos ou apresenta novas versões sobre acontecimentos. No entanto, a liberdade que caracteriza a rede presta-se a variadas formas de manipulação e tentativas de controle por parte do poder estatal, como ocorreu a partir dos atentados de 11 de setembro de 2001 nos Estados Unidos.

Finalmente, a rede serve também para a organização dos movimentos sociais de maneira transnacional. Três exemplos marcam essa atuação: o primeiro consiste na luta contra a globalização excludente, assimétrica e desequilibrada que inspirou a ação do Fórum Social Mundial (FSM), cujo primeiro encontro aconteceu em Porto Alegre no início de 2001. Apresentado como contraponto ao mencionado anteriormente Fórum Econômico Mundial (FEM) de Davos, 10 mil pessoas, oriundas de 122 países, iniciaram um diálogo com vistas a coordenar estratégias e definir posições, buscando fazer que a solidariedade renascesse como princípio da ordem internacional.

Apoiado institucional e financeiramente por sub-representações estatais (Prefeitura da cidade e Governo estadual), o FSM não deixa de ser um instrumento de atuação externa dessas subunidades e instrumento de contestação da atuação

---

substituiu o *Network Control Protocol* (NCP), que limitava a mil o número de aparelhos que podiam ligar-se em rede. Seis meses mais tarde, a Arpanet dividiu-se em duas redes, sendo uma militar (MILNET), ambas conectadas por *gateways*.

internacional dos atores tradicionais, particularmente os Estados e as OI. O lema "outro mundo é possível" indica o caráter utópico e genérico de uma ideia marcada pela profusão de críticas à realidade e por escassas propostas concretas para sua transformação. Em todo caso, uma cidade marginal e desconhecida do *Extremo Ocidente*, como tão bem caracterizado por Alain Rouquié, transformou-se no símbolo da contestação civilizada e não violenta da ordem internacional.

Lançado como uma simples iniciativa franco-gaúcha, o FSM adquiriu ares de megaevento, encontro incontornável da esquerda e da centro-esquerda mundial, onde muitas vozes articulam a mesma mensagem. Essa força do movimento significa também sua fraqueza, uma vez que o debate contraditório, característico da democracia, não constitui sua marca registrada.

A atitude do então governo socialista francês foi emblemática frente à disputa entre o FEM e o FSM, e às dificuldades para a reforma do sistema internacional. A Davos foram enviados os ministros de ponta, como o da Fazenda e o das Relações Exteriores. À capital gaúcha dirigiu-se o responsável de menor calibre, caso do Ministro da Cooperação.

O periódico mensal francês *Le Monde Diplomatique* acolheu a ATTAC,[40] que esteve na origem do FSM e continua sendo uma de suas principais promotoras. A dúbia situação fez que o presidente do Conselho de Controle alertasse sobre o perigo de alguns jornalistas confundirem suas funções com as de militantes. Segundo Jean-Marie Colombani, os profissionais de imprensa deveriam rejeitar qualquer engajamento partidário, pois se tratava "da primeira garantia de independência que nós devemos aos nossos leitores".[41]

O segundo exemplo de organização internacional através da rede de comunicações encontra-se na prévia articulação de movimentos contestatórios e de extrema-esquerda que antecede a realização das grandes conferências internacionais. O ruído contestador das ruas, marcadamente norte-americano e europeu, esforça-se para inviabilizar a diplomacia parlamentar. O retumbante fracasso do lançamento da Rodada do Milênio da OMC, em Seattle, em muito se deve à violência que grassou naquela cidade. As reuniões do G8, como a de Gênova em 2001, conheceram o mesmo destino. Tanto é assim que a OMC somente conseguiu lançar uma nova rodada de negociações quando transferiu a realização do encontro para o deserto do Catar, em novembro de 2001. O movimento resultou na qualificação da rodada que se iniciava, obra da pressão das ruas, pois a OMC passou a buscar o desenvolvimento e não simplesmente a liberação comercial.

---

40 A Associação para a Imposição sobre as Transações Financeiras e Ajuda aos Cidadãos (ATTAC) surgiu na França em junho de 1998, luta a favor da Taxa Tobin e critica a OMC, os programas de ajustes estruturais do FMI, além de denunciar os fundos de pensão e as injustas relações norte-sul.

41 In: *Le Monde Diplomatique*, janeiro de 2002, p.2.

136 Relações internacionais • Parte II

O terceiro e recente exemplo decorre do Movimento dos Indignados. Ele acontece nos Estados Unidos e na Europa Ocidental, particularmente na Espanha. Consequência das medidas recessivas e favoráveis unicamente ao mundo financeiro para tentar inutilmente fazer frente à grave crise que sacode muitas economias dos países desenvolvidos, os protestos são organizados nas redes sociais.

A expansão dos modelos de organização do Estado e de representação política preconizados pelo Ocidente, mesmo que represente um mimetismo e o surgimento de uma democracia depravada, significa igualmente a garantia de uma crescente participação da opinião pública, sob suas variadas formas, nos assuntos internacionais.

Trata-se de concorrente pouco confiável que os atores tradicionais – mormente os Estados e as OI – tratarão de controlar, orientar ou seduzir.

Apesar de se considerar que formalmente a opinião pública não atua na política internacional, torna-se cada vez mais difícil desconhecer suas manifestações. Assim, a busca da eficácia e o sustento da legitimidade dos acordos e posições internacionais impõem aos atores tradicionais uma redobrada atenção. Todavia, permanece à sombra uma ampla parcela da sociedade – a maioria silenciosa – que age politicamente somente por meio do jogo eleitoral. Ela continua sendo objeto e justificativa dos atores tradicionais e não pode, em razão de seu silêncio, ser considerada inexistente.

2.6. O indivíduo

O desafio para identificar os contornos da influência do micro ou unipolítico, o indivíduo nas relações transnacionais,[42] ou seja, na expressão mais aguda da macropolítica, é semeado de entraves, mal-entendidos e armadilhas. Preliminarmente, deve-se descartar o indivíduo que age em representação de outrem. Durante séculos, influenciado pelos clássicos e pelo realismo, que consideravam o Estado ator exclusivo, o interesse pelo indivíduo somente surgia quando ele se extraía de sua condição humana e transformava-se em um símbolo da representação estatal (os monarcas, os presidentes, os homens de Estado).[43]

Para Rousseau, "não existe guerra entre os homens: somente entre Estados". O homem, mesmo que tente elevar-se, será sempre pequeno comparado ao Estado. Não se trata unicamente de diferença de escala entre os dois, mas também de

---

42 Cabe insistir que o indivíduo apresenta capacidade de atuação nas relações *transnacionais*, as quais transcendem as simples relações internacionais na medida em que dizem respeito à totalidade das relações sociais no plano internacional e não somente às relações dos Estados e das organizações internacionais.

43 Consultar a segunda parte (o Homem de Estado) da obra de Renouvin e Duroselle (op. cit., p.301-470), onde se encontra uma detalhada e perspicaz análise sobre comportamento e características do estadista que influencia as relações internacionais.

natureza, que conduz o Estado a uma grandeza infinita, enquanto o homem permanece à margem. Por sua vez, Maquiavel interessa-se pelo indivíduo somente na condição de herói.

A percepção de Rousseau, excluindo o indivíduo, contrapõe-se à de Grotius. Este defende a existência de uma humanidade que deveria organizar-se a partir da conjunção das vontades entre os Estados e os indivíduos. No entanto, sob a influência de ideias como as de Rousseau e da ação monopolizadora do Estado na cena internacional, assistimos, a partir de Vestefália, a erosão do direito das gentes, fazendo-o padecer fundamental transformação que o torna um direito do e para o Estado.

Contrapondo-se à visão realista, o idealismo concebia um papel para o homem, com a ressalva de que ele estivesse inserido em um vasto conjunto – classe, nação, sociedade mundial, humanidade. Portanto, o ser em sua individualidade somente poderia atuar nas RI na medida em que renunciasse a sua própria individualidade.

Durante muitas décadas, a influência do indivíduo constituiu assunto tabu na pesquisa das RI. Norbert Elias foi um dos primeiros, em 1987, a chamar a atenção para o surgimento do homem, em sua singularidade, nas RI: "A identificação do indivíduo além de suas fronteiras, a nossa identidade no plano do conjunto da humanidade está surgindo. Um dos indícios é a crescente importância da noção dos direitos do homem".[44]

Os resultados das pesquisas de James Rosenau, publicados a partir do início da década de 1990, enriqueceram a teoria das RI ao introduzir o micropolítico e colocar em evidência a rede de relações individuais que estava sendo tecida no campo transnacional. Contudo, resta o maior desafio: como identificar o impacto da ação dos indivíduos? Será ela uma forma de contrariar a ação do Estado ou concederá legitimidade à ação governamental? Ou, finalmente, poderá ela alterar o comportamento dos Estados?

Para Rosenau, três são os motivos que explicam a afirmação do indivíduo. Em primeiro lugar, ele alcançou recentemente maiores aptidões analíticas. Em segundo lugar, sua influência cresceu, já que consegue moldar os resultados globais de maneira mais consistente e profunda. Por fim, o sistema político mundial ingressou em um período de turbulência prolongada que o toma particularmente vulnerável em face das influências micropolíticas.[45]

Os desafios conceituais e a escassez de estudos empíricos não podem ser utilizados como motivos para que a importância do indivíduo na cena internacional

---

44 ELIAS, N. *La société des individus*. Paris, Fayard, 1991, p.283.
45 ROSENAU, J. "Les individus en mouvement comme source de turbulence globale". In: GIRARD, M. *Les individus dans la politique internationale*. Paris, Economica, 1994, p.83.

138   Relações internacionais • Parte II

seja descartada. Além disso, as notáveis transformações que o Estado vem sofrendo provocam seu enfraquecimento e o surgimento de uma ação internacional das unidades subnacionais e transnacionais, construindo uma nova realidade na qual se afirma o indivíduo.

Todavia, não é qualquer ação internacional do indivíduo que merece atenção. O episódico, o intempestivo, o ruidoso e passível de ser objeto de manipulação não é digno de interesse. Busca-se identificar o indivíduo em rede que age com constância de maneira competente em seu campo.

Pode-se classificar esses indivíduos em três grupos. O primeiro é o integrado pelos *especialistas*. Mais do que detentores do saber, eles apresentam a aura da experiência comprovada de alguém que submeteu, com sucesso, seu conhecimento às aplicações práticas. Surgiram sobretudo a partir do século XVI, mas internacionalizaram-se recentemente. Atualmente, não é possível elaborar um projeto, acompanhar sua implementação, justificar uma decisão e obter apoio sem anuência de uma voz externa, apresentada como qualificada, pois emana de um suposto perito. Esta é presumidamente garantia de um selo de qualidade e confiabilidade.

O especialista é um indivíduo que representa o elo entre dois mundos: o do conhecimento e o da aplicação. Por um lado, ele atua no interior de sua coletividade, organizada de forma transnacional, cujos profissionais detêm reconhecimento público em sua área de atuação: médicos, advogados, economistas, biólogos, físicos etc.[46] Trata-se de uma comunidade unida por conhecimento, crenças, valores e métodos, comungando de uma mesma visão do mundo.[47]

Por outro lado, o especialista vincula-se ao mundo que o legitima por meio de suas demandas: o Estado, as OI, as Ongat, os partidos políticos e sindicatos. Trata-se de uma via de duas mãos de grupos que se retroalimentam: a credibilidade de um especialista concede legitimidade ao solicitante de seus serviços e ele pode auferir respeitabilidade quando seleciona suas demandas.

Personificação do saber, os especialistas apresentam-se como neutros, e, com elaborações complexas, colocam-se acima e além dos responsáveis políticos. Eles têm influenciado importantes decisões internacionais nas áreas da energia nuclear, do meio ambiente e da saúde pública vinculada ao comércio exterior (por exemplo, doença da "vaca louca" e órgãos geneticamente modificados – OGM).

Contudo, é junto aos governos dos países em desenvolvimento que a influência do especialista alcança aspectos fundamentais e decisivos, sobretudo quando ungida com a auréola do mandato de uma organização internacional. A suposta neutralidade, a discutível competência e a legitimidade institucional do especia-

---

46 Consultar LAROCHE, J. *Politique internationale*. Paris, LGDJ, 1998, p.166.
47 HAAS, P. (ed.). "Epistemic communities and international policy coordination". In: *Knowledge, power, and international policy coordination*: studies in International Relations, 46 (1), 1992, p.l-35.

5 Os atores secundários das relações internacionais **139**

lista contrastam com a falta de interlocução científica, a tibieza da estrutura estatal e a conivência do governo do país que acolhe tais invectivas. O resultado raramente beneficia o consultado. Ele pode, inclusive, nos assuntos econômicos, acelerar e aprofundar crises conjunturais. A mescla de maus conselheiros exógenos com irresponsabilidade governamental explica o caos em que se encontrou a Argentina durante o ano de 2002.

Uma verdadeira casta percorre o sul do planeta distribuindo avais e conselhos. Autodenominados especialistas nas mais diferentes áreas do desenvolvimento, são os maiores beneficiários da desorganização e ineficiência dos organismos internacionais. Muitos deles jamais demonstraram competência intelectual em seus países ou academias de origem. Como enfatiza Paul Krugman,

> suspeito que o cerne do problema seja o fato de que pequenos países – e mesmo grandes que perderam sua autoconfiança, como o Japão – se deixam intimidar com muita facilidade pelos homens de terno que lhes impõem conselhos ditados por uma ideologia linha-dura que não seria imposta em seus países de origem. Meu conselho seria que esses homens de terno fossem ignorados, e que os países fizessem o que fazemos, e não o que dizemos.[48]

Partícipes de um jogo de cartas marcadas, os especialistas das OI são, na maioria dos casos, guindados às suas funções por injunção política. Muitos deles, uma vez retirados de atividade, são acometidos da indispensável, porém tardia, autocrítica.[49]

O papel pouco divulgado, mas de fundamental importância na construção da monolítica forma de perceber o Estado nos países emergentes, periféricos e nos localizados na antiga órbita soviética nasce da conjunção das políticas do FMI e do Banco Mundial com alguns centros universitários de renome nos Estados Unidos. Assim, o *Harvard Institute for International Development*, sob a batuta de Jeffrey Sachs, percorre, com régua e compasso, as economias devastadas desses países, vendendo fórmulas e dispensando conselhos inspirados no monetarismo e nas privatizações sem freios.

À aura acadêmica juntam-se a língua e a procedência ilustre dos conselheiros. Os resultados de tais investidas econômico-ideológicas foram a desconstrução

---

48 Transcrito do *The New York Times* e publicado na *Folha de S. Paulo*, 19.07.2001.

49 Caso do ex-economista-chefe do Banco Mundial, Joseph Stiglitz, vencedor do Prêmio Nobel de Economia de 2001 e ácido crítico do FMI. Consultar sua obra clássica, *La grande désillusion*. Paris, Fayard, 2002, 325p. Sobre os especialistas, consultar SEITENFUS, R. "Burocratas do absurdo". In: *Folha de S. Paulo*, 01.10.1996, p.3.

do Estado e a criação, como no caso da Rússia, de um sistema mafioso que domina a economia do país.

O segundo grupo é composto pelos *profetas*. Despreocupados com a legitimidade, os profetas são pseudocientistas que julgam deter um saber autônomo e absoluto, desprovido do princípio da incerteza e avesso ao contraditório. As questões ambientais constituem seu campo de atuação preferencial, mas não exclusivo: o efeito estufa, a chuva ácida, o aquecimento da Terra, as denúncias do Clube de Roma e o inverno nuclear são alguns exemplos desse espírito embebido de previsões catastróficas, que não leva em conta o insuficiente conhecimento científico acerca desses problemas.[50]

Finalmente, o terceiro é composto pelos detentores de *notório saber*. Para estes, existe um rito de passagem obrigatório: o reconhecimento por meio da obtenção de um prêmio internacional, em especial o mais prestigioso de todos, o Nobel. Ele foi criado há mais de um século pelo inventor da dinamite, Alfred Nobel. Lastimando o uso de seu invento na guerra franco-prussiana, Nobel decidiu premiar aqueles que contribuíssem para o progresso da humanidade.[51]

Muitas escolhas foram controvertidas, em particular no prêmio de literatura e no prêmio político, o Nobel da Paz. Independentemente do mérito dos laureados, o fato é que a obtenção dessa láurea os conduz à aceitação internacional, transformando-os em atores importantes.

Utilizando-se da mídia, os laureados alcançam tamanha notoriedade que dialogam sobre os grandes temas internacionais – muitas vezes distantes de sua especialização – sugerindo políticas, caminhos e soluções. Detentores de uma força moral internacionalmente reconhecida, os vencedores do Nobel desvinculam-se de seus Estados e adquirem um *status* de inatacáveis intelectuais moralizadores das RI.[52]

---

50 POPPER, K. apud LAROCHE, J. (op. cit., p. 171) enfatiza que a construção científica somente é válida quando falsificável. Ou seja, todo sistema científico deve permitir que os enunciados possíveis sejam divididos em dois grupos: o primeiro com os quais ele é contraditório e o segundo com os quais ele demonstra compatibilidade. Caso contrário, passa-se das "predições científicas condicionais para as profecias incondicionais".

51 Em sua existência foram oferecidos 694 prêmios: Paz (87), Medicina (170), Literatura (97), Física (160), Química (134) e Economia (46). Estes dados não incluem os vinte prêmios ganhos por organizações que trabalham pela paz (ONU, Médicos sem Fronteiras e Cruz Vermelha Internacional, por exemplo). Somente 29 mulheres receberam o prêmio, das quais 23 o dividiram com homens. Todavia, a única pessoa que recebeu o prêmio duas vezes foi a francesa Marie Curie.

52 Durante o recente regime militar brasileiro, o Arcebispo de Olinda e Recife, Dom Hélder Câmara, foi fortemente cogitado para o Prêmio Nobel da Paz. As pressões exercidas pelo governo brasileiro impediram que sua candidatura prosperasse. Sobre essa "manobra bem-sucedida" dos militares consultar GASPARI, E. *A ditadura escancarada*. São Paulo, Companhia das Letras, 2002, p.295. Até o presente, nenhum cidadão de nacionalidade brasileira foi contemplado com o Nobel.

O trabalho da Fundação Carter, sob a direção do ex-presidente dos Estados Unidos Jimmy Carter, consiste no melhor exemplo da influência exercida por um Prêmio Nobel nas situações de crise internacional. Atualmente não há eleições realizadas em países com frágeis sistemas democráticos ou crises políticas internas ou ainda conflitos internacionais, sem a interferência da figura emblemática do pastor que peregrina e indica, com seu bastão, o caminho a ser seguido.

BIBLIOGRAFIA

ALMEIDA, P. R. *Formação da diplomacia econômica no Brasil*: as relações internacionais no Império. São Paulo, SENAC, 2001, 675p.

ASSOCIATION D'ÉCONOMIE FINANCIÈRE. *Rapport moral sur l' argent dans le monde*. Paris, Montchrestien, 1999, 358p.

AUBREE, M. "Un néo-pentecôtisme brésilien parmi les populations immigrés en Europe de l'ouest". In : *Anthropologie et societés*. volume 27, número 1, 2003, p.14.

BADIE, B.; SMOUTS, M.C. *Le retournement du monde*. Sociologie de la scène internationale. Paris, Dalloz, 1992.

BATH, S. *O que é diplomacia*. São Paulo, Brasiliense, 1989, 70p.

BOULLANGER, H. *La criminalité économique en Europe*. Paris, PUF, 2002, 255p.

CANOTILHO, J.; MOREIRA, V. *Os poderes do Presidente da República*. Coimbra, Coimbra, 1991, 117p.

CHARON, J.M. "Les médias à l'heure de la mondialisation". *In: Regards sur l'actualité*. Paris, La Documentation Française, n. 234, set-out/1997, p.59-72.

DANESE, S. *Diplomacia presidencial*. Rio de Janeiro, Topbooks, 1999, 516p.

DARCY DE OLIVEIRA, M. *Cidadania e globalização*: a política externa brasileira e as ONGs. Brasília, Instituto Rio Branco, 1999, 143p.

DEHOUSSE, R. *Fédéralisme et relations internationales*. Bruxelas, Bruylant, 1991, 284p.

DUPUY, R.J. *Le droit international*. Paris, PUF, 1993.

ELIAS, N. *La société des individus*. Paris, Fayard, 1991.

FRANCHINI NETTO, M. *A evolução da diplomacia*. São Paulo, RT, 1946, 178p.

GASPARI, E. *A ditadura escancarada*. São Paulo, Companhia das Letras, 2002.

GEORGE, A. *La decisión presidencial en política exterior*. Buenos Aires, Grupo Editor Latino Americano, 1991, 269p.

GIRARD, M. (org.). *Les individus dans la politique internationale*. Paris, Economica, 1994, 301p.

HAAS, P. (ed.). "Epistemic communities and international policy coordination". In: *Knowledge, power, and international policy coordination*: studies in International Relations, 46 (1), 1992, p.l-35.

HALLIDAY, F. "O Estado e a sociedade nas relações internacionais". *In: Repensando as relações internacionais*. Porto Alegre, UFRGS, 1999, p.87-105.

HILL, F. "Le point de vue des ONG: les organizations non gouvernementales et le Conseil de Sécurité". In: *Forum du désarmement*. Genebra, Unidir, 2002, p.31-5.

LAROCHE, J. *Politique internationale*. Paris, LGDJ, 1998, 557p.

MARIANO, R. "A Igreja Universal no Brasil". In: *Igreja Universal do Reino de Deus* – Novos conquistadores da fé. São Paulo, Paulinas, 2003.

MARTINS, R.D. Questão Christie: um estudo de caso de direito internacional. São Paulo, Faculdade de Direito da Universidade de São Paulo, 1989, dissertação mimeografada, 181p.

MENAGER, D. *Diplomatie et théologie à la Renaissance*. Paris, PUF, 2001, 224p.

142 Relações internacionais • Parte II

MONTEIRO, P. "Cultura e democracia no processo de globalização". *Novos Estudos CEBRAP*, n. 44, março de 1996.

MORIN, C. *L'art de l'impossible*: la diplomatie québécoise depuis 1960. Montreal, Boréal, 1987, 478p.

MOULETTE, P. "Tendances actuelles en matière de blanchiment d'argent" In: *Rapport moral sur l'argent dans le monde*. Paris, Montchrestien, 1999.

RAMINA, L. *Ação internacional contra a corrupção*. Curitiba, Juruá, 2002, 227p.

RENOUVIN, P.; DUROSELLE, J.B. "O homem de Estado". *In: Introdução à história das relações internacionais* (segunda parte). São Paulo, DIFEL, 1967, p.301-470.

REUTER, R. *Institutions internationales*. Paris, Dalloz.

ROCHE, J.J. *Relations internationales*. Paris, LEDJ, 1999.

ROSENAU, J. "Les individus en mouvement comme source de turbulence globale". In: GIRARD, M. *Les individus dans la politique internationale*. Paris, Economica, 1994.

SEITENFUS, R. *Manual das organizações internacionais*. 5.ed. Porto Alegre, Livraria do Advogado, 2012, 386p.

_____. *Legislação internacional*. 2.ed. Barueri, Manole, 2009, 1408p.

_____. *Para uma nova política externa brasileira*. Porto Alegre, Livraria do Advogado, 1994.

_____; VENTURA, D. *Direito internacional público*. 5.ed. Porto Alegre, Livraria do Advogado, 2010, 286p.

SOARES, G. *Órgãos dos Estados nas relações internacionais*. Rio de Janeiro, Forense, 2001, 260p.

THIVEAUD, J.M. "La corruption et les scandales financiers de l'Antiquité au début du XIXème siècle". In: *Rapport moral sur l'argent dans le monde*. Paris, Montchrestien, 1999, p.111-35.

ZOLLER, E. *Droit des relations extérieures*. Paris, PUF, 1992, 368p.

PARTE III
AS ATUAIS TENDÊNCIAS
DAS RELAÇÕES INTERNACIONAIS

A proposta desta última Parte é analisar o que transparece como fundamental nas relações internacionais (RI) contemporâneas. Em primeiro lugar, a onda avassaladora da globalização (Capítulo 6) que encontra uma oposição na constituição de blocos econômicos e comerciais de alcance regional (Capítulo 7). Em seguida, as indispensáveis mudanças na organização do mundo para que uma justa paz seja mantida e não continue subsistindo uma massa de 3/4 de sua população depauperada e marginalizada (Capítulo 8). Enfim, as transformações impostas ao sistema internacional a partir dos atentados de 11 de setembro de 2001 nos Estados Unidos (Capítulo 9).

6

A globalização: anjo e demônio da modernidade

Com o fenecimento do sistema soviético e do Terceiro Mundo, o vetor central das RI deslocou-se para o mercado, com suas leis e princípios. Não há nenhum outro assunto internacional que tenha merecido maior atenção nos últimos vinte anos. Os analistas encontram nos vastos domínios da globalização motivos para júbilo ou decepção: do ponto de vista econômico, encontramos a internacionalização da produção, a liberalização das trocas, a supremacia do capital financeiro. As comunicações permitem a eliminação das distâncias, os indivíduos e comunidades organizam-se em rede e a cultura é massificada, com a tendência ao desaparecimento das singularidades nacionais. Enfim, as grandes empresas transnacionais impõem sua vontade aos Estados, que, impotentes, assistem à redução de atributos fundamentais de sua soberania.

1. UMA GAMA DE DEFINIÇÕES

Difundida pelo jornalismo econômico, a expressão globalização, de origem anglo-saxônica (ou mundialização, de origem francesa), é facilmente identificada, embora dificilmente definida. Não possuindo uma clara significação jurídica, é utilizada tanto como instrumento descritivo de uma suposta realidade a ser apreendida, quanto como discurso ideológico, portanto valorativo, de um fenômeno às vezes defendido, às vezes condenado.

A expressão implica levar em consideração a totalidade dos fenômenos sociais em seu sentido lato, onde quer que eles venham a ocorrer. Surgem sobre ela elegias e igualmente críticas, notadamente as que se expressam pelo conceito de globalização *excludente* ou *assimétrica*. Em qualquer hipótese, constata-se a afirmação de uma nova sociedade internacional, caracterizada pelo constante e se-

6 A globalização: anjo e demônio da modernidade **145**

letivo fluxo de valores e por uma ordem econômico-financeira internacional cuja filosofia e estrutura transcendem, contrapõem-se ao Estado ou dele prescindem.

A globalização encontra sua primeira aplicação na identificação da existência de uma demanda que não se restringe unicamente ao espaço territorial dos Estados. Assim, quatro definições podem ser propostas.

- Em 1983, Theodore Levitt propôs a expressão para designar a convergência de todos os mercados. Globalização e tecnologia seriam os dois principais fatores que moldariam as RI. A sociedade global funcionaria com baixos custos em razão da unicidade do mercado. Ela venderia a mesma coisa, da mesma forma em todos os lugares. Essa fase de globalização dos mercados sucedeu à que previa a venda de produtos obsoletos dos mercados centrais aos países em desenvolvimento. A definição de Levitt aplicava-se à gestão das empresas transnacionais e concernia exclusivamente às trocas internacionais.

- Em 1990, Kenichi Ohmae estendeu a noção para o conjunto da cadeia de criação de pesquisa e desenvolvimento (P&D). Em um primeiro momento, as empresas exportariam a partir de sua base nacional, depois estabeleceriam um sistema de venda e, posteriormente, de produção, no exterior. Finalmente, elas concederiam uma autonomia completa da cadeia de valor à sua filial, desembocando em uma integração global. A globalização identificaria uma forma de gestão, totalmente integrada em escala mundial, da grande firma transnacional. Representando uma importante parte da produção mundial, os diversos espaços nacionais seriam obrigados a sucumbir às suas exigências em razão de sua extrema mobilidade (comércio, investimento, finanças e P&D).

- A terceira definição da globalização decorreu da precedente, na medida em que as empresas transnacionais definiram segundo seus interesses as regras do jogo impostas anteriormente pelos Estados. Saímos do campo da gestão interna das empresas transnacionais e ingressamos na arquitetura do sistema internacional. Passamos da microeconomia para a macroeconomia, das regras de boa gestão privada para a identificação de políticas econômicas e para a própria redefinição do papel das instituições nacionais. Essa noção evoca mais o processo atual do que um regime internacional que viria a substituir o de Bretton-Woods. Os defensores da globalização enfatizavam seu caráter irreversível e indicavam a impotência dos governos perante a estratégia das grandes empresas.

- A quarta definição indicou a transformação da economia. Até então esta era internacional, pois sua evolução dependia da interação dos processos no interior do Estado. A atualidade assiste à emergência de uma economia globalizada na qual as economias nacionais seriam decompostas e depois rearticuladas no seio de um sistema de transações e de processos operando diretamente no plano internacional. Tal definição é mais geral e sistêmica; pretende enfatizar a ruptura qualitativa com relação ao conjunto dos regimes internacionais que se sucederam des-

146 Relações internacionais • Parte III

de o surgimento do capitalismo comercial. Ela indica que os governos perderam qualquer capacidade para influenciar a evolução da economia nacional e que os territórios submetidos ao modelo apresentam grande interdependência, tendendo a ser homogêneos. Enfim, transparece a inutilidade da suposta atuação governamental, que seria, a partir dessa definição, somente de representação (fonte: BOYER, R. "Les mots et les réalités". In: *La mondialisation au-delà des mythes*. Paris, La Découverte, 2000, p.15-6).

A globalização sob as formas anteriormente descritas pode ser considerada uma revolução na história da humanidade? Se a globalização foi entendida como a percepção da unicidade do mundo e a integração pelo conhecimento do espaço e do humano, conclui-se que ela se iniciou com as grandes descobertas marítimas. Identificado seu *habitat*, o homem principiou sua ocupação com o abominável colonialismo e, posteriormente, imperialismo. No entanto, foi o desenvolvimento do capitalismo e as consequências da Revolução Industrial que fizeram surgir, há mais de um século, os sinais da globalização.

Em 1910, o economista inglês Norman Angell publicou a obra *A grande ilusão*, na qual anunciava o surgimento do mundo globalizado:

> As finanças internacionais estão a tal ponto interdependentes e vinculadas ao comércio e à indústria, que a potência militar e política não podem, realmente, nada fazer. A rapidez das comunicações, que engendra uma maior complexidade do sistema de crédito, implica que os atuais problemas de política internacional sejam profunda e essencialmente diferentes do passado.[1]

Com efeito, desde o final do século XIX surgiram sinais de que o mundo industrializado conhecia expressivos níveis de interdependência. As vésperas da Primeira Guerra Mundial, as exportações de mercadorias representavam 13% do PIB dos países industrializados. A título de comparação, em 1993 o índice alcançou 14%. A porcentagem de investimentos estrangeiros na formação do PIB dos países industrializados alcançava 11% em 1914, praticamente o mesmo nível do início da década de 1990.

Angell vinculou a interdependência globalizada à impossibilidade de conflitos entre os parceiros. Ele aderiu à interpretação de Montesquieu quando este enfatiza os predicados do *doce comércio* para as relações entre os Estados, ou ainda de Kant ao sustentar que o comércio é uma marca de civilização. Contudo, as guerras mundiais e as duas centenas de conflitos que ocorreram na periferia do

---

1 A obra foi reeditada pela Editora da UnB em colaboração com o Instituto de Pesquisas em Relações Internacionais do Ministério das Relações Exteriores na Coleção *Clássicos das Relações Internacionais*.

mundo na última metade do século XX colocaram um limite às percepções sobre as virtudes apaziguadoras da globalização econômico-financeira.

A globalização deve ser considerada um processo histórico do capitalismo – sobretudo financeiro – cuja fase mais aguda afirmou-se no final do século XX. Entretanto, se a globalização é uma realidade, não se deve descurar de sua utilização ideológica, justificadora da acracia governamental.

2. O CONTEÚDO DA GLOBALIZAÇÃO

A globalização, tal como se apresenta na atualidade, manifesta-se por seus aspectos financeiros, comerciais, culturais e de comunicações.

A globalização financeira – Em 2011 o mundo produziu bens cujo valor é estimado em US$ 70 trilhões de dólares. A circulação diária de títulos e divisas no mercado financeiro internacional alcança 5,3% desse total, ou seja, US$ 3,7 trilhões de dólares, valor superior ao da produção anual da economia alemã (US$ 3,5 trilhões de dólares). Em outros termos, em menos de vinte dias úteis circula pelo mercado financeiro internacional o valor financeiro correspondente à produção anual de bens em todo o mundo. Portanto, a circulação do capital é quinze vezes superior à produção de bens. O processo de descolamento da economia financeira da economia real prossegue de forma inelutável e é uma das características maiores da globalização.[2]

Atualmente, a volatilidade desses capitais parece não ser superior, segundo recentes estudos, à alcançada durante o século que passou. Contudo, os instrumentos analíticos disponíveis pelos financistas são passíveis de severas críticas, como foi enfatizado anteriormente. Por essa razão, a sanção contra uma política de uma empresa ou de um governo que não segue os cânones estabelecidos pelo mercado poderá ser instantânea, como ficou patente nas recentes crises econômicas e financeiras de países emergentes, bem como na atual crise europeia.

Nem mesmo os bancos centrais das principais economias do globo podem fazer frente à especulação. O total das reservas em divisas disponíveis nos principais países industrializados não alcança sequer a metade do montante que circula diariamente no mercado financeiro internacional, uma bolha especulativa que não interrompe seu crescimento e coloca em risco o próprio sistema monetário internacional.

---

2   Esses dados servem para tornar relativas as críticas mais radicais e superficiais à globalização financeira. Segundo os cálculos dos autores de tais críticas, o descolamento da circulação do capital em relação à produção de riquezas é alarmante, já que somente 2% das transações financeiras vinculam-se diretamente às operações de importação e exportação e aos investimentos reais. Segundo esse errôneo cálculo, isso significa que 98% do movimento financeiro internacional é de natureza especulativa e sua circulação é sessenta vezes superior à produção de riquezas.

148 Relações internacionais • Parte III

Para enfrentar a catástrofe que se anuncia para o conjunto do sistema, como demonstraram as recentes oscilações em economias emergentes e a atual crise europeia, três medidas são preconizadas: a primeira é uma estreita colaboração entre o G8, o G20 e as instituições financeiras internacionais. Para tentar prevenir os ataques especulativos, torna-se indispensável, por um lado, um mútuo e constante auxílio por parte dos bancos centrais e, por outro, um reforço significativo da capacidade de intervenção financeira do Fundo Monetário Internacional (FMI), do Banco Internacional para a Reconstrução e o Desenvolvimento (BIRD) e do Banco Interamericano de Desenvolvimento (BID).

Em segundo lugar, impõe-se uma reforma do mercado financeiro internacional, cuja regulamentação é marcada pelo laxismo. Ela deve iniciar-se pela eliminação dos paraísos fiscais e territórios *off-shore*.

Por fim, é necessário estudar seriamente a viabilidade de se introduzir uma taxação sobre a movimentação do capital volátil. Tecnicamente difícil e politicamente impossível na atualidade, ela parece ser de grande utilidade para disciplinar o mercado. Para tentar minimizar as consequências da especulação financeira desenfreada, há propostas para tributar os capitais voláteis por meio de um imposto específico.

A ideia da taxação financeira percorre curioso itinerário. O prêmio Nobel de economia de 1981 e falecido em março de 2002, James Tobin, um social democrata adepto de Keynes, ex-assessor de John Kennedy e professor na Universidade de Yale, sugeriu em 1972 que fosse aplicada uma taxa de 0,05% sobre cada transação financeira, com o intuito de diminuir o ritmo de circulação dos capitais e evitar a flutuação descontrolada das taxas de câmbio.

Posteriormente, Tobin, constante defensor da globalização, reviu sua proposta e a abandonou. A denominada Taxa Tobin é condenada pela maioria dos economistas e defendida pelos militantes políticos.[3] Estes preconizam que sua aplicação terá dupla consequência: disciplinar a circulação do capital e gerar novas receitas a serem investidas no Terceiro Mundo.

Todavia, a resistência dos mercados a qualquer entrave à sua livre ação, a inoperância, quando não a clara oposição de certos Estados, em particular dos Estados Unidos, e as dificuldades práticas de implementação tornam a introdução da Taxa Tobin uma iniciativa que ainda não está na ordem do dia internacional.

---

3 Em entrevista ao semanário alemão *Der Spiegel*, James Tobin declarou-se contra a contestação da globalização: "eles partem de um bom sentimento, mas são mal pensados". Adepto do livre mercado, ele recusava a vinculação de seu nome e de suas ideias à Associação pela Tributação das Transações Financeiras para Ajuda aos Cidadãos – ATTAC. Assim, criou-se uma nova sigla para a Taxa Tobin – Tato –, descartando-se uma referência explícita ao seu idealizador.

6 A globalização: anjo e demônio da modernidade   **149**

A globalização comercial – Embora sem alcançar os índices da circulação financeira, outro sinal forte da globalização é o incremento do comércio de bens. Nos últimos trinta anos ele atingiu níveis quatro vezes superiores ao da produção mundial de bens,[4] graças à diminuição constante da média de proteção tarifária das economias nacionais, já que mais de 95% do comércio mundial encontra-se atualmente sob as regras do Acordo Geral sobre Pautas Aduaneiras e Comércio e da Organização Mundial do Comércio (GATT/OMC).

Além dos tradicionais aumentos das exportações e dos investimentos no exterior, duas novas características marcam as empresas transnacionais globalizadas: as fusões e alianças estratégicas e a inovação tecnológica. Todavia, a empresa global continua sendo mais uma projeção do que uma realidade. Excetuando a suíça Nestlé, que emprega 96% de sua mão de obra no exterior, as suecas ABB (93%) e Electrolux (82%), a japonesa Sony (55%) e a americana Ford (50%), todas as demais transnacionais continuam tendo a maior parte de sua força de trabalho em seu país de origem. Além disso, raras são as empresas que recrutam os dirigentes sem distinguir a nacionalidade. Portanto, a empresa apátrida, desvinculada de um Estado e a serviço exclusivo de uma estratégia internacional, constitui ínfima minoria.

Com exceção da indústria eletrônica (verdadeiramente globalizada), raras são as empresas que adotam uma estratégia universal. No setor automobilístico, por exemplo, mais de 85% dos carros consumidos nos Estados Unidos e mais de 90% nos países da União Europeia são fabricados em sua respectiva região. A adoção de padrões globais para produtos universalizados constitui ainda uma quimera e abrange escassos produtos.

Os ingressos da China e em 2011 da Rússia, esta após dezoito anos de negociações, na OMC, elevou a 157 o número de Estados-membros e concedeu à organização um caráter verdadeiramente universal, submetendo a quase totalidade da população do planeta às suas regras. Mas pode-se concluir, portanto, que existem regras internacionais que garantam a estabilidade do sistema multilateral de comércio e respondam à expectativa da maior parte da humanidade? Uma incógnita e uma certeza condicionam a resposta. A incógnita decorre dos desdobramentos da Conferência de Doha e a certeza é consequência da crescente regionalização do comércio, que indica os limites e as deficiências do sistema comercial de alcance mundial.

A Conferência Ministerial da OMC em Doha estava fadada ao sucesso por ter sido a primeira grande conferência internacional posterior aos atentados terroristas de 11 de setembro de 2001. Como seria, contudo, um balanço da Conferência de Doha? De fato foi anunciada apenas a abertura de um imenso leque de possibilidades cujos resultados são imprevisíveis. A questão dos investimentos, por

---

4   Consultar gráfico in: SEITENFUS, R. *Manual das organizações internacionais*. Op. cit, p.216.

exemplo. Se for verdade que regras nesse campo são desejáveis e que seria um absurdo manter essa discussão no exclusivo âmbito da Organização para Colaboração e Desenvolvimento Econômico (OCDE), portanto entre os países ricos, a OMC seria a instância correta para empreendê-la? Em face das gigantescas repercussões de um futuro acordo, uma conferência extraordinária da ONU parece constituir foro bem mais adequado ao debate.

Por outro lado, as aparentes concessões europeias e norte-americanas em aceitar discutir o protecionismo devem ser percebidas com cautela. Os negociadores de uma conferência dessa natureza retornam aos seus respectivos países com uma tripla preocupação: fazer a opinião pública aceitar as concessões firmadas em nome do Estado, identificar mecanismos que possibilitem cobrar o cumprimento das concessões feitas pelos demais Estados parceiros, e buscar fórmulas que permitam o não cumprimento de suas próprias concessões.

Assim, adquire transcendental importância a análise dos textos firmados. Tendo de contemplar as expectativas de todos, inclusive as dos mais fracos, o consenso carrega consigo a ambiguidade e a contradição. Não deve surpreender a ninguém que o texto aceitável deva ser o mais dúbio e não o mais límpido. As decisões de Doha são balizas que cada Estado vai interpretar de forma distinta, obviamente em benefício próprio.

No caso do Brasil, que reconheceu a importância de Doha, nossos representantes orientaram-se por duas preocupações. Na área da saúde, a de vincular a possibilidade de quebra de patentes à urgência para enfrentar problemas de acesso a medicamentos. Obteve-se declaração de natureza política de grande importância, desmentida em dezembro de 2002 em razão da oposição dos Estados Unidos, sobre a quebra de patentes.

Todavia, o Brasil opôs vigoroso veto ao princípio da precaução. Tal postulado permite sustar o comércio de produtos que apresentam riscos, ainda não confirmados pela ciência, à saúde da população ou ao meio ambiente. A "doença da vaca louca" e as incertezas da biotecnologia foram descartadas como simples entraves protecionistas, quando na verdade apontavam verdadeiros dilemas para a saúde e o bem-estar de todos.

Enfim, a Conferência de Doha restabeleceu certa normalidade às RI, retomando a pauta do comércio que estava ofuscada pela questão da segurança e do combate ao terrorismo. Mas não há vitória, exceto pela ausência de derrota. Ainda mais árduas disputas se anunciam. Para que a OMC não seja obrigada a refugiar-se no deserto, é imprescindível que o comércio internacional transforme-se em uma alavanca do desenvolvimento e da redução das desigualdades sociais.

Um dos desafios maiores da OMC é melhor repartir o comércio internacional. Atualmente, como demonstra a Tabela 6.1, o desequilíbrio é marcante.

Tabela 6.1 As dez economias mais importantes no comércio internacional (em % do total, 2011)

País	Exportação	Importação
China	10,4	9,5
Estados Unidos	8,1	12,3
Alemanha	8,1	6,8
Japão	4,5	4,6
Holanda	3,6	3,2
França	3,3	3,9
Coreia do Sul	3,0	2,8
Itália	2,9	3,0
Rússia	2,9	1,8
Bélgica/Luxemburgo	2,6	2,5

Fonte: OMC, *Statistiques du commerce international*, 2012, p.26.

A título de comparação, apesar de seus esforços e da importância de sua estratégia para conquistar mercados externos, o Brasil participa com 1,4% do total das exportações mundiais e com 1,3% das importações, colocando-se na 22ª posição. A atual situação tenderá a agravar-se com o crescimento demográfico exponencial e diferenciado que o norte e o sul do planeta experimentam.

Finalmente surge, a partir de 2008, com a crise econômica e financeira europeia, a tentação do retorno ao protecionismo. Embora essa tendência afete somente 3% do comércio internacional, nota-se sua extensão. A Figura 6.1 indica que um número crescente de países considera que as importações explicam a diminuição da oferta do emprego e da geração de riquezas. Tentando contê-las, adotam medidas protecionistas.

Figura 6.1 Medidas protecionistas adotadas unilateralmente (2009-2013)

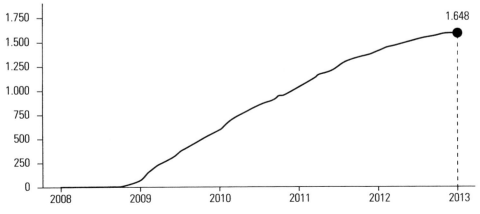

Fonte: Global Trade Alert.

152 Relações internacionais • Parte III

A globalização cultural e das comunicações – Os extraordinários progressos tecnológicos da informática, telemática, internet, fax e televisão através de satélites fazem surgir uma verdadeira, porém desequilibrada, sociedade global.

Entre os resultados espetaculares do avanço tecnológico encontra-se a invenção da internet. Emerge um novo espaço econômico, político, social e cultural marcado pela descentralização e pela incapacidade de controle por parte do Estado. Milhares de *sites* surgem por dia e criam-se comunidades transnacionais virtuais de indivíduos, comunidades científicas e Organizações Não-Governamentais de Alcance Transnacional (Ongat), articulando uma livre sociedade civil internacional em face dos poderes tradicionais.

Os internautas colocam em xeque a noção de fronteira territorial e política dos Estados, os quais, caso não controlem a utilização do telefone, não disporão de meios capazes de ordenar o fluxo via internet. A privatização dos sistemas de comunicações agrega dificuldade suplementar, já que, sendo raros os serviços sob administração pública, mais difícil se torna sua supervisão.

Impossível referir-se à comunicação fazendo abstração da língua, vetor cultural e instrumento de afirmação social que ocupa lugar central na história da humanidade. O contato cultural entre diferentes línguas data da Antiguidade. Há algumas décadas o intercâmbio consistia no *transporte* de bens e pessoas de um lugar para outro. Com o surgimento dos instrumentos de comunicação agrega-se ao transporte concreto de bens e pessoas um elemento abstrato, mas carregado de significado: a *informação*. A partir da consolidação da globalização, o que circula não é mais o sujeito, mas os valores e percepções transmitidos por ínfima parte dele, ou seja, as culturas dominantes.

Existem no mundo aproximadamente seis mil línguas, que formam comunidades linguísticas autônomas.[5] Língua e cultura são os componentes da identidade que conseguiram manter-se com certa autonomia até a Revolução Industrial, já que os contatos culturais eram episódicos. Contudo, a partir da criação de máquinas capazes de fabricar e difundir culturas, surge uma *indústria cultural* que reproduz os bens culturais em série e coloca em risco a própria criação artística e a diversidade cultural.

O fenômeno aprofundou-se na última metade do século passado, quando a indústria cultural reuniu meios consideráveis, aperfeiçoou a técnica de reprodução, transformou o criador em mero trabalhador e suas criações em simples mercadorias. Estas são numerosas e exercem funções essenciais na sociedade: além dos bens tradicionais (imagens, músicas e palavras), encontram-se seus suportes (discos, livros, revistas, televisão, satélite, fotografia, publicidade, turismo de massa etc.).

---

5 HAGÈGE, C. "Paroles d'hommes". In: *Le monde de l'éducation*, fevereiro de 1998, p.26.

6 A globalização: anjo e demônio da modernidade **153**

Transformado em produto, o bem cultural passou a integrar o mundo da economia. Ora, certos países – em particular os Estados Unidos – que possuem uma indústria cultural forte e dotada de valores facilmente transmissíveis pretendem desregular o mercado da cultura, considerando-a um bem como qualquer outro.

A França conseguiu, ao longo das últimas décadas, resistir à transformação da cultura em simples mercadoria. Defendendo a *exceção cultural*, Paris conseguiu o apoio da União Europeia e luta atualmente no âmbito da OMC. Trata-se de princípio político-econômico que admite a concessão de subsídios à produção cultural sem que estes possam vir a ser considerados concorrência desleal.[6] Trata-se, em suma, da defesa da diversidade cultural em face das pressões exercidas pelo mercado. O Brasil é um dos raros países não europeus que acompanham, timidamente, a política audiovisual francesa por meio da legislação de incentivos fiscais para a cultura.

As comunicações culturais e a informação por meio da mídia são consideradas áreas sensíveis para um grande número de Estados. Promover ideias e valores, fazer propaganda política e difundir informações, moldando os espíritos, constituem atividades cruciais para qualquer grupo humano. Não é por outra razão que a Constituição brasileira de 1988 regulamentou de forma restritiva a participação do capital estrangeiro nos meios de comunicação nacionais, o que foi recentemente modificado.

A cobertura dos acontecimentos internacionais é tributária de escassas agências de notícias e raríssimas televisões autônomas. As denúncias da Unesco sobre os desequilíbrios entre o Norte e o Sul na produção de informações na década de 1970 fizeram surgir a possibilidade de uma "nova ordem mundial de informação e de cultura" (NOMIC). A oposição dos Estados Unidos e do Reino Unido, defendendo uma política liberal para o setor, tornou impossível seu questionamento. Por conta de uma seletividade ideológica e econômica, vive-se hoje em um mundo onde a informação muitas vezes confunde-se com a manipulação.

3. AS CONSEQUÊNCIAS SOCIAIS DA GLOBALIZAÇÃO

A globalização e os avanços tecnológicos resultam de uma intensificação da concorrência entre as empresas. Desconhecendo fronteiras, esta se manifesta pelo crescimento da mobilidade de alguns fatores de produção, especialmente o capi-

---

6   Por meio da exceção cultural, o Estado francês financiou a indústria cinematográfica e obrigou as emissoras de TV a programarem 40% de filmes nacionais. Em razão dessa política, em 2001 o cinema americano perdeu 12,2% do mercado francês. A compra da Universal pela francesa Vivendi – criando o segundo conglomerado de mídia do mundo após a AOL-Time-Warner – fez surgir uma oposição doméstica à exceção cultural.

tal. O fator trabalho, ao contrário, é impregnado de absoluta imobilidade. O tempo das grandes migrações constitui página virada na história da humanidade. O homem pode deslocar-se somente de forma temporária – os trabalhadores sazonais e os turistas –, já que os sistemas nacionais e internacionais impõem severas restrições à sua mobilidade (passaportes, vistos de entrada e permanência, comprovação de subsistência, vínculo de residência e bens de raiz no país de origem).

As restrições para ingresso no território dos países da União Europeia ou nos Estados Unidos demonstram, pelos dramas humanos cotidianos, que o estatuto jurídico de refugiado somente é aplicado a casos específicos, por razões políticas ou de flagrante desrespeito aos direitos humanos fundamentais, mas jamais por razões econômicas.

O mundo conhece atualmente dois fluxos migratórios: o primeiro tem como palco exclusivamente a Europa e decorre do fim do Império Soviético. Uma formidável reserva de mão de obra encontra-se no Leste europeu, e com o intuito de impedir a continuidade dessa pressão sobre suas fronteiras orientais, a União Europeia aceitou o ingresso de dez Estados da Europa Oriental.

A segunda corrente migratória é motivada por razões econômicas e toma a direção Sul-Norte. Pessoas originárias da África, do arco sul do Mediterrâneo, do Oriente Médio e do Sul da Ásia tentam, por meios clandestinos, alcançar a Europa Ocidental, em especial a Inglaterra. Fenômeno parecido ocorre na fronteira sul dos Estados Unidos. Ponto de contato entre a América desenvolvida e em desenvolvimento, Washington tenta eliminar a porosidade de sua fronteira instalando verdadeiro muro de contenção que lembra, infelizmente, a divisão de Berlim durante a Guerra Fria.

O controle, no entanto, não é absoluto. Existe atualmente nos Estados Unidos uma importante colônia brasileira e sobretudo hispano-americana, já que essa população é majoritária em aproximadamente vinte cidades com mais de cem mil habitantes. Sua presença modifica o tecido sociocultural e representa um importante grupo de pressão que age diretamente sobre as RI, como no caso da maioria de origem cubana da Flórida perante a situação política na ilha de Fidel Castro.

Todavia, a globalização coloca em concorrência direta os assalariados do mundo inteiro, com duas consequências principais: por um lado, as condições de remuneração, de emprego e de proteção social degradam-se nos países de antiga industrialização. A ameaça ou o deslocamento de empresas enfraquecem o poder de negociação dos trabalhadores e a concorrência incita os empresários a diminuir seus custos automatizando a cadeia produtiva, incrementando o desemprego e comprimindo os salários. A Tabela 6.2 indica as diferenças do custo da mão de obra entre um país desenvolvido (com um índice básico de 100 da França) e alguns em desenvolvimento.

6 A globalização: anjo e demônio da modernidade **155**

Tabela 6.2 Custo comparativo da hora de trabalho na indústria

País	Índice
França	100
Cingapura	38
Taiwan	34
Coreia do Sul	30
Brasil	17
México	15
Malásia	11
China	3
Indonésia	2

Fonte: Morgan Stanley.

Por outro lado, em muitos países emergentes do Terceiro Mundo que acolhem essas atividades, há escasso respeito às convenções e recomendações da Organização Internacional do Trabalho (OIT). Nasce a tentação de serem utilizadas vantagens laborais relativas à exploração, inclusive, de trabalho infantil e prisional.[7] Esse *dumping laboral*[8] é combatido pela União Europeia, Estados Unidos e Canadá nas organizações e conferências internacionais.

Foi aprovado um regulamento, de efeito imediato e aplicável no território dos quinze países-membros da União Europeia, que institui um regime especial para a entrada de produtos asiáticos e latino-americanos no mercado europeu. Os países exportadores que portarem a prova de respeito às convenções da OIT sobre a liberdade sindical e a proteção do direito sindical (Convenção 87, de 1948), sobre o direito de organização e negociação coletiva (Convenção 98, de 1949), sobre a idade mínima para admissão ao trabalho (Convenção 138, de 1973) e o conteúdo das normas da Organização Internacional de Madeiras Tropicais (OIMT), serão beneficiados com uma redução de 15 a 35% do valor das tarifas alfandegárias praticadas pela UE. Trata-se de um incentivo que, por premiar os Estados do Terceiro Mundo que respeitam as cláusulas sociais e ambientais, constitui, no entanto, uma discriminação frente aos demais.

---

7   A transferência de empresas para o Terceiro Mundo foi denunciada pela Organização Mundial de Saúde (OMS), em 1999, como responsável pelo aumento da incidência de doenças e acidentes de trabalho. Um estudo conjunto da OIT e da OMS indica que, anualmente, os acidentes de trabalho matam 1,1 milhão de pessoas e que 160 milhões de pessoas são afetadas por novos casos de doenças relacionadas ao trabalho (*Financial Times*, junho de 1999).

8   Não se trata das condições sociais, mas tão somente laborais, dos trabalhadores. Por essa razão, a expressão *dumping laboral* e não *social*, como usada pela literatura especializada, reflete com maior exatidão o fenômeno.

156 Relações internacionais • Parte III

Na Conferência de Marrakesh em 1994, que criou a OMC, os países desenvolvidos tentaram introduzir a discussão sobre o *dumping laboral*.[9] Ora, os Estados em desenvolvimento recusaram o debate alegando tratar-se de uma forma camuflada de protecionismo, impedindo o acesso dos produtos originários do Terceiro Mundo ao mercado, interpretação defendida com vigor pelo Brasil. No máximo, diziam as autoridades brasileiras, seria admissível uma discussão técnica no âmbito da OIT, mas sem vinculá-lo ao comércio. As razões são simples: a escassa eficácia das convenções da OIT e a possibilidade de sanções comerciais caso o tema fosse transferido para a OMC.

Sendo o âmbito da OIT inapropriado e o da OMC inalcançável em razão da oposição do Terceiro Mundo, restou à UE legislar de forma unilateral, contudo positiva. Trata-se de criar um incentivo, e não uma penalidade. Por essa razão, a decisão da UE é jurídica, política e moralmente inatacável. A discriminação positiva colocará, evidentemente, os países beneficiários em condições vantajosas para o acesso de seus produtos ao mercado europeu. Sobretudo, ela pretende premiar países que respeitam convenções internacionais já firmadas. Para os que não respeitarem, ou seja, não fizerem uma solicitação para beneficiarem-se da baixa tarifária, a situação permanecerá idêntica, sendo impostas aos seus produtos as tarifas normais do Sistema Geral de Preferências (SGP).

O novo regulamento da UE joga por terra a estratégia de avestruz dos governos do Terceiro Mundo e desnuda sua inconsistência. Ao recusar o debate e não promover a proteção das florestas tropicais e ao permitir que crianças tenham acesso ao mercado de trabalho antes de completar 15 anos, esses governos pretendiam, com um discurso simplista, evacuar um problema concreto que atinge as sociedades sob suas responsabilidades. Calcula-se que 250 milhões de crianças em idade escolar trabalham, por vezes em condições de semiescravidão, no mundo. A iniciativa da UE é uma resposta concreta a esse desafio.[10]

A discriminação positiva marca um novo tempo no comércio internacional. As economias que prosseguirem agindo com irresponsabilidade para fugir do cumprimento de suas obrigações internas e internacionais serão alijadas dos mais importantes mercados. Ora, a importância do comércio exterior para o equilíbrio macroeconômico aconselha uma ação imediata, pois a velocidade da conquista de um mercado é inversamente proporcional à da sua perda.

---

9   Consultar VELLANO, M. "Le plein emploi et la clause sociale dans le cadre de l'OMC". *RGDIP*, 102(4), 1998, p.879-914.

10 As denúncias do desrespeito às condições apontadas pelo regulamento podem ser feitas por qualquer pessoa, física ou jurídica. Uma investigação será então realizada pela UE, com o auxílio ou não do governo interessado, *que pode concluir que o desrespeito às normas ocorre de forma setorial*. Somente esses produtos não poderão beneficiar-se das reduções tarifárias.

6 A globalização: anjo e demônio da modernidade 157

Tomando consciência da situação, a Associação Brasileira da Indústria Têxtil (ABIT) manifestou seu apoio à inclusão de cláusulas trabalhistas e ambientais nos futuros acordos comerciais, um bom instrumento para atuar contra países que estejam exercendo concorrência desleal.[11]

Independentemente da melhora do acesso aos mercados do Primeiro Mundo para os produtos oriundos do Sul, de fato o desempenho econômico mundial apresenta graves distorções. Grosso modo, 75% da humanidade contribui com a criação de somente 1/4 das riquezas. A tabela comparativa dos percentuais referentes à população e sua respectiva participação na produção mundial de bens indica claramente a má distribuição da riqueza no mundo (Tabela 6.3).

Tabela 6.3 A globalização excludente em 2012

Região	% da população mundial	% do PIB mundial
América do Norte	5,05	30,4
América Latina e Caribe	8,53	7,3
Europa e Rússia	11,99	32,4
África	13,14	2,3
Ásia	60,78	26,2
Oceania	0,51	1,5
Total	100,00	100,00

Fonte: elaborada pelo autor com dados fornecidos pelo *Bilan du Monde*, 2012, Paris.

Segundo o Relatório Anual do Programa das Nações Unidas para o Desenvolvimento (PNUD) referente a 2011, a distribuição da riqueza mundial manifesta-se de maneira absolutamente assimétrica. Para uma população total de aproximadamente 7 bilhões de indivíduos, projeta-se que o planeta produzirá bens e serviços em 2012 em um valor de cerca de US$ 70 trilhões de dólares. A Tabela 6.4 revela o alcance da indesculpável disparidade de renda que caracteriza o atual sistema internacional.

Tabela 6.4 Repartição da riqueza mundial em 2011 (em trilhões de US dólares)

Mundo	70
1% da população mundial	31,5
9% mais ricos	13,5
40% intermediários	24
50% mais pobres	0,7

---

11 Declaração de Paulo Skaf, presidente da ABIT, indicando que "o setor têxtil brasileiro não tem medo porque tem uma produção limpa. Essas serão as maneiras de combatermos a concorrência terceiro-mundista de países como a Índia e a China". In: *Valor Econômico*, 13.12.2001.

158   Relações internacionais ▪ Parte III

Em outros termos, os 70 milhões de indivíduos mais ricos (1% da população mundial) apropriam-se de 45% do total da riqueza do mundo. O grupo a seguir, composto por 630 milhões de pessoas (9% do total), reúne 5% da riqueza. O grupo intermediário, composto por 2,8 bilhões de indivíduos, responde por 34% da riqueza do planeta, ao passo que para os 50% mais pobres da população mundial (3,5 bilhões de pessoas) resta unicamente 1% da riqueza, equivalente a 0,7 trilhão de dólares.

A amoralidade e a irracionalidade da atual distribuição das riquezas do mundo tendem a se tornar absolutamente insustentáveis nas próximas décadas. Quando projetado o aumento distributivo da população mundial, é forçoso constatar que ele acontecerá, essencialmente, nos países em desenvolvimento. A Tabela 6.5 indica o alcance do fenômeno nas próximas décadas.

Tabela 6.5 População das grandes regiões do mundo – 1750-2050 – (em milhões de indivíduos)

Regiões	1750	1800	1850	1900	1950	1996	2025	2050
África	106	107	111	133	224	739	1.454	2.046
Ásia	502	635	809	947	1.402	3.448	4.785	5.443
Europa	163	203	276	408	547	729	701	638
América Latina*	16	24	38	74	166	484	690	810
América do Norte	2	7	26	82	172	299	369	384
Oceania	2	2	2	6	13	29	41	46
Total	791	978	1.262	1.650	2.524	5.728	8.040	9.367

*Incluindo o Caribe.
Fonte: Nações Unidas, *World Population Prospects (The 1996 Revision)*.

Em termos percentuais, a repartição da população confirma a importante progressão do número de habitantes nos países do Terceiro Mundo e a diminuição da população residente nos países desenvolvidos. A Tabela 6.6 confirma essa tendência.

Tabela 6.6 Projeção da distribuição humana por região – 1750-2050 (em %)

Regiões	1750	1800	1850	1900	1950	1996	2025	2050
África	13,4	10,9	8,8	8,1	8,9	12,8	18,1	21,9
Ásia	63,5	64,9	64,1	57,4	55,6	60,5	59,5	58,2
Europa	20,6	20,8	21,9	24,7	21,7	12,6	8,7	6,8
América Latina	2,0	2,5	3,0	4,5	6,6	8,4	8,6	8,6
América do Norte	0,3	0,7	2,1	5,0	6,8	5,2	4,6	4,1
Oceania	0,3	0,2	0,2	0,4	0,5	0,5	0,5	0,5

Fonte: Ibidem.

O sombrio quadro da evolução demográfica indica que os problemas envolvendo uma melhor repartição de riquezas e a definição de políticas internacionais de desenvolvimento constituem desafio inadiável. Caso a comunidade internacional não se sensibilize para esse drama que envolve bilhões de seres humanos, certamente as RI se tornarão ainda mais tensas.

7 A integração regional e a formação dos blocos comerciais

O sistema do comércio internacional, pedra de toque da globalização, enfrenta grave risco: trata-se da possibilidade de sofrer um processo de *balcanização* em razão da multiplicação dos acordos e blocos comerciais regionais. Fenômeno que conhece extraordinário desenvolvimento a partir dos anos de 1980, o regionalismo comercial impregna de maneira indelével as RI contemporâneas.

O comércio entre os países da União Europeia, que alcançava 25% do total do comércio exterior em 1948, já atinge mais de 60% das trocas.

O caso do Mercosul é igualmente significativo, pois o comércio no interior do bloco triplicou após a assinatura do Tratado de Assunção.

No início de 2012, a OMC havia sido notificada, para fins de registro e de análise de compatibilidade com suas regras, sobre a existência de 511 Acordos Comerciais Regionais (ACR), sendo que 319 entre eles encontravam-se em plena vigência. Além destes, há os Arranjos Comerciais Preferenciais (ACPr) que preveem conceder e receber preferências tarifárias.

Os processos de integração são de natureza econômica e, em um primeiro momento, essencialmente comercial. Todavia, eles podem atingir amplo leque de assuntos, redimensionando, inclusive, alguns elementos estruturais e dogmáticos da organização do Estado. A teoria da integração econômica explica o sucesso desse fenômeno planetário.

1. TEORIA DA INTEGRAÇÃO ECONÔMICA

Há integração entre diferentes Estados quando, de forma duradoura, são adotadas políticas econômicas comuns, mormente comerciais, com o objetivo de diminuir os entraves ao intercâmbio intrazona e diferenciá-lo dos vínculos estabelecidos com os Estados que se situam extrazona.

7 A integração regional e a formação dos blocos comerciais **161**

Entre 1818 e 1834, os Estados alemães, sob a direção da Prússia e inspirados pelo economista Friedrich List, criaram uma união aduaneira, constituindo o célebre *Zollverein*.[1] Seu objetivo era eliminar os 38 regimes aduaneiros que separavam os Estados alemães e dificultavam as trocas comerciais. Ao unificar as condições de produção e comercialização internas, o *Zollverein* manteve, externamente, os entraves existentes. Nota-se que a experiência alemã expressa a duplicidade que marca os processos de integração econômica: liberação interna e protecionismo externo.

O *Zollverein* revelou-se rapidamente um poderoso instrumento de desenvolvimento econômico e transformou a Alemanha na principal potência industrial do continente. Contudo, é no plano político que se encontra a razão de ser do *Zollverein*, e eis que a iniciativa preparou a unidade alemã. Ao identificar claramente esse objetivo, é descartado o constante dilema que assola os processos de integração, qual seja, a manutenção das prerrogativas dos Estados-membros ou sua paulatina transferência para instâncias supranacionais.

A grave crise econômica que se iniciou em 1929 afetou profundamente o comércio internacional e fez surgir duas tendências contraditórias. A primeira concebia um papel central ao Estado. Tanto a União Soviética quanto a Alemanha, a Itália e o Japão consideravam o comércio exterior atributo fundamental da atuação internacional do Estado. Certamente a Alemanha, pelo vigor de sua economia e a preocupação em orientar suas trocas externas, constitui marcante exemplo do dirigismo que impregnou o comércio internacional durante a década de 1930.

O *Novo Plano* alemão ou *Plano Schacht*[2] imposto ao país após a ascensão de Adolf Hitler consistia em fazer Berlim importar bens somente na medida em que pudesse exportar, para o Estado fornecedor, mercadorias de igual valor. A obsessão com o equilíbrio da balança comercial resultou na utilização de uma moeda não conversível – o marco Aski[3] – para o pagamento das importações. Os importadores alemães obrigaram-se a obter um certificado de divisas para poder comprar no exterior, e o encontro de contas do comércio exterior não se realizava globalmente, mas país por país. Logo, quando um país exportava para a Alemanha, ele recebia um crédito obrigando-o a abastecer-se na Alemanha. Caso ele não o fizesse, deveria negociar tal crédito, com deságio, com um terceiro país interessado em adquirir bens alemães.

---

1   Alguns Estados hesitaram em aderir, receosos do poder econômico prussiano. Assim, o processo concluiu-se somente em 1888 com o ingresso de Hamburgo.

2   Hjalmar Schacht foi Ministro da Economia de 1934 a 1937 e idealizador do Plano.

3   A denominação Aski origina-se no *Ausländer Sonderkonto für Inlandszahlungen* ("conta especial de estrangeiro para pagamentos domésticos").

162 Relações internacionais ▪ Parte III

Opondo-se ao dirigismo germânico, o modelo anglo-saxônico inspirou-se no liberalismo das trocas comerciais internacionais. Adam Smith foi o primeiro economista que sublinhou, em sua obra A *riqueza das nações*, a necessidade da divisão internacional do trabalho. Opositor ao mercantilismo e ao protecionismo que surgiram com a afirmação do Estado-Nação europeu, Adam Smith considerava que o protecionismo se sustentava na exploração dos consumidores, os quais eram obrigados a adquirir bens nacionais de menor qualidade e de preços mais elevados se comparados aos praticados no mercado internacional.

A concorrência no mercado interno eliminaria os produtores não competitivos e faria o sistema alcançar sua otimização. Todavia, segundo a teoria clássica, no mercado internacional tal não ocorreria, pois a desigualdade entre as técnicas de produção e a imobilidade dos fatores impedia a livre concorrência. Para Adam Smith, somente o livre comércio e a especialização decorrente fariam que os consumidores e produtores pudessem usufruir as vantagens absolutas de todos.

David Ricardo afinou a teoria e contestou parte das conclusões de Adam Smith. Para Ricardo, todos os países, inclusive aqueles que dispunham de vantagens absolutas de produtividade em todos os produtos comerciáveis, deveriam procurar o livre comércio e a decorrente especialização. Para confirmar sua teoria das vantagens comparativas, Ricardo indicou o exemplo da produção têxtil da Inglaterra e da vinícola de Portugal. Sua hipótese baseava-se unicamente no tempo de trabalho necessário para a produção de uma unidade de um bem em cada um dos países. A unidade temporal definiria o custo de produção e, por conseguinte, seus preços. A Tabela 7.1 indica os principais elementos da teoria das vantagens comparativas.

Tabela 7.1 Teoria das vantagens comparativas (David Ricardo)

	Vinho	Têxtil	Custos comparativos	Custos comparativos
			Vinho/têxtil	Têxtil/vinho
Portugal	80 horas	90 horas	80/90 = 0,89	90/80 = 1,12
Inglaterra	120 horas	100 horas	120/100 = 1,20	100/120 = 0,83

Portugal dispunha de maior produtividade nos dois bens. A teoria de Adam Smith indicaria que ele deveria especializar-se em ambos e a produção inglesa desapareceria em caso de livre comércio. Para Ricardo, no entanto, Portugal teria interesse em especializar-se na produção vinícola, pois encontraria sua *maior* vantagem comparativa. Mesmo sendo seu custo de produção têxtil inferior ao da Inglaterra, Portugal deveria importá-lo. Em economia fechada, uma unidade de vinho equivalia em Portugal a 0,89 unidade têxtil. Na Inglaterra, a mesma unidade de vinho era de 1,20 unidade têxtil. Em caso de livre comércio, as vinícolas portuguesas obteriam uma relação de troca mais favorável no mercado inglês que no mercado nacional (1,20 contra 0,89). Os produtores ingleses de têxtil também encontravam no mercado português uma melhor relação que em seu próprio mercado (1,12 contra 0,83). Por conseguinte, os dois países tinham interesse nas trocas comerciais, cada qual importando do parceiro o produto para o qual este dispunha da produtividade mais elevada.

A batalha comercial ocorrida durante os anos que precederam o conflito entre o liberalismo anglo-saxão e o dirigismo germânico teve um vencedor com o epílogo da guerra. Na perspectiva de um fim para a contenda, foram assinados os Acordos de Bretton-Woods, em 1944. Surge então, como já enfatizamos, o FMI, a princípio com o objetivo de manter a paridade cambial, assim como o BIRD, misto de banco comercial e de serviço público internacional, modelo próximo das organizações internacionais (OI) clássicas.

Faltava, portanto, o terceiro pilar, qual seja, o comércio. Convocou-se, em 1947, a Conferência de Havana com o intuito de criar uma Organização Internacional de Comércio (OIC). Foi um aparente fracasso, pois os 23 países presentes firmaram apenas um GATT, uma aposta na liberalização do comércio internacional. Apesar de sua natureza singular e pouco ambiciosa, o GATT conseguiu, por seu dinamismo, fazer o comércio internacional crescer, em meio século, quatro vezes mais do que a produção mundial. Se em 1947 o número reduzido de signatários impossibilitava a criação da mencionada OIC, em fins de 1994, em Marrakesh, o grande número de países presentes praticamente impôs o surgimento da OMC. Além disso, verificou-se um processo de universalização. Atualmente, o acordo é subscrito por 2/3 dos Estados e mesmo a China, país historicamente autárquico, associou-se à organização.

A OMC transformou-se em instrumento fundamental do sistema internacional, concedendo-lhe um adensamento de juridicidade. Uma das características desse adensamento é a transferência das relações de cooperação, ou de confronto, do campo político-ideológico para o domínio econômico, especialmente para os Estados do Sul, objetos, até o final da década de 1980, de programas de auxílio e de ajuda ao desenvolvimento. Ora, na atualidade, com a diminuição progressiva da ajuda internacional, esses países devem lançar mão das exportações como instrumental para a criação de riquezas e geração de empregos.

O *slogan* que caracteriza a nova situação (*Trade, not aid*) é alvo de contundentes críticas, pois existe certo número de *quase-Estados* em que as necessidades econômicas mínimas da população não podem ser alcançadas sem uma ajuda internacional a fundo perdido. Há outros, no entanto, como o Brasil, em que uma política de melhor distribuição de renda interna, aliada à eliminação das barreiras impostas pelos mercados dos países desenvolvidos, representaria um benefício importante para a viabilização de políticas públicas.

164 Relações internacionais • Parte III

Todavia, é necessário enfatizar que os países desenvolvidos respondem por 87% do comércio mundial, enquanto a América Latina detém somente 4,2% (2011). Tal estrutura se reflete nas negociações da OMC, pois a *agenda* (conteúdo a ser negociado) e a *segmentação* (forma de negociação) são impostas pelos mais poderosos. Certamente tal situação é um considerável avanço se comparada à unilateralidade dos Estados Unidos, como demonstram as iniciativas desse país com as leis Helms-Burton e D'Amato.

2. OBJETIVOS E TÉCNICAS DA INTEGRAÇÃO

Um processo de integração no qual vários Estados estão empenhados em construir uma nova realidade entre si implica a imposição de condições distintas entre eles e Estados terceiros que não fazem parte do bloco. Tal processo se sustenta, inicialmente, nas vantagens comparativas comerciais. Contudo, os Estados que dele participam podem continuar mantendo, ao mesmo tempo e de forma paralela, relações externas bi e multilaterais de forma tradicional.

A ausência de uma teoria que conceda uma sustentação para melhor se compreender os desafios externos dos blocos de integração pode nos fazer imaginar que os desafios são semelhantes àqueles encontrados pelos Estados. Em outras palavras, é possível identificar para os processos de integração, tal como se faz por meio da Teoria Geral do Estado, os desafios dos Estados em suas relações com outros Estados. Essa transposição teórica é impossível em razão da natureza distinta dos dois fenômenos.

Norteiam a atuação externa dos Estados dois grupos de elementos: o *fático* – os Estados são instituições estáticas e apresentam elementos constitutivos fundamentais: território, povo, governo e reconhecimento internacional; e os *princípios*: soberania, independência nacional, autodeterminação dos povos, que são elementos fundamentais das relações externas dos Estados modernos. Ora, os processos de integração encontram no mínimo dois desafios distintos.

O primeiro consiste no tradicional dilema entre o alargamento, cujo objetivo é acolher novos parceiros – o que hoje se apresenta como exógeno amanhã poderá compor o coletivo –, e o aprofundamento, o qual tenta fazer a interdependência entre os parceiros tornar-se estrutural e, portanto, irreversível. O segundo desafio refere-se ao modo como o processo se relacionará com Estados ou agrupamentos de Estados.

A União Europeia mantém uma única representação junto à OMC, mas durante décadas não foi capaz de apresentar uma frente unida em suas relações externas internacionais.[4] O caso do Mercosul ainda é mais emblemático, já que ra-

---

4   Henry Kissinger ironizava a capacidade da Europa em falar com uma só voz indagando: "qual é o número de telefone da Europa?". Atualmente, a União Europeia dispõe de um Ministro das Relações Exteriores e tenta, como ocorreu com a crise na Líbia, manifestar uma frente única.

7 A integração regional e a formação dos blocos comerciais **165**

ras vezes apresentou uma frente única e quando o fez tratava-se de questões diplomáticas sem interesse direto para os Estados-membros.

A aproximação econômica entre Estados persegue, segundo a teoria clássica da integração, os seguintes objetivos:

- uma melhor alocação dos fatores de produção e dos recursos disponíveis (fator de *input*);
- uma diminuição dos custos de produção e uma melhoria na qualidade dos bens produzidos (fator de *output*);
- ganhos em economia de escala;
- uma melhor capacidade de inserção internacional. A conjunção de vontades dos países que fazem parte de um processo de integração, por meio de variadas formas, significa que eles conseguirão, nesse processo, relacionar-se de forma diferenciada e vantajosa com outros países ou blocos de países em comparação com a inserção solitária.

As duas maiores consequências da integração econômica foram identificadas por Jacob Viner: dela pode resultar a *criação* de comércio (*trade creating*) caso o aumento do comércio no interior da zona se faça em detrimento de produtos menos competitivos provenientes de países não membros. Haveria uma expansão das trocas e uma melhoria da competitividade dos países integrantes.

Mas a integração pode também significar um *desvio* de comércio (*trade diverting*), quando a liberalização das trocas no interior da zona beneficia produtores menos competitivos em detrimento dos produtos provenientes do exterior. Nesse caso, a liberalização comercial intrazona prejudica a eficiência econômica. Contudo, o desvio e a criação de comércio podem ocorrer simultaneamente.

Os processos de integração são, como seu nome indica, fenômenos dinâmicos que conhecem uma série de etapas. No primeiro momento, as tarifas de importação ou alfandegárias que gravam os produtos estrangeiros quando estes entram em território nacional tinham como objetivo alimentar as finanças do Estado. No entanto, a atualidade demonstra que, salvo alguns Estados que dispõem de condições econômicas embrionárias, a tarifa de importação persegue fins distintos: proteger a produção nacional que sofre concorrência da estrangeira, já que ela encontraria dificuldades para sustentar os preços impostos pelos produtos importados; compensar a prática de *dumping* do país exportador.[5]

As barreiras não tarifárias, ou seja, as fitossanitárias e as técnicas, quando não devidamente regulamentadas, podem servir igualmente como forma disfarçada

---

5   Diz-se que um país pratica *dumping* quando vende produtos no exterior abaixo do preço vendido internamente. Pode-se também identificar a existência de *dumping* quando o produto é vendido abaixo do custo de produção a fim de descartar seus concorrentes do mercado. Uma vez dominando o mercado, o produtor pode manipular os preços, pois inexiste concorrência.

de protecionismo. Há ainda o sistema de cotas de importação, com o qual o país comprador impõe limites quantitativos à entrada de certos produtos em seu território. Finalmente, pode ser definido um período sazonal, durante o qual produtos estrangeiros poderão ingressar em condições favoráveis no território aduaneiro nacional.

Dois Estados decididos a concederem-se mutuamente condições de comércio distintas daquelas praticadas com terceiros Estados firmam um *Acordo de Preferência Tarifária* (APT). Os exportadores de seus respectivos países beneficiam-se de tarifas menores que as impostas a produtos similares oriundos de terceiros e, por conseguinte, encontram-se em posição vantajosa com relação aos concorrentes.

A assinatura de um APT deve ser entendida como a demonstração de uma empatia política conjugada à existência de uma complementaridade econômica entre dois Estados. Contudo, a multiplicação desses acordos fez surgir a necessidade de seus conteúdos serem amplamente divulgados, pois caso eles fossem mantidos em segredo haveria uma indução a uma falsa expectativa de terceiros Estados concorrentes, que produziriam para uma hipotética exportação tornada impossível em razão da existência de um APT.

Para premunirem-se contra a concessão de preferências tarifárias ainda mais significativas que os Estados signatários de um APT poderiam vir a conceder no futuro para terceiros Estados, eliminando, assim, as vantagens auferidas inicialmente, os negociadores deveriam encontrar um instrumento que atualizasse constantemente os acordos de preferências tarifárias. Nasceu, então, o princípio da *cláusula incondicional e irrevogável da nação mais favorecida.*

Suponhamos que os *Estados* A e B concederam-se reciprocamente uma preferência tarifária de 40% sobre o imposto de importação de parte ou de todo o universo de produtos cobrado de terceiros Estados. Caso mais tarde o *Estado* A conceda ao *Estado* C uma preferência de 60%, a vantagem até então auferida pelo *Estado* B para suas exportações em direção ao mercado do *Estado* A ficaria desfavorecida em 20%. A introdução da cláusula da nação mais favorecida no acordo de preferência tarifária entre os *Estados* A e B evitaria o inconveniente, pois permitiria que as exportações do Estado B pudessem se beneficiar da menor tarifa alfandegária, ou seja, a tarifa concedida aos produtos do *Estado* C.

A cláusula da nação mais favorecida é incondicional e irrevogável, na medida em que nada poderá ser invocado para a sua não aplicação e nenhuma situação posterior poderá ser alegada pelo Estado concedente para eliminá-la de forma unilateral. A consequência primeira de sua generalização foi a progressiva diminuição da média tarifária que protegia as economias nacionais. Para tanto, o GATT e a OMC obrigaram os Estados a depositarem os termos de todos os acordos comerciais para que os terceiros Estados tivessem conhecimento de seu conteúdo e pudessem invocar, quando pertinente, sua aplicação.

3. NATUREZA E TIPOLOGIA DA INTEGRAÇÃO

O processo de integração comercial possui natureza distinta da simples concessão de preferências tarifárias. Nesta encontram-se os instrumentos clássicos de política comercial, enquanto naquela os Estados devem lançar mão de princípios que podem vir a colocar em questão a essência de seu poder.

As razões que incitam dois ou mais Estados a trilhar o caminho da integração econômica, iniciando a caminhada pela formação de um bloco comercial, são múltiplas, variáveis e de peso desigual. Há agrupamentos de Estados que invocam a estreiteza de seu mercado consumidor nacional, como, por exemplo, os casos do Mercado Comum Centro-americano (MCCA), do Pacto Andino (PA) e do acordo reunindo a Bélgica, a Holanda e Luxemburgo (Benelux). Há outros que o fizeram incitados pelas lições da história, como é o caso da Comunidade Europeia do Carvão e do Aço (Ceca), que esteve na origem da integração da atual UE. Há, ainda, aqueles que vislumbram a integração como uma plataforma para uma melhor inserção nas RI, já que ela oferece instrumentos de ação multilateral que o individualismo não contempla. Essa é uma das fortes razões que explicam a existência do Mercosul.

No entanto, quatro condições apresentam-se como basilares e incontornáveis: em primeiro lugar, a *contiguidade geográfica*. O processo de integração depende de um espaço físico delimitado que tende a estender-se à vizinhança. O exemplo da União Europeia é característico, apesar da irredutível posição da Suíça, cujo eleitorado somente aceitou acordos de cooperação com Bruxelas, sem, no entanto, integrá-la. Na Conferência de Copenhague (dezembro de 2002), a União Europeia decidiu impulsionar seu alargamento. Em 2013, ela conta com 27 Estados-membros.

Há outros exemplos, como a Área de Livre Comércio da América do Norte (Nafta), que tenderá a estender-se do Alasca à Terra do Fogo caso vinguem as negociações para a formatação da Área de Livre Comércio das Américas (Alca), e o Mercosul, que pretende incluir o conjunto da América do Sul formando a Área de Livre Comércio Sul-Americana (Alcsa).

A contiguidade faz surgir uma preferência de proximidade manifestada pela existência de zonas naturais de trocas comerciais. A geografia coloca-se a serviço da integração e o livre comércio tende a ser mais intenso quanto mais próximo encontrarem-se os parceiros. Com a integração, as fronteiras políticas que representaram historicamente zonas de conflitos e de interdições transformam-se em espaços de cooperação e de circulação de riquezas.

Em segundo lugar, não havendo economia nacional que possa atualmente reivindicar uma supremacia mundial, as potências hegemônicas convenceram-se de que devem afirmar sua *zona de influência* em seu entorno natural (o Japão na

168 Relações internacionais • Parte III

Ásia e no Pacífico; os Estados Unidos nas Américas; a dupla franco-germânica na Europa; o Brasil na América do Sul).

Em terceiro, a integração pode permitir o *resgate dos espaços periféricos às potências hegemônicas*, como ocorre com o Nafta e a União Europeia. No Nafta há a conjunção das riquezas naturais do Canadá, da tecnologia e do capital dos Estados Unidos com a mão de obra mexicana. Na União Europeia nota-se a imensa mão de obra disponível no Leste. Em ambos os exemplos, a integração garante um consistente mercado consumidor.

Finalmente, é imprescindível a *existência de vontade política* que seja forte, constante, sustentada e amplamente majoritária no cenário político-partidário interno dos Estados-membros. Tal afirmação parece ser uma decorrência evidente marcada por ingênua simplicidade. Contudo, muitos governos lançaram-se em processos de integração sem atentar para essa exigência e recolheram amargos frutos. A integração não se satisfaz com a expressão da vontade governamental, a qual é indispensável, embora insuficiente. Não basta ao sucesso da integração que ela decorra de uma política governamental: é necessário que se transforme em uma *estratégia de Estado*, imune às oscilações de maioria parlamentar ou de sucessões governamentais. Os numerosos fracassos e os escassos sucessos dos processos de integração deixam claramente transparecer esse princípio, que pode ser considerado uma *lei da integração*.

A existência de uma vontade política de Estado implica que as vantagens e os inconvenientes da integração sejam repartidos equitativamente. Haverá reveses, setores produtivos serão prejudicados e tenderão a desaparecer em nome da eficiência, da qualidade, da competitividade e em benefício do coletivo. Sistemas que permitam o monopólio, o oligopólio, os cartéis, a inexistência de concorrência, a opacidade na formação dos preços e o beneplácito público para a manutenção de atividades escassamente competitivas, tornando reféns os consumidores e a sociedade, afrontam os princípios da integração.

Em face da recorrente e compreensível renitência dos governos em honrar a estratégia de integração de Estado, é indispensável que o processo seja dotado de instrumentos com a necessária eficácia jurídica, a começar pela existência de uma Corte de interpretação dos textos acordados. O poder constituído pelos Estados-membros estará além e acima deles. Sem essa mínima institucionalização, o processo de integração ficará ao sabor das crises pontuais que marcam naturalmente esses processos.

Segundo a teoria clássica da integração econômica, o processo contempla várias etapas, percorrendo um caminho que pode conduzir os sócios da simples Zona de Livre Comércio à União Política. A Tabela 7.2 indica as distintas etapas e modelos de integração, realçando suas vantagens e inconvenientes.

7 A integração regional e a formação dos blocos comerciais **169**

O processo de integração percorre um itinerário *sui generis*. Ele somente pode ter início e consolidar-se a partir da expressão do consentimento do Estado – diferenciando-o dos processos imperiais – e pode resultar, ao seu final, no desaparecimento do Estado, em todo caso na forma em que este se apresentava no início do processo. Mesmo que o Estado não venha a sucumbir, princípios basilares como soberania, jurisdição, relações comerciais externas e outros são profundamente modificados. Assim, o Direito Constitucional, o Comercial e o Tributário, por exemplo, dos Estados-membros da UE, não podem ser apreendidos sem se referir aos compromissos coletivos. Surge inclusive um novo Direito – o Comunitário – que desfruta de supremacia e de aplicabilidade direta nas ordens jurídicas nacionais.

O epílogo da Segunda Guerra Mundial representou uma ruptura das RI e um ponto de partida de múltiplos processos de integração. O mais significativo foi o que reuniu os Estados europeus devastados pelo conflito. Bélgica e Luxemburgo, já vinculados por um acordo de união aduaneira firmado em 1921, associaram-se à Holanda e criaram, em setembro de 1944, o Benelux. Tratava-se do prelúdio de um formidável movimento de integração que resultaria, em primeiro de janeiro de 2001, na adoção de uma moeda única (euro) e no consequente abandono das moedas nacionais por parte da maioria dos Estados-membros da União Europeia.

Tabela 7.2 Tipologia dos processos de integração

Modelo	Características	Vantagens	Desvantagens
Zona de Livre Comércio (ZLC)	O essencial dos bens (80%) circulará sem gravames alfandegários entre os Estados signatários como se nacionais fossem.	Especialização e complementação da cadeia produtiva com diminuição de custos e aumento da qualidade.	Sem a clara definição de *regras de origem* dos bens, poderá ocorrer que importados de Estados terceiros venham a ser considerados indevidamente nacionais.
União Aduaneira (UA)	Além da livre circulação dos bens, haverá também a imposição de uma *tarifa externa comum* (TEC) para os bens oriundos de Estados terceiros.	Elimina-se a tentação do comércio triangular, tornando-se inútil a definição de regras de origem.	O Estado que apresentar menores custos de importação (portos equipados etc.) será beneficiado. Indefinição quanto ao destino do imposto de importação.
União Comercial (UC)	Além das anteriores, haverá adoção de uma política comercial comum e a coordenação de posições em foros econômico-comerciais regionais e internacionais.	As taxas alfandegárias recolhidas das importações de terceiros serão distribuídas equitativamente.	Abandono completo de políticas de comércio exterior por parte dos Estados nacionais.

(continua)

170 Relações internacionais • Parte III

Tabela 7.2 Tipologia dos processos de integração *(continuação)*

Modelo	Características	Vantagens	Desvantagens
Mercado Comum (MC)	Livre circulação dos bens e dos fatores de produção (capital, trabalho, serviços e tecnologia), adoção da Tarifa Externa Comum – TEC.	Alargamento do mercado; aumento da qualidade com o desaparecimento de setores não competitivos; ganhos de escala e produtividade.	Coordenação de políticas macroeconômicas e setoriais (comércio exterior, agrícola, industrial, fiscal, monetária, cambial, de capitais, de serviços, alfandegária, de transportes e comunicações) e harmonização legislativa.
União Econômica e Monetária (UEM)	Além dos ingredientes do MC (as cinco liberdades), ela implica a definição e a aplicação de políticas macroeconômicas por uma instância comum.	Adoção de uma moeda comum e harmonização das políticas públicas.	Abandono de duas prerrogativas de Estado: a moeda e o planejamento nacional.
União Militar (UM)	Além das anteriores, política de defesa externa comum.	Diminuição do orçamento militar; redefinição estratégica.	Abandono de um dos vetores tradicionais da ação externa dos Estados.
União Política (UP)	Executivo, Legislativo e Judiciário comuns, os dois primeiros eleitos pelo voto universal.	Coerência entre os propósitos econômicos e políticos.	Desaparecimento das fronteiras e do próprio Estado.

4. O GATT/OMC PERANTE O REGIONALISMO

Assiste-se, hoje, à criação de condições para o enfrentamento entre os blocos comerciais, como ocorreu na década de 1930? Ou, ao contrário, as regras multilaterais adotadas pelo GATT/OMC poderão evitá-lo? O regionalismo provocará uma fragmentação da economia mundial em zonas preferenciais? Tal risco é real, pois as vantagens consentidas mutuamente pelos integrantes de um bloco regional podem alcançar níveis que signifiquem uma clara discriminação em relação a terceiros, infringindo, assim, as regras multilaterais.

Os acordos do GATT, que permanecem em vigor paralelamente à OMC, tratam superficialmente do regionalismo, que continua merecendo atenção secundária, malgrado seu extraordinário desenvolvimento. Sendo impossível eliminar o processo de contestação do multilateralismo de alcance universal, o GATT impõe, em seu art. XXIV, uma série de restrições para que o regionalismo possa ser compatível com suas regras.

Segundo o art. 1º do GATT, os acordos regionais – sejam as uniões alfandegárias ou as zonas de livre comércio – são proibidos, a não ser que obedeçam às seguintes condições impostas pelo art. 24:

7 A integração regional e a formação dos blocos comerciais **171**

- as restrições tarifárias ou não tarifárias não podem ser iguais ou superiores às existentes antes da formação da União Aduaneira (UA) (§ 5.a) ou da Zona de Livre Comércio (ZLC) (§5.b);
- o acordo deve cobrir *parte substancial* do comércio entre os Estados-membros (§ 8). O GATT interpretou esse parágrafo indicando que no mínimo 80% do comércio deve ser contemplado, não sendo admitida a exclusão de nenhum setor importante, por exemplo, a agricultura;
- caso seja firmado somente um acordo regional de caráter provisório, ele deverá indicar um calendário com prazos razoáveis para que sejam alcançadas a UA ou a ZLC (§ 5.c);
- qualquer Estado que deseje ingressar ou formar uma UA ou ZLC deverá prontamente notificá-lo às Partes Contratantes do GATT com as informações pertinentes relativas às exigências anteriormente referidas (§ 7);
- caso uma maioria de 2/3 das Partes Contratantes do GATT assim decidirem, poderá haver um abrandamento das condições impostas por esse artigo.

O GATT contempla unicamente os processos regionais que se apresentem como UA e ZLC. Ora, constata-se a existência de dezenas de acordos híbridos, intermediários ou impuros que não podem ser classificados segundo os parâmetros previstos pelo art. XXIV. Mesmo que a OMC defenda o caráter complementar entre regionalismo e multilateralismo, a multiplicação do primeiro poderá colocar em questão o segundo.

O regionalismo ainda não é tema controverso na OMC. Certamente, sua afirmação fará, cedo ou tarde, o multilateralismo de alcance universal se posicionar de maneira clara. Caso contrário, ele corre o risco de constatar a formação de ilhas comerciais que se afrontam sem possibilidade de fazer que sejam aplicadas as regras pactuadas de maneira multilateral.

5. O MERCOSUL

As experiências de integração nos países em desenvolvimento são marcadas por grandes dificuldades decorrentes dos seguintes aspectos:
- escassa complementaridade econômica;
- instabilidade político-institucional;
- conflitos de vizinhança latentes;
- elevada média de proteção tarifária;
- programas públicos de apoio à substituição das importações;
- oscilações da vontade política;
- ausência de embasamento técnico;
- definição de objetivos inalcançáveis;
- elevado índice de corrupção;

172   Relações internacionais • Parte III

- altas taxas de desemprego;
- índices alarmantes de violência social;
- desrespeito aos direitos humanos fundamentais;
- imensas desigualdades sociais e regionais;
- apego ao formalismo conceitual do princípio da soberania estatal.[6]

Tais entraves explicam o rosário de fracassos das experiências de integração nos países do Sul nas décadas de 1960 e 70. Todavia, o sucesso da UE, a consolidação do Nafta e a progressiva implantação da Associação das Nações da Ásia do Sudeste (ANASE) – cada um deles reunindo os polos centrais da economia mundial – obrigaram os países sulistas a revisar a estratégia de desenvolvimento para evitar sua crescente marginalização e constituíram uma das motivações que levaram quatro países integrantes da Bacia do Prata a formar o Mercosul.

Em 1985, após o retorno dos civis ao poder, a Argentina e o Brasil decidiram virar a página de um antagonismo histórico. Confrontados com a década perdida da economia latino-americana e dispondo de escassas opções de política externa, os Presidentes Alfonsín e Sarney firmaram, a partir do ano seguinte, dezenas de acordos de cooperação econômica.

Sob o lema *crescer juntos,* a primeira fase não objetivava a formação de uma UA ou de uma ZLC, mas simplesmente a conclusão de acordos de complementaridade comercial para diminuir as mútuas desconfianças, como o caso do acordo na área da pesquisa nuclear. Nota-se, de pronto, que o eixo Brasília/Buenos Aires constitui o motor do processo de integração platino.

Tendo a oposição vencido a sucessão presidencial nos dois países, surgiram dúvidas sobre a continuidade da cooperação. Contudo, os Presidentes Collor e Menem marcaram suas gestões por ousada iniciativa que rompeu com a simples cooperação anterior, ao apresentarem uma nova proposta com as seguintes características:

- *alargamento* – significa que a integração incorpora Paraguai e Uruguai, deixando à margem somente a Bolívia entre os signatários do Tratado da Bacia do Prata;
- *aprofundamento* – a cooperação demonstrou seus limites e os países membros decidiram criar um Mercado Comum;

---

6   A desigualdade entre os parceiros é apontada como um entrave à integração. Ora, se fossem iguais não haveria a necessidade de se associarem. O dilema é encontrar, no processo de tomada de decisão coletiva, mecanismos que expressem essa desigualdade. Por conseguinte, impõe-se a ponderação das vontades, que devem manifestar-se com um peso diferenciado nos processos de decisão.

7 A integração regional e a formação dos blocos comerciais **173**

- *aceleração* – as etapas seriam queimadas, já que a data de 31 de dezembro de 1994 foi fixada para alcançar os objetivos indicados no Tratado de Assunção (TA) (26 de março de 1991).[7]

A clareza da redação do art. 1º do TA indica que não há dúvidas quanto à concepção do novo bloco. Trata-se de formatar um Mercado Comum que implica as seguintes condições:

1) livre circulação de bens, serviços e fatores produtivos entre os países, por meio, entre outros, da eliminação dos direitos alfandegários, restrições não tarifárias à circulação de mercadorias ou de qualquer outra medida de efeito equivalente;

2) estabelecimento de uma tarifa externa comum e a adoção de uma política comercial comum em relação a terceiros Estados ou agrupamentos de Estados e a coordenação de posições em foros econômico-comerciais regionais e internacionais;

3) coordenação de políticas macroeconômicas e setoriais entre os Estados-partes – de comércio exterior, agrícola, industrial, fiscal, monetária, cambial e de capitais, de serviços, alfandegária, de transportes e comunicações e outras que se acordem a fim de assegurar condições adequadas de concorrência entre os Estados-partes;

4) compromisso dos Estados-partes de harmonizar suas legislações, nas áreas pertinentes, para lograr o fortalecimento do processo de integração.

O conteúdo do ambicioso tratado contrasta com o escasso prazo concedido para alcançar seus objetivos. Complemento indispensável ao TA, foi firmado, poucas semanas depois, o Cronograma de Las Leñas. Ele determinou uma redução semestral de 15% – linear e automática – dos entraves tarifários e não tarifários aplicados ao universo dos produtos, fazendo que na data aprazada o Mercosul venha a ser uma ZLC perfeita.

Em 17 de dezembro de 1991, foi firmado o Protocolo de Brasília, que elegeu a arbitragem como instrumento jurídico exclusivo para a solução de controvérsias.[8] A decisão implicou o abandono da possibilidade de criação de uma Corte ou Tribunal permanente, com juízes independentes e, sobretudo, não permitiu a criação de uma jurisprudência que viesse a constituir um patrimônio jurídico mercossulino capaz de inspirar a solução de futuros litígios. A situação é ainda mais delicada por inexistir uma instância de interpretação dos acordos firmados, vazio jurídico que enfraquece o Mercosul e permite que cada um dos parceiros aplique

---

7   O texto integral do Tratado de Assunção encontra-se in: SEITENFUS, R. *Legislação internacional*. Op. cit., p.1.082.

8   O texto do Protocolo de Brasília sobre a solução de controvérsias no Mercosul encontra-se em ibidem, p.1.119.

174 Relações internacionais • Parte III

o acordado de maneira a defender seu interesse nacional. Por conseguinte, o Mercosul não encontra quem advogue sua causa.

Na conferência diplomática de Ouro Preto (dezembro de 1994), foi adotado o modelo institucional *definitivo* do Mercosul: abandonou-se a possibilidade de compatibilizar os objetivos do TA com a estrutura institucional e adotou-se o modelo intergovernamental em detrimento do supranacional.[9] A partir de então, do ponto de vista jurídico, o Mercosul passou a funcionar, de fato, obedecendo às regras clássicas do Direito Internacional público e privado. Portanto, não há ponto de comparação entre sua experiência e a construção jurídica *sui generis* da Comunidade Econômica Europeia (CEE) e, posteriormente, da UE.

Apesar das deficiências institucionais, o comércio intrazona cresceu de forma constante e espetacular durante alguns anos. De uma média de 2 bilhões de dólares em 1990, o fluxo comercial alcançou 12 bilhões cinco anos mais tarde. Até o Plano Real (julho de 1994), o Brasil mantinha um superávit com seus parceiros – tendência que se modificou a seguir e encontrou seu ponto de ruptura com a desvalorização cambial do Real em fevereiro de 1999. Se até aquele momento as recorrentes crises do Mercosul puderam ser equacionadas politicamente ou colocadas em situação de espera, a partir de então a Argentina iniciou uma descida ao inferno que provocou grave crise social e institucional.

Os países membros do Mercosul firmaram o Protocolo de Ushuaia, que prevê a suspensão de um sócio que tenha sido vítima de uma ruptura institucional e do Estado de Direito. Apesar do respeito sacrossanto do princípio da não intervenção nos assuntos internos dos Estados, o bloco interferiu nas recorrentes crises políticas paraguaias auxiliando, com isso, a manutenção da ordem constitucional. Portanto, o Mercosul, que nasceu com a redemocratização da Bacia do Prata, transformou-se em guardião da democracia. Trata-se, sem dúvida, de um elemento positivo de alcance histórico para a região.

Sem desfrutar de um poder coletivo acima e além daqueles dos Estados-membros, incapaz de estabelecer políticas comuns – em flagrante desrespeito ao acordado em Assunção – e confiando unicamente nas forças do mercado para solidificar-se, o Mercosul sofreu, a partir de 1999, grave impasse.

Apesar de ter firmado dois acordos de cooperação com Bolívia e Chile, o Mercosul não foi capaz de estender-se além dos quatro sócios originários. A promissora perspectiva de estabelecer uma zona de cooperação interatlântica com a União Europeia encontra-se, igualmente, em compasso de espera. A possibilidade de estender o Mercosul para o conjunto da América do Sul – abandonando a Améri-

---

9   Sobre a estrutura institucional do Mercosul, consultar o quadro sinótico in: SEITENFUS, R. *Manual das organizações internacionais*. Op. cit.

7 A integração regional e a formação dos blocos comerciais 175

ca Central e o México, e enterrando, assim, a noção tradicional de América Latina – também não foi alcançada.

A questão essencial em face do alargamento é a seguinte: um bloco é mais forte e consistente por ser profundo ou por ser amplo? A multiplicidade da parceria tende a criar exceções: a integração europeia introduziu as noções de *geometria variável*, de *noyau dûr* e de *cooperação reforçada*[10] para designar compromissos diferenciados dos sócios. O Mercosul, ao contrário, não teve êxito em seu alargamento e retrocedeu, nos últimos anos, aos patamares iniciais do processo.

Com exceção do princípio da democracia representativa, o Mercosul enfrenta óbices para o tratamento coletivo dos problemas comuns que afetam os Estados do bloco. Os desafios externos comuns também não foram objeto de ação concertada. Tanto a dívida externa quanto a definição de uma estratégia conjunta de ocupação do mercado externo, ou ainda uma política comum para a atração dos investimentos, não foram objetos de entendimento, o que enfraquece ainda mais os frágeis liames que unem os parceiros do bloco.

Houve uma fadiga oficial com o Mercosul. Os Estados-membros imaginaram ser possível a criação de um MC unicamente por meio das forças do mercado, mas essa visão liberal contraria a experiência da UE e não permite o enfrentamento coletivo dos problemas comuns. Tal situação é preocupante, pois as alternativas de política externa são escassas e o individualismo nacionalista de países marginais, como os que integram o Mercosul, tende a fazer que eles percam o grau de autonomia que conseguiram nas RI.

Foi anunciado por ocasião da 19ª Cúpula Presidencial realizada em Montevidéu em dezembro de 2005 o ingresso da Venezuela no Mersosul. Pela primeira vez, o bloco acolhe um novo membro, fazendo que o arranjo abandone seu caráter sub-regional e transforme-se num processo subcontinental.

Até aquele momento, os Estados que se aproximaram do Mercosul – Chile e os membros da Comunidade Andina de Nações (CAN) – o fizeram conservando prudente distância e escassos compromissos. Essas associações "à la carte" desfiguraram o Mercosul e fizeram com que ele fosse o único processo de integração em curso atualmente no mundo que abriga mais Estados associados do que membros plenos.

Aguardando impacientemente na sala de espera durante sete anos (2005-2012), a Venezuela já havia superado todos os entraves e barreiras, excetuando o Legislativo paraguaio. Este se recusava constantemente a ratificar a adesão venezuela-

---

10 Essas distintas expressões objetivam designar um mesmo fenômeno: no processo de integração europeu há países que não se encontram preparados ou dispostos a acompanhar o conjunto de aspectos integracionistas. Portanto, faz-se uma distinção entre eles e aqueles que pretendem respeitar todos os compromissos. Assim, a Inglaterra não participa de vários mecanismos europeus como, por exemplo, do euro.

na. Por essa razão, quando ocorreu o golpe parlamentar que destituiu o Presidente paraguaio Fernando Lugo, em junho de 2012, os demais integrantes do Mercosul não somente aplicaram o Protocolo de Ushuaia suspendendo Assunção do bloco, mas igualmente utilizaram-se da oportunidade para oficializar definitivamente o ingresso da Venezuela.

O Mercosul vivencia momento histórico carregado de significado. Entre os aspectos positivos está a capacidade econômica do novo sócio. Importante produtor e exportador energético, Caracas tem se utilizado desses recursos para dar consistência e impacto à sua atuação externa. Os acordos firmados pela estatal venezuelana PDVSA com a Petrobrás, com a YPF da Argentina e com a Ancap uruguaia, demonstram o ativismo dessa *diplomacia petrolífera*.

A estratégia venezuelana estende-se à América Central através da Alba (Aliança Bolivariana para as Américas) e à Bacia do Caribe com o programa Petrocaribe.

Haverá igualmente um redesenho institucional do Mercosul. Há consenso sobre desequilíbrios e assimetrias entre os atuais sócios que provocam impasses impedindo a tomada de decisões substantivas. É provável que Caracas incentive um aprofundamento das instituições e encoraje a adoção de políticas transnacionais de caráter social. Seria uma nova fase do bloco que saltaria da atual integração negativa, marcada pelo desgravamento tarifário e desmantelamento de barreiras ao comércio, para uma integração positiva com a adoção de políticas públicas coletivas procurando redistribuir bens e riquezas.

Para tornar-se membro pleno com idênticos direitos e obrigações dos sócios originários, a Venezuela conformar-se-á às regras já adotadas pelo bloco. Deverá ser feito um inventário de compromissos de caráter urgente e outros diluídos no tempo. Entre os primeiros, estão os decorrentes da adoção de uma Tarifa Externa Comum (TEC) pelo Mercosul. Ora, raros são os produtos que possuem tarifas compatibilizadas entre o bloco e a Venezuela. Portanto, esta deverá fazer um grande esforço para adaptar-se, pois ausente a TEC seu ingresso será uma mera operação de relações públicas.

O ingresso da Venezuela no Mercosul é impossível sem um período transitório. Todavia, um estatuto diferenciado para a Venezuela pode ser aceito somente se provisório for. Ou seja, enquanto perdurarem as negociações para a plena adesão. Caso contrário, o Mercosul corre o risco de implodir, pois os sócios de menor peso relativo poderão também reivindicar tal estatuto, ainda mais que há demonstrações de impaciência com os constrangimentos decorrentes da união aduaneira.

Outra linha de raciocínio salienta a importância política da acolhida da Venezuela. Ora, é justamente neste plano que se encontra o principal risco. As recorrentes diatribes lançadas por esse país e seus aliados da Aliança Bolivariana para as Américas (Alba) contra Washington não devem contaminar o processo integracionista. O ingresso de Caracas no Mercosul poderia vir a ser um instrumento de socialização da Revolução Bolivariana e de seu socialismo do século XXI.

O exercício do poder de forma personalista exige liderança carismática. O traumático desaparecimento de Hugo Chávez abre um amplo leque de possibilidades que poderiam hipotecar a inserção venezuelana no Mercosul.

No entanto, há um perigo a rondar o bloco: a possibilidade de sua utilização como instrumento de legitimação interna e de combate externo. Será o Mercosul transformado em um instrumento de luta ideológica contra os Estados Unidos? Ele jamais foi concebido para servir de tridente de um combate político, mas unicamente para proporcionar melhores condições de existência aos seus habitantes.

Por conseguinte, caso a adesão venezuelana se sustente exclusivamente em considerações políticas, o projeto original do Mercosul estará em perigo. Como consequência, encontraremos uma América do Sul desunida não em razão do maquiavelismo de Washington, mas pelas nossas próprias limitações.

Tanto as possibilidades são imensas como os riscos são concretos. Ou o Mercosul aprofunda-se e alcança o conjunto do subcontinente americano ou assistiremos à desconstrução da América do Sul. A agonia ou o êxtase do nosso futuro comum dependem da responsabilidade dos atuais dirigentes. A História não se furtará de julgá-los.

8

Os desafios para a nova organização das relações internacionais

Permanece com plena atualidade o embate entre os dois principais desafios das RI contemporâneas. A maioria dos Estados, representando 75% da humanidade, propugna a busca de instrumentos para diminuir o fosso que os separa dos países desenvolvidos. Estes, por sua vez, demonstram um interesse preferencial pelas questões de segurança ao mesmo tempo em que defendem a adoção de uma democracia aviltada. Dividida entre os dois caminhos, a nova arquitetura das RI deverá reformar seu arcabouço institucional fazendo que ele seja o reflexo das novas demandas e da realidade do mundo no pós-Guerra Fria.

1. A MANUTENÇÃO DA PAZ E A REFORMA DA ARQUITETURA INSTITUCIONAL

O século XX foi marcado por um percurso que conduziu a humanidade aos horrores do crime dos crimes: o genocídio.[1] Assim foi definido pela Convenção de 1948 da Assembleia Geral da ONU o crime internacional por excelência, que agride os direitos imanentes de todos. O Holocausto, o genocídio dos armênios, dos curdos, dos cambojanos, dos tutsis e a purificação étnica na antiga Iugoslávia marcaram de forma indelével o século passado.

Considerados conflitos de baixa intensidade em razão de sua localização, das armas utilizadas e das motivações dos contendores, eles foram, de fato, de altíssima mortandade. Por outro lado, a natureza dos embates torna difícil a clara distinção entre guerras internacionais clássicas e conflitos civis. Com exceção da América Latina, onde a maioria das vítimas resultou da luta pelo poder, na Ásia e

---

1   Rafael Lemkin foi o primeiro a utilizar-se dessa expressão em 1944 em pesquisa sobre a política do Eixo na Europa ocupada. O termo genocídio origina-se no grego *genus*, que indica raça, e no sufixo latino *cida* (matar).

8 Os desafios para a nova organização das relações internacionais   **179**

sobretudo na África, surgiram conflitos mistos de extrema violência. Nessas condições, a manutenção da paz e segurança internacionais permanece como elemento central das RI.

Atualmente, grassam dezenas de conflitos armados ativos no mundo: alguns interestatais, mas a maioria, guerras civis. Frente a eles, o CS peca pela ausência e/ou ineficácia e tende a retornar a marginalidade em que se encontrava durante a Guerra Fria.

A utilização da guerra como instrumento de política externa dos Estados já havia sido condenada pelo Pacto Briand-Kellog (1928) e tomou-se ilegal com a adoção da Carta de São Francisco (1945), que condicionou a utilização da força à hipótese de legítima defesa. Contudo, tal reação não deveria "de modo algum atingir a autoridade e a responsabilidade" do CS (art. 51).

Em 1945, o CS refletia a divisão do poder internacional. Em nome da eficácia pretendida, as expectativas dos vencedores da Segunda Guerra Mundial foram contempladas. O Direito da paz e segurança internacionais confundia-se com o Direito onusiano. Assim, transferiu-se a realidade política do poder para o plano da organização jurídica internacional. A Carta transformou o Poder em Direito e afastou a possibilidade de um controle *constitucional* ou *legal* das decisões do Conselho. Essas, quando tomadas obedecendo ao rito processual previsto na Carta, transformam-se em Direito que deve impor-se a todos os Estados.

A Guerra Fria inviabilizou o funcionamento do modelo previsto pelo CS. Com seu epílogo, em 1989, ressurge o papel do CS em circunstâncias bastante distintas. Por tal razão foi preconizada uma reforma da arquitetura institucional, suscetível de contemplar a nova realidade. A lista de modificações sugeridas é a seguinte:

- fazer as decisões do CS serem referendadas por um voto majoritário da Assembleia Geral;
- necessidade de transparência dos trabalhos, com, por exemplo, consultas aos Estados não integrantes do CS;
- fazer que o CS respeite o *jus cogens* e o Direito Internacional positivado e costumeiro, agindo somente em casos concretos;
- alterar a composição do CS para que reflita a atual distribuição do poder internacional;
- criar um Conselho de Segurança da Humanidade (CSH) composto por reconhecidas personalidades privadas com competência para sugerir intervenções, inclusive armadas, com vistas à proteção da população civil em situação de risco;[2]

---

2   Trata-se de sugestão do autor, pois, como declarou Kofi Annan, "a ONU, como instituição, colocará sempre o ser humano no coração de sua ação. Em nenhum país o governo tem o direito de dissimular-se atrás

180 Relações internacionais • Parte III

- o conjunto de modificações deve conceder maior agilidade e eficácia ao CS e não transformá-lo em cópia da Assembleia Geral.

Os Estados Unidos, pela primeira vez, estão dispostos a aceitar a ideia de dobrar o número de membros permanentes do CS. Contudo, os países não permanentes ainda seriam dez, compondo o CS de duas dezenas de membros. A ideia central é compatibilizar a representatividade com a eficácia.

Os novos membros permanentes seriam Alemanha e Japão. Os outros três representariam a América Latina, a África e a Ásia. Como designá-los? A inexistência de critérios objetivos e universalmente aceitos implica a utilização de percepções políticas. A única solução viável seria escolher um pequeno grupo de países candidatos em cada continente e aplicar um sistema de rodízio entre eles, o que, além de justo, levaria esses continentes a um mínimo de solidariedade entre contíguos.

Mesmo não contemplando o prestígio que certos países buscam ao reivindicar seu ingresso no CS, a solução representa um aumento de poder, relativamente à posição defendida pelo Brasil, por exemplo, que pretende obter uma cadeira de membro permanente sem poder de veto. Segundo essa proposta, o CS teria três tipos de integrantes:

- dez Estados transitórios com mandato temporário de dois anos;
- cinco Estados permanentes com mandato de duração ilimitada;
- cinco Estados permanentes atuais, com mandato de duração ilimitada e poder de veto.

É incontornável o papel dos Estados Unidos, a partir do início do século XX, na política internacional. Não poderia deixar de sê-lo também no seio de suas organizações construídas com o final da Segunda Guerra Mundial, especialmente a ONU.

Susan Rice, atual representante permanente dos Estados Unidos na ONU, explicita com surpreendente transparência o lugar ocupado pelas Nações Unidas em sua política externa. Para ela, caso esta "não existisse seria necessário inventá-la".[3]

Entre as funções da ONU de especial interesse dos Estados Unidos, Rice cita as que envolvem as Operações de Paz. Por um lado, "toda Missão de Paz deve ser aprovada pelo CS e os Estados Unidos dispõem da última palavra sobre qualquer decisão". Portanto, não há risco algum de ver contrariados os interesses de Washington.

Por outro lado, cada capacete azul "custa uma fração do que custaria um soldado dos Estados Unidos para fazer o mesmo trabalho. Não sei o que vocês pen-

---

da soberania nacional para violar os direitos do homem ou as liberdades fundamentais dos habitantes deste país" (Comissão dos Direitos Humanos da ONU, 7 de abril de 1999).

3 RICE, S. *Facing 21st-century threats*: why America needs the UN. Palestra proferida no World Affairs Council of Oregon, Portland, 11 de fevereiro de 2011.

sam", brinca Rice com seu auditório, "mas eu pessoalmente prefiro economizar os 75%" que permitem as Operações de Paz das Nações Unidas. Podemos adicionar uma terceira razão: como estas foram terceirizadas pelas Forças Armadas do Terceiro Mundo, os militares dos Estados Unidos não sofrem baixas, já que seus raros militares e policiais ocupam exclusivos postos de mando.

Recorrer ao CS constitui simplesmente uma opção e não uma obrigação, já que os Estados Unidos preferem receber um mandato do CS antes de utilizar a força de maneira unilateral. Mas, caso o CS seja bloqueado por um veto, Washington não pretende abandonar a possibilidade de agir segundo sua percepção do interesse nacional. O conflito com o Iraque é revelador dessa posição.

Por outro lado, como instrumento complementar e possível substituto do CS, os Estados Unidos defendem um duplo e inovador papel para a OTAN: ela pode intervir sem um mandato do CS e as intervenções podem ocorrer no território de Estados não membros. A Aliança Atlântica não mais se restringirá à defesa coletiva, mas se transformará em um instrumento ofensivo.

Em 2001, Kofi Annan indicou as linhas mestras de uma reforma da ONU. Sucessor do fracassado Boutros Ghali, o então Secretário-Geral da ONU mostrou-se sensível às centenas de reuniões, dezenas de comitês e incontáveis relatórios que demonstraram a inevitabilidade das mudanças.

Infelizmente, Annan limitou suas sugestões à esfera administrativa. Trata-se do congelamento do orçamento regular, da supressão de 10% dos postos burocráticos, da prioridade concedida aos programas de auxílio ao desenvolvimento e da criação do posto de Vice-Secretário-Geral, encarregado da arrecadação de recursos financeiros suplementares.

A reforma, porém, deveria alcançar três níveis – administrativo, político e operacional. Nas duas últimas décadas, a ONU recolheu pífios resultados em suas maiores tarefas, quais sejam, a manutenção da paz e segurança internacionais e a busca do desenvolvimento equânime das quase duas centenas de países que formam a organização.

Contudo, Annan tinha consciência de que qualquer modificação do tratado constitutivo da ONU exige não só a maioria dos membros da Assembleia Geral da ONU e do CS, mas também a anuência de seus membros permanentes.

Outra grande ausência na anunciada reforma é de natureza operacional. A ONU é uma grande família que reúne dezesseis organismos especializados (Organização das Nações Unidas para a Alimentação e a Agricultura – FAO, OIT, OMS, OMC etc.). Ora, os objetivos desses organismos são, na maioria dos casos, muito próximos. Sem uma nítida definição de competências e, sobretudo, sem a integração das atividades e dos programas, continua-se a despender recursos desnecessariamente.

A ONU deveria ser eficiente, enxuta, empregando a maioria dos recursos nas operações/fins, não no sustento da burocracia. Assim, teria a indispensável agilidade para intervir em conflitos que penalizam exclusivamente a população civil dos países envolvidos.

Após o primeiro passo de Annan e o segundo dos Estados Unidos no sentido de consentir a reforma do CS, espera-se que muitos outros apontem rumo à solidariedade internacional, em detrimento de vaidades nacionais injustificáveis e do desperdício de recursos que poderiam evitar aviltantes e cotidianas cenas de horror, das quais todos devem se envergonhar.

Os dilemas envolvendo a questão iraquiana, no início de 2003, demonstraram que jamais na história do funcionamento do CS a opinião pública mundial pôde acompanhar seu processo decisório de forma intensa e dramática como nessa crise. Estrelas da política internacional contracenaram com obscuros diplomatas sob o olhar aparentemente impassível do então Secretário-Geral, Kofi Annan.

Todavia, o resultado da trama jogou-se nos bastidores, nas denominadas consultas informais que acontecem secretamente, distantes do olhar de todos. O que se permite presenciar é tão somente um jogo de sombras, no qual a retórica confronta-se com a demagogia, posto que os partícipes não representam a ONU, mas os interesses de seus respectivos Estados. Quando não se vislumbra um interesse nacional direto na discussão, barganha-se o voto, como ocorre atualmente com número considerável de membros não permanentes do CS. A plena compreensão do jogo securitário do Conselho implica, além do processo decisório, a implementação e a eficácia da decisão adotada.

Os críticos mais apressados à formação do pentágono imperial representado pelos Estados-membros permanentes do CS, já que ele reúne o poder real com o direito estabelecido na Carta, não concedem a devida atenção à preocupação dos cinco países em premunir-se mutuamente contra as consequências que poderiam advir de uma ruptura da Frente Aliada. Ora, a Guerra Fria, que dominou a história da ONU, demonstrou que sua precaução não foi excessiva.

Uma vez tomada a decisão, é necessário implementá-la. Como o CS não dispõe de Forças Armadas, ele recorre aos Estados-membros da ONU, que conservam a possibilidade de recusar a solicitação. Portanto, uma decisão de agir pela força não implica, necessariamente, ação concreta.

Três concepções opostas digladiaram-se quando da formatação do atual sistema. A vencedora apoia-se em uma percepção nacionalista das RI. Para ela, a ONU não pode divorciar-se da realidade do poder. As potências não são membros do CS porque a ele cabe a função de manter a paz e a segurança internacionais. É por elas serem membros que o CS desempenha tal função.

A segunda concepção defendia genericamente a democratização do CS na medida em que a própria Carta da ONU reconhece o princípio da igualdade so-

berana de todos os seus membros (art. 2.1). As atuais pressões – inclusive brasileiras – para pôr termo ao suposto anacronismo do CS decorrem de uma percepção
idílica das RI que se torna patente na atual crise iraquiana.

Como denotaram as iniciativas bélicas anglo-americanas, caso as potências
não possam defender o que consideram ser seu interesse nacional no âmbito do
atual sistema multilateral, elas o farão à margem dele. O dilema que se apresenta entre a manifestação do poder dos fortes e a adoção de medidas supostamente
democráticas, no entanto desprovidas de instrumentos de implementação, pode
conduzir o sistema a um impasse. Em outras palavras, no atual estágio da humanidade, é mais benéfico um sistema injusto, pois calcado na realidade do poder
internacional, ou um sistema justo, revelador da vontade da maioria, embora inaplicável?

A terceira concepção da organização internacional resolve esse permanente
dilema. Em 1944, o jurista Hans Kelsen sustentou que somente um órgão jurisdicional – afastado do poder político dos Estados – poderia reorganizar as RI. Em
situação conflituosa seria necessário diferenciar três dimensões: o juízo sobre a
existência ou não de uma infração à ordem internacional; existindo um delito, o
juízo sobre qual sanção será aplicada ao Estado faltoso; o juízo sobre quem aplicará e em que condições será aplicada tal sanção.

A primeira e fundamental indagação somente pode ser respondida por uma
Corte independente composta por juízes, designados segundo sua competência.
Do poder político que se expressa no CS não se pode aguardar outra resposta a
não ser de natureza política. Esse projeto designava a Corte Internacional de Justiça (CIJ) como o órgão adequado para resolver com justiça os litígios internacionais. Todavia, não somente a pauta da CIJ resumia-se a assuntos marginais, mas,
sobretudo, quando provocada para indicar os limites dentro dos quais o CS deveria atuar, ela declarou que seu caráter político impedia qualquer controle.

O CS é, ao mesmo tempo, ilegítimo e legal. Tendo por testemunha a opinião
pública, a crise iraquiana desnudou os dilemas da atual organização internacional, colocando em evidência seu caráter precário e primitivo.

2. OS DESAFIOS DO DESENVOLVIMENTO

A necessidade de se estabelecer vínculos de cooperação entre os Estados, as
OI e as Ongat para minimizar a indigna situação em que vive parte ponderável da
população do Sul tornou-se consenso, pois se trata de imperativo moral e ético a
moldar as RI. Infelizmente, os resultados são escassos.[4]

---

4   Segundo a OMS, atualmente 40 milhões de pessoas estão a tal ponto desnutridas na África que milhares
    morrem todos os dias.

184 Relações internacionais • Parte III

Foram criados critérios de classificação da miséria que pudessem auxiliar o encaminhamento de soluções práticas às populações dos Estados mais necessitados. A marcante disparidade, sob todos os aspectos, entre os países do TM impôs o estabelecimento de uma hierarquia da pobreza. Três grupos sobressaem: a) os novos países industrializados (NICs); b) os países intermediários; c) os países menos avançados (PMA).

O grupo de PMA era composto, quando de sua criação, por somente 25 países. Dos originários, apenas um, Botsuana, em razão da exploração das minas de diamante, conseguiu extrair-se da insustentável situação. No entanto, o clube dos desvalidos teve dobrado o número de seus integrantes, pois conta atualmente com 49 países, sendo 34 africanos, que totalizam 630 milhões de habitantes.

É necessário enfatizar que os índices que definem o ingresso de um país no clube dos PMA são extremamente rigorosos. Apesar de encontrarmos situações de extrema pobreza e de desigualdade social em vários países localizados no continente americano, somente o Haiti integra seu rol. Os indicadores socioeconômicos são tomados em âmbito nacional e, portanto, não desvendam os desequilíbrios regionais e sociais que caracterizam a grande maioria dos países do Terceiro Mundo.

Nos PMA sobressai a pobreza – quando não a miséria absoluta – de uma parcela ponderável da população. A escassez de poupança interna conduz ao endividamento crescente, pois ausente está qualquer perspectiva de crescimento econômico, o qual é negativo ou conhece, por longo período, uma estagnação. A diminuição da riqueza nacional é acompanhada por recorrente espiral inflacionária que incrementa a dependência dos PMA em relação ao exterior, tornando-os dificilmente administráveis.

Malgrado o extraordinário desenvolvimento econômico que o mundo conheceu na última metade do século XX, mais de 50% da população mundial, ou seja, 3 bilhões de pessoas não conhecem os direitos sociais, econômicos e políticos fundamentais. Situadas na África, Ásia e também na América Latina, tais populações encontram-se à margem do progresso.

Razões endógenas explicam a amplidão da catástrofe: persistência de guerras civis (casos da rica Angola, do Afeganistão, de Serra Leoa, da Libéria e do Congo); descontrole do crescimento demográfico (Senegal), catástrofes naturais (litoral do Oceano Índico e os Estados insulares localizados no Pacífico). Contudo, tal situação é agravada pelo desenvolvimento desigual e excludente oferecido pelo atual sistema das RI e pelo fracasso da cooperação internacional como instrumento de diminuição das desigualdades.

Etimologicamente, a cooperação deve ser entendida como a operação de dois ou mais parceiros que unem seus esforços para atingir um objetivo comum. O tra-

8 Os desafios para a nova organização das relações internacionais **185**

balho cooperativo permite dividir os resultados entre os partícipes, criando uma dependência recíproca. De fato, a cooperação internacional resulta de uma solidariedade entre desiguais e complementares, com vistas à articulação e à organização de uma convivência construtiva.

Todavia, a história das RI demonstra que os Estados desenvolvidos preferem o relacionamento bilateral, pelo qual subjugam os Estados débeis e impõem uma pauta securitária, descartando a socioeconômica. Os Estados do Sul foram percebidos como espaços para o exercício da influência – como *quase Estados*, jamais como atores plenos do sistema.

A assimetria vertical das relações Norte/Sul foi marcada pelo controle político do Sul por meio de alianças e tratados desiguais, em que cada uma das partes desempenhava o exclusivo papel de doador ou receptor. Quando aspectos econômicos eram objetos desses laços, eles se restringiam à transferência de recursos financeiros para a elite política local, que os manipulava segundo seus próprios interesses. A corrupção e o desvio dos recursos realizados com a benção e a conivência do próprio doador transformaram os projetos de cooperação internacional em biombos a esconder suas verdadeiras intenções e seus beneficiários.

Seguindo os princípios da teoria da divisão internacional do trabalho – defendida pela totalidade das economias desenvolvidas –. era de se supor que a maioria dos países do TM poderia fazer valer suas vantagens comparativas e especializar-se na produção e exportação de produtos primários.

Condições climáticas favoráveis, extensão de terras produtivas, capacidade tecnológica e disponibilidade de mão de obra são elementos capazes de proporcionar aos países em desenvolvimento um importante papel no intercâmbio de bens agrícolas. Todavia, trata-se de ilusão, pois além de os produtos agrícolas não ultrapassarem 9% do total do valor das exportações mundiais, o quadro transcrito a seguir (Tabela 8.1) indica que as exportações de *commodities* provêm, majoritariamente, das economias dos países desenvolvidos.

As exportações agrícolas dos países industrializados – integrantes da União Europeia, Estados Unidos, Canadá, Austrália e Nova Zelândia – alcançam 56,8% do total, ao passo que o total exportado pelos cinco principais exportadores agrícolas do Sul (Brasil, China, Indonésia, Tailândia e Argentina) atinge somente 16,5%. Por conseguinte, mesmo nas atividades em que, *a priori*, o Terceiro Mundo disporia de condições vantajosas, assiste-se à nítida predominância das economias desenvolvidas.

Há casos extremos: por exemplo, o Canadá consegue exportar, em valores, 50% a mais do exportado pela Argentina, considerada uma economia agrícola por excelência. Tal situação evidencia a utilização de uma técnica de produção sofisticada, a existência de políticas de incentivo à conquista de mercados externos e um amplo leque de medidas protecionistas, em particular para os produtos agrícolas.

Tabela 8.1 Os principais exportadores de produtos agrícolas (2010)

Países	Valor (em bilhões de dólares)	% do total
União Europeia	532	39,1
Estados Unidos	143	10,5
Brasil	69	5,0
Canadá	52	3,8
China	52	3,8
Indonésia	36	2,6
Tailândia	35	2,6
Argentina	35	2,5
Malásia	29	2,1
Austrália	27	2,0
Índia	23	1,7
Rússia	21	1,5
Nova Zelândia	20	1,4
México	19	1,4
Chile	15	1,1
Total	1.108	81,1

Fonte: OMC. *Statistiques du commerce international*. Genebra, 2011, Quadro II.15, p. 67.

A política agrícola comum (PAC) praticada pela União Europeia e as medidas protecionistas dos Estados Unidos não somente impedem a entrada de produtos agroindustriais do TM em seus mercados como também descartam os produtos do Sul de terceiros mercados consumidores, por meio da concessão de subsídios às exportações.

Há um tema de grande relevância para as RI, qual seja, o das negociações, no âmbito da OCDE, de um Acordo Multilateral de Investimentos (AMI), considerado por Renato Ruggiero, ex-Diretor-Geral da OMC, a futura "Constituição de uma economia mundial unificada". Todavia, percebem-se no texto em tela quatro características preocupantes: a) a negociação, que deveria ocorrer em um organismo universal como a OMC, é realizada no clube fechado dos países desenvolvidos; b) o AMI será, na prática, imposto aos países que não participaram de sua elaboração, pois, caso não adiram ao acordo, serão alijados do mercado de captação de recursos financeiros; c) as negociações se desenrolam sem qualquer transparência; d) o sistema de solução de controvérsias não somente é acessível às empresas, como também os juízes serão privados, rebaixando o Estado a um mero interessado. A legislação nacional contrária aos princípios da AMI deverá ser reformulada.

Liberadas as RI da camisa de força representada pela Guerra Fria, supunha-se que os desafios envolvendo o desenvolvimento econômico dos países do Sul

8 Os desafios para a nova organização das relações internacionais **187**

encontrassem um papel central. Infelizmente, a pauta securitária prossegue sua dominação e impede a adoção de uma estratégia voltada à diminuição dos problemas sociais. Como será abordado a seguir, o Ocidente transfere seus valores formais, como a democracia representativa, mas descura de seu conteúdo.

3. A UNIVERSALIZAÇÃO DOS VALORES E A IDEOLOGIA MASCARADA

Uma das tendências políticas profundas do pós-Guerra Fria foi a expansão da democracia representativa como modelo de organização para as sociedades nacionais e como inspiração para a institucionalização das RI.

Independentemente do embate entre as teorias realistas e institucionalistas e do elevado grau de polêmica que envolve a difusão do sistema democrático, é necessário reconhecer que o grau de lealdade democrática é fenômeno marcante da contemporaneidade, sugerindo facilidades ou constrangimentos para os Estados em suas relações exteriores. A Tabela 8.2 indica o alcance dos avanços da democracia representativa no mundo.

A democracia é o único sistema de organização e de representação política que dispõe de ampla legitimidade ideológica. Podendo ser resultante de vontade majoritária no seio da população, de mimetismo, de imposição exógena ou ainda da pressão constante das OI públicas e privadas, constata-se a supremacia inconteste do modelo democrático quando comparado com as demais formas de organização política. Tal supremacia reflete, em suma, a preponderância do modelo ocidental. Em 1900, nenhum país havia instituído o sufrágio universal e, atualmente, quase todos o fazem. No último quartel do século passado (1974-1999), 113 países mudaram de um regime autoritário para o sistema multipartidário,[5] sendo os casos da África e da redemocratização da América Latina exemplares dessa evolução.

Tabela 8.2 A democratização mundial (1922-2011)

Ano	Estados democráticos	Estados não democráticos	Total de Estados	% de Estados democráticos
1922	29	35	64	45
1942	12	49	61	20
1962	36	75	111	32
1973	30	92	122	25
1990	58	71	129	45
2011	115	52	167	69

Fonte: organizada pelo autor utilizando várias fontes.

---

5   UNCTAD. *Relatório mundial sobre o desenvolvimento humano*, 2000.

188 Relações internacionais • Parte III

A adoção de um modelo padrão de organização política originou-se na Declaração Universal dos Direitos do Homem e, sobretudo, no Pacto sobre os Direitos Civis e Políticos (1966).[6] Enquanto em 1975 somente 73 países o haviam ratificado, em 2000 o número praticamente dobrou (144). Em 2008, o número de Estados signatários alcançou 161 e em 2013 conta com 167 ratificações, perfazendo 86% dos Estados-membros das Nações Unidas.

Muitos entre os princípios que fundamentam a democracia política estão contidos no Pacto de 1966, tais como:

- Liberdade de expressão (art. 19).
- Direito de reunião pacífica (art. 21).
- Direito de associação (art. 22).
- Direito e possibilidade de participar dos assuntos públicos diretamente ou através de representantes escolhidos livremente (art. 25).
- Direito de votar e ser eleito através de eleições periódicas, honestas, pelo sufrágio universal, igualitário e com escrutínio secreto (art. 25).

Por sua vez, a revista britânica *The economist* realiza anualmente uma avaliação da saúde da democracia no mundo. Toma em consideração um rol de 60 indicadores divididos em cinco categorias: qualidade do processo eleitoral; eficácia governamental; participação política; cultura política; liberdades civis. Numa escala de valores de zero a dez, os países que se encontram entre 8 e 10 são considerados democracias plenas; de 6 a 8, democracias imperfeitas; de 4 a 6, democracias híbridas; inferior a 4, são considerados regimes autoritários. Sua mais recente avaliação apresenta-se assim (Tabela 8.3):

Tabela 8.3 A qualidade da democracia no mundo (2011)[7]

Qualidade da democracia	Número de países	% de países	% da população mundial
Plena	25	15	11,3
Imperfeita	53	31,7	37,1
Híbrida	37	22,2	14,0
Autoritária	52	31,1	37,6

A busca de legitimidade por parte dos Estados e a imposição dos princípios de bom governo por meio das instituições internacionais auxiliam a difusão da democracia.

Muitas OI regionais – sejam elas de natureza política ou econômica – adotaram, a partir do início dos anos 1990, dispositivos em suas Cartas constitutivas que

---

6   Consultar a íntegra dos textos in: SEITENFUS, R. *Legislação internacional*. Op. cit., p.256-9 e 288-300.
7   O Brasil ocupa a 45ª posição, pois é avaliado como uma democracia imperfeita.

preveem a democracia como forma exclusiva do regime político e ameaçam com a suspensão imediata os Estados vítimas de mudanças que firam o Estado de Direito. Além disso, a falta de lealdade à democracia pode levar um Estado a sofrer sanções de natureza econômica e política, particularmente de certos países – Estados Unidos e Canadá – e do grupo de Estados que formam a União Europeia.

Encontram-se igualmente situações-limite, como o caso haitiano. Em 1994, os Estados Unidos foram autorizados pela ONU e pela OEA a utilizar a força para restaurar o poder do governo democraticamente eleito que havia sido derrocado por um golpe militar. Dez anos depois, em janeiro de 2004, ambas as organizações compactuaram com outro golpe, que uma vez mais destituiu um presidente democraticamente eleito.

Há igualmente o exercício de sanções positivas no caso do respeito à lealdade democrática. Os incentivos são de caráter essencialmente econômico e se concretizam por meio de vantagens, tais como créditos com juros preferenciais ou simbólicos, acesso dos produtos do país ao mercado consumidor dos países democráticos e apoio nas instâncias internacionais, como o FMI e o Banco Mundial.

O protesto e a não conformidade com os cânones democráticos fazem parte da história recente das RI, sustentando-se no princípio da autodeterminação dos povos que, muitas vezes, foi confundido com a autonomia dos governos ditatoriais. O discurso que defende o paradigma da soberania, inspirado nos primórdios de Vestefália, apresenta grande atualidade nos países do Sul. As pressões exercidas pelo exterior são apresentadas como neocoloniais, desrespeitosas do domínio reservado e da independência dos Estados.

Outra forma de resistência manifesta-se pela utilização, para fins políticos, de conceitos vinculados ao relativismo cultural. Há, nesse caso, a clara manipulação do conceito de democracia. Identificada com o Ocidente, e não como forma de organização política que reconhece a supremacia da maioria e o respeito dos direitos da minoria, a democracia transforma-se em produto do Ocidente desenvolvido e corpo estranho à história do Terceiro Mundo, o qual cultua as diferenças e tende a recusar a democracia, afirmando seus nacionalismos e particularismos.

Há Estados recalcitrantes que não se curvam à democracia, constituindo um pequeno grupo de *Estados-párias* que estão à margem das principais correntes do sistema internacional. Estigmatizados, esses Estados frequentam com assiduidade os relatórios nacionais e internacionais que apontam o desrespeito aos direitos humanos fundamentais. Claro está que o Estado-pária detém condições para viver em autarquia, pois dispõe de meios materiais. Todavia, os que não possuem esses meios obrigam-se a aceitar os cânones da democracia. Finalmente, esta pode ser degradada – como em recentes casos latino-americanos e africanos que introduziram a possibilidade da reeleição infinita – e sua prática, questionável em razão da ausência de transparência e dos altos índices de corrupção. Conserva-se somente a forma, materializada pelo jogo eleitoral, cujo resultado não permite o respeito ao princípio essencial da democracia, isto é, a alternância no poder.

Finalmente, alicerçado nos princípios políticos da *Responsabilidade de Proteger*, encontrou fértil campo de ação, nesta última década, a intervenção nos assuntos internos de certos *quase-Estados* ou *Estados-falidos*, por supostas razões humanitárias. Ausente um marco legal consensual, o CS/ONU se autoatribuiu a tarefa. Por evidentes razões, a decisão de intervir por supostas motivações humanitárias se transformou em mecanismo oportunista e subjetivo à disposição de seus membros permanentes.

O impacto do terrorismo sobre as relações internacionais

9

Em 11 de setembro de 2001, o gesto extremo de terroristas que se apresentavam como pessoas comuns indicou a impossibilidade de existir santuários imunes aos efeitos das RI. Apesar da ausência de recuo temporal, são visíveis alguns pontos de ruptura. Eles podem resultar em uma evolução positiva, reforçando a cooperação internacional, ou negativa, com o avanço do nacionalismo, do maniqueísmo, da xenofobia e da vontade unilateral dos mais fortes, em particular dos Estados Unidos.

Os primeiros meses da administração Bush foram marcados pelo nacionalismo, que conduziu o país a isolar-se ainda mais, interferindo na cena internacional somente em defesa do que Washington considerava ser seu interesse nacional.

1. A RESISTÊNCIA DOS ESTADOS UNIDOS AO MULTILATERALISMO

Os Estados Unidos têm promovido uma oposição sistemática aos acordos e à cooperação multilateral que objetivam consolidar princípios básicos de convivência internacional: recusaram a Convenção Internacional de Proteção à Criança, não ratificaram a Convenção sobre a Eliminação de Todas as Formas de Discriminação contra a Mulher, denunciaram o ABM, não ratificaram o tratado que proíbe os testes nucleares (TICE), não aprovaram o protocolo sobre armas biológicas, não assinaram a Convenção de Combate às Minas Antipessoais, recusaram o protocolo de Quioto sobre o aquecimento terrestre, opuseram-se às iniciativas da OCDE contra os paraísos fiscais e a lavagem de dinheiro, não assinaram o Estatuto da Corte Penal Internacional.[1] No âmbito regional, não se submetem à Cor-

---

1 A íntegra do Estatuto da CPI encontra-se em SEITENFUS, R. *Legislação internacional*. Op. cit., p.147-98.

te Interamericana de Direitos Humanos (CADH) – Pacto de São José da Costa Rica –, sequer à Comissão Interamericana de Direitos Humanos (CIDH) da OEA.

Essa longa lista indica a relutância tradicional dos Estados Unidos em participar da construção multilateral e de abrir mão de qualquer prerrogativa. Tal atitude enfraquece o sistema internacional, impossibilitado de criar normas, direitos e obrigações, concedendo-lhe menor previsibilidade e segurança.

Da progressiva e inelutável afirmação dos Estados Unidos como superpotência, após a Segunda Guerra Mundial, decorreu um duplo fenômeno: no campo estratégico-militar, a confrontação com o comunismo; e, no campo dos valores, surgiu o discurso de defesa da liberdade, da democracia e dos direitos humanos, que se transformou em imperativo messiânico durante a administração Carter.

As reiteradas intervenções de Washington nos assuntos internos de outros Estados, veladas ou abertas, tornaram-se uma constante, sob a justificativa de que os Estados Unidos não defendiam o egoísta interesse nacional, mas os princípios sagrados da humanidade. A intervenção poderia ser violenta e unilateral, desde que os objetivos perseguidos fossem éticos e universalmente aceitos. Tal visão foi agredida pelas recentes atitudes norte-americanas diante do salutar Direito Internacional que emergiu no final do século passado. Aliás, com grande atraso.

Por que os Estados Unidos opõem-se à adoção de textos cujo conteúdo pretende defender em suas intervenções no exterior? Washington justifica-se por questões terminológicas, pela insuficiência dos textos e, por vezes, sua suposta inaplicabilidade. De fato, cada um dos acordos mencionados encontra adversários no interior da sociedade americana, sobretudo aqueles acordos que, por natureza, implicam mudanças nas regras produtivas (meio ambiente e indústria bélica) ou interferem, mesmo marginalmente, no poder total e absoluto de que dispõem os militares em suas ações no exterior (minas antipessoais e Corte Penal).

Contudo, a recusa dos Estados Unidos em fazer avançar o Direito Internacional e universalizar princípios da civilização prende-se à consciência de que o direito é o escudo dos fracos e a força é a razão dos fortes. Como convencer o mundo da justeza de tais princípios se a nação mais poderosa, que neles sustenta seu discurso internacional, é seu principal adversário?

O resultado do voto sobre o Estatuto da CPI, adotado em Roma (18/7/1998) com 120 votos a favor, 21 abstenções e sete contrários, colocou os Estados Unidos em companhia de regimes pouco recomendáveis como os da China, Filipinas, Índia, Israel, Sri Lanka e Turquia. Uns por filosofia, outros em razão de conflitos internos e internacionais, são presença constante nos relatórios, tanto das ONG como da ONU, sobre violação de direitos fundamentais e desrespeito ao Estado de Direito.

A obstrução dos Estados Unidos e certas limitações do texto do Estatuto da CPI não devem obscurecer o extraordinário avanço que ele representa para os di-

9 O impacto do terrorismo sobre as relações internacionais **193**

reitos humanos. Mesmo que Cícero já tenha constatado que quando as armas falam o Direito emudece, somente no século XIX surgiu um Direito da guerra buscando proteger a população civil das agruras dos conflitos. Uma Justiça internacional permanente começou a ser construída a partir do Estatuto da CPI.

Os Tribunais de Nuremberg e de Tóquio conduziram os principais criminosos da Segunda Guerra ao banco dos réus. A justiça do vencedor, com um tribunal *ad hoc*, preocupou-se exclusivamente com os muitos crimes dos perdedores da guerra. Os eventuais criminosos que pertencessem ao campo dos vencedores estavam protegidos por absoluta imunidade.

Em 1948, a Assembleia Geral da ONU havia solicitado um parecer sobre a criação de um Tribunal Penal Internacional (TPI). A Guerra Fria impediu qualquer progresso da ideia. As guerras na antiga Iugoslávia e em Ruanda, com seus rosários de atrocidades, fizeram surgir os Tribunais especiais de Haia e de Arusha. A criação do Tribunal permanente foi um primeiro passo para pôr fim à impunidade dos criminosos de guerra e dos responsáveis pelos crimes de genocídio. Nasceu uma justiça que será, com certas limitações, imposta segundo critérios jurídicos e não políticos.[2]

O tratado constitutivo do TPI depende da vontade dos Estados que livremente negociaram, ratificaram e vincularam-se a seus dispositivos. Encontram-se, nessas características, sua grandeza e suas vicissitudes. Há, contudo, duas certezas e uma necessidade: por um lado, a permanência do acordado em Roma diferencia o TPI das experiências tentadas anteriormente para construir uma justiça internacional. Por outro, os candidatos a réus do TPI conhecem, previamente, as sanções previstas para seus futuros crimes.

Para que o Estatuto transforme-se em instrumento efetivo, é necessário que ele seja aplicado de maneira universal. Ora, a oposição dos Estados Unidos, inclusive suas tentativas para esvaziar o TPI por meio de acordos paralelos firmados com os Estados signatários a fim de excluir os cidadãos de nacionalidade norte-americana, coloca em questão a própria viabilidade do acordado em Roma. Como criar uma justiça além-fronteiras quando o Estado que domina o cenário bélico internacional desvincula-se de qualquer compromisso com as regras pactuadas?

Todavia, o conjunto das RI sofreu um extraordinário abalo e uma inelutável recomposição de forças e valores com os atentados de 11 de setembro de 2001 em Nova York e Washington. Tratou-se de uma profunda ruptura que conduziu o sis-

---

2   Raramente os réus reconhecem de bom grado a jurisdição de tais tribunais. A defesa de Slobodan Milosevic, exercida pessoalmente pelo antigo ditador, enfatizou a ilegalidade do Tribunal presidido por um juiz britânico. Ora, questionou o réu, "poderá um tribunal fazer justiça quando composto por cidadãos britânicos?".

194 Relações internacionais • Parte III

tema internacional a um verdadeiro *turning point*, cujas repercussões não podem ainda ser plenamente avaliadas.

2. A RUPTURA DE 11 DE SETEMBRO DE 2001

Os terríveis atentados de 11 de setembro marcaram importante inflexão da política externa norte-americana e das RI. Washington revisou rapidamente sua atitude frente à cooperação multilateral, imprescindível para as novas condições, e tende a abandonar o unilateralismo que o caracterizava.

Em primeiro lugar, a ideia de que a História havia acabado mostrou-se absurda. Certamente, o histórico embate entre capitalismo e socialismo conheceu seu epílogo com a queda do Muro de Berlim. No entanto, ainda há espaço para o inesperado, pois o curso do mundo não está definido. O determinismo com que todos os fatos eram apresentados deu lugar à incerteza. Nada é inevitável e afastou-se, no primeiro momento, o princípio da submissão obrigatória. Em um mundo em mutação, os gigantes pagam o preço pela sua própria força. Não se trata de uma interpretação positiva do terrorismo, mas da simples constatação de que há outros elementos em jogo além dos fatores econômicos, e que o determinismo é antes um argumento a sustentar o conformismo do que uma realidade.

Em segundo lugar, a pauta de governo da administração Bush foi atingida em sua essência. O Presidente George W. Bush acreditou que poderia conduzir uma política externa *à la carte*, agindo no exterior somente em último caso, com custo mínimo possível, guiado apenas por seus interesses internos, como, por exemplo, o apoio flagrante a Israel e o abandono do processo de paz no gravíssimo conflito no Oriente Médio. Desabou com as Torres Gêmeas a ideia de que "a paz é a guerra alhures". Uma eventual "paz dos cemitérios" entre israelenses e palestinos poderia significar a guerra no Ocidente. O estilhaço atroz de um conflito criado pela comunidade internacional na década de 1940, e que desde então ela se recusava a enfrentar, talhou o horizonte do novo século.

Mais do que uma prova de que nenhum lugar do planeta é intocável, já que a própria superpotência foi atacada em seu coração financeiro e militar, o 11 de setembro significou um desesperado apelo para que Washington fosse mais do que simples guardião do *status quo*. Tais condições fizeram Bush sair da concha e voltar-se à comunidade internacional, com inédita consciência de pertencer a um mundo interligado e dependente. Surgiu, então, um verdadeiro dilema: sobre que bases serão construídas essa nova consciência coletiva internacional?

A comunidade dos Estados possui um instrumento legal de ampla abrangência para combater o terrorismo: o Conselho de Segurança (CS) da ONU. Em seu art. 39 (Cap. VII, que trata da "ação relativa a ameaças à paz, ruptura da paz e atos de agressão"), a Carta da ONU estipula, de forma sábia, que o "Conselho de Segurança determinará a existência de qualquer ameaça à paz".[3] Em sua Resolução n. 1.373, de 28 de setembro de 2001, o CS decidiu, por unanimidade, combater o terrorismo. Tal decisão implica a luta coordenada para o desmantelamento da rede do terror e a adoção de medidas contra Estados que a sustentam. Para tanto, é imprescindível que a imputabilidade da responsabilidade estatal seja demonstrada com limpidez. Caso contrário, a comunidade dos Estados estará concedendo legalidade às ações políticas e militares dos mais fortes.

Apesar da existência de instrumentos jurídicos no âmbito da ONU, os Estados Unidos decidiram descartar a participação da organização alegando que sua resposta militar era absolutamente legal, já que ela se enquadrava perfeitamente no art. 51 da Carta, que trata do direito de legítima defesa.

Liberou-se, assim, o caminho para uma resposta de grande envergadura contra os supostos agressores. E o terrorismo que se abateu de forma dramática sobre os Estados Unidos pôde atingir mais um dos objetivos de sua ação criminosa: fazer que a reação de Washington não respeitasse as regras de convívio, sobretudo do Direito Internacional, nivelando vítimas e algozes.

Em sua cruzada antiterror, os Estados Unidos adotaram uma atitude imperial resumida na frase: "Quem não estiver conosco estará contra nós". Em face desse ultimato, curvou-se o mundo, inclusive potências nucleares e tradicionais adversários de Washington, como a China e a Rússia. O terrorismo – inimigo desprovido de face e de normas – recolheu unanimidade contra si. O ex-presidente Clinton apressou-se a apoiar Bush, pois havia uma guerra a ser travada e os Estados Unidos lutavam, como enfatizou Clinton, "pela alma do século XXI".

Amplas e indiscriminadas represálias, como apregoam alguns responsáveis americanos, terão como consequências a desestabilização das RI e a união do mundo islâmico e árabe contra o Ocidente. Corre-se o risco de ser efetivamente desencadeada uma guerra de civilizações com resultados profundos e duradouros.

O que é o terrorismo? – Trata-se de um instrumento de combate e a forma de luta mais abjeta que prolifera em propício caldo de cultura. Não é um programa de governo, uma filosofia ou uma ideologia, mas simplesmente a arma da marginalidade, da delinquência e do banditismo. Portanto, deve ser tratado como caso de polícia na alça de mira do Direito Penal e jamais ser conduzido ao plano superior do Direito Internacional, que trata das relações entre os Estados.

Tanto mercenários como guerrilheiros dos movimentos de libertação nacional diferenciam-se dos terroristas. Aqueles estão a serviço de um Estado ou de um projeto de Estado e integram um corpo combatente regular. Aos guerrilheiros é

---

3   Tanto a íntegra da Resolução contra o terrorismo quanto a Carta da ONU encontram-se em SEITEN-FUS, R. *Legislação internacional*. Op. cit.

196 Relações internacionais • Parte III

reconhecido, inclusive, o estatuto no Direito da Guerra. Aos mercenários, sequer são aplicados os princípios que regem os conflitos.

Nenhuma norma do Direito da Guerra pode ser aplicada aos terroristas, pois eles são simplesmente civis, criminosos, detentores de diferentes vínculos de nacionalidade. Suas ações não são reivindicadas por nenhum Estado – portanto, inexiste imputabilidade da responsabilidade jurídica internacional, já que os violentos atos são praticados contra alvos civis, buscando unicamente semear o pânico e a desordem, ausente qualquer laço com os sujeitos de Direito Internacional.

As doutrinas jurídicas e políticas não conseguiram definir com clareza o terrorismo. Ele nasce da expressão latina *terror*, que designa o espanto, o medo, o horror e a angústia frente a uma ameaça percebida pela sociedade como possível, embora imprevisível.

Durante o período revolucionário francês de 31 de maio de 1793 (queda dos girondinos) a 27 de julho de 1794 (queda de Robespierre), o terror transformou--se em instrumento de governo. Os acusados de *terrorismo* eram julgados sumariamente (ausentes a defesa e a oitiva de testemunhas, aplicava-se exclusivamente a pena de morte, sem possibilidade de recurso, revisão ou apelação). Tratava-se de um terrorismo de Estado que se voltou rapidamente contra seus promotores.

A dimensão internacional do terrorismo surgiu no entreguerras com o assassinato em Marselha, em outubro de 1934, do Rei Alexandre I da Iugoslávia. Como resposta, uma convenção para combater o terrorismo foi firmada por 24 Estados em 1937, quando se sugeriu, pela primeira vez, uma definição do terrorismo internacional. Para a convenção, "a expressão *atos terroristas* quer dizer fatos criminosos dirigidos contra um Estado, e cujo objetivo ou natureza é provocar o terror em pessoas determinadas, em grupos de pessoas ou no público" (art. 1º).

As formas contemporâneas do terrorismo surgiram somente na década de 1960. Tratava-se dos numerosos sequestros de aeronaves motivados, essencialmente, pelo conflito do Oriente Médio. Muitos atos terroristas originaram-se em litígios internacionais, embora conflitos internos, por exemplo, durante os regimes militares na América Latina, tenham igualmente servido de catalisadores dessa nova realidade.

A onda terrorista que varreu o mundo fez dos Estados Unidos seu alvo principal. Potência hegemônica, detentora de interesses universais, sustentáculo de Israel no conflito do Oriente Médio, aliada das correntes políticas antipopulares nos Estados do Sul e vencedora da Guerra Fria, Washington tornou-se naturalmente o inimigo ideal dos movimentos que contestam a ordem internacional. Todavia, os atentados a ele dirigidos são vinculados, na quase totalidade, às suas posições na crise do Oriente Médio.

O formidável impacto dos atentados de 11 de setembro fez que, finalmente, a comunidade internacional não somente conseguisse apreender a complexidade do terrorismo em todas as suas facetas (proibição do financiamento, apoio e asilo, bem como obrigação de cooperação nos âmbitos judiciário, policial e de informações), mas igualmente decidisse ir além da simples conclusão de tratados e convenções antiterror. As doze convenções e protocolos relativos ao terrorismo deram lugar a uma convenção global e, sobretudo, sob o comando dos Estados Unidos, iniciou-se uma intensa campanha antiterror que provocou profundas modificações nas RI contemporâneas.

O amálgama e a confusão de gêneros preconizados pelos Estados Unidos foram acatados com raríssimas contestações. Assim, os países membros da Organização dos Estados Americanos (OEA) os aceitaram de forma unânime em sua reunião ministerial de 21 de setembro de 2001. Ora, dita reunião foi convocada, por iniciativa brasileira, à luz das obrigações decorrentes do Tratado Interamericano de Assistência Recíproca (TIAR), que instituiu, a partir de 1947, o princípio da segurança coletiva continental. Não obstante, tal instrumento não constitui base legal nem para a convocação da Conferência de Washington, muito menos para qualquer ação coletiva futura.

Em seu art. 3º, o TIAR estipula que os signatários

> concordam em que um ataque armado, *por parte de qualquer Estado*, contra um Estado Americano, será considerado como um ataque contra todos os Estados Americanos e, em consequência, cada uma das ditas Partes Contratantes se compromete a ajudar a fazer frente ao ataque, no exercício do direito imanente de legítima defesa individual ou coletiva, que é reconhecido pelo art. 51 da Carta das Nações Unidas.[4]

Inexistindo ataque de Estado como no caso em tela, ausente está a base legal para a ação do coletivo. Urge, pois, que um novo instrumento específico de combate ao terrorismo, negociado entre Estados-partes, entre em vigor. Enquanto isso não ocorrer, qualquer manifestação de solidariedade repousará em voluntarismo político à margem das obrigações legais. Além disso, o próprio TIAR estipula, em seu art. 20, que o emprego da força armada não é obrigatório e automático. É imprescindível a anuência expressa e prévia, ou seja, a expressão do consentimento de cada Estado signatário para o envio de tropas ao exterior. Portanto, cada Estado é soberano em sua decisão de enviar ou de oferecer apoio militar para a ação dos Estados Unidos.[5]

---

4   Ibidem.
5   O apoio brasileiro aos Estados Unidos não pode resultar em participação militar. Todavia, caso o Executivo brasileiro venha a trilhar o caminho da belicosidade, como o fez quando enviou tropas de intervenção à República Dominicana em 1965, contrariando a tradição de paz que o Itamaraty aprecia enfatizar, ele cometerá uma ilegalidade constitucional. A Constituição prevê expressamente que o Presidente da República detém o poder, com a anuência do Congresso Nacional, segundo o art. 49 (II), de "declarar

Responder ao terror com as mesmas armas por ele utilizadas é conduzir o direito de preservação e de legítima defesa para o campo da ilegalidade. É rebaixar-se moralmente aos seus obscuros porões, descartando os princípios que regem o mundo civilizado. Claro está que os serviços de inteligência, de espionagem e contraespionagem devem ser utilizados, como sempre foram, inclusive pelos regimes democráticos. Todavia, não se pode falar em guerra ou agressão. Do ponto de vista jurídico, o inominável ato terrorista decorre de uma ação privada, constituindo somente uma ilicitude – por mais covarde e traiçoeira que tenha sido – e não um ato de guerra.

3. A LUTA CONTRA O TERROR

Uma vez identificado o Afeganistão como santuário do terror, uma ação militar foi desencadeada, colocando por terra o regime Talibã e desmantelando naquele país as bases de treinamento da rede Al Qaeda de Osama Bin Laden. O Presidente Bush, desinteressado inicialmente pelas questões internacionais, encontrou um programa de governo: lutar com todos os meios contra o nebuloso terrorismo.

Washington conseguiu arregimentar imensa simpatia internacional, permitindo a construção da indispensável legitimidade para sua intervenção armada no Afeganistão.[6] Colocando-se em posição de vítima frente ao inominável atentado, a estratégia de Washington dividiu o mundo de maneira maniqueísta. Tratou-se de espúria tentativa de sua infantilização por meio da ideia de guerra do bem contra o mal. É compreensível que o pitoresco Bush apresente o mundo como um bom faroeste. Mas os Estados Unidos já colaboraram com regimes políticos perversos, lançaram a bomba atômica e aceitam de bom grado a miséria que seu sistema econômico provoca em 3/4 do mundo. Nesse *casting*, o papel de mocinho deveria ser inverossímil.

Por outro lado, a visão do bandido é fluida, aumentando o risco de se atirar no próprio pé. Embora Osama Bin Laden fosse inimigo declarado dos Estados Unidos, parece óbvio que o financiamento provém de outras fontes e, mais impor-

---

guerra e celebrar a paz". Além disso, o art. 84 (XIX) atribui privativamente ao Presidente da República a função de declarar guerra no caso de agressão estrangeira, autorizado pelo Congresso Nacional. Ora, o conceito jurídico da agressão no Direito Internacional vincula-se a uma ação de Estado, ausente nesse caso. Por conseguinte, somente uma emenda constitucional – sem força retroativa – poderia conceder legalidade à eventual participação de forças militares brasileiras no combate ao terrorismo. Espera-se que a América do Sul, que revolucionou o conceito de terrorismo durante os recentes regimes militares, instituindo um terror de Estado de triste memória, auxilie a avaliar corretamente o desafio lançado pelo terrorismo: o combate pertence à seara do Direito Penal, descartando-se com vigor as crescentes ameaças às liberdades fundamentais e ao Estado de Direito.

6   Assim, por exemplo, o jornal francês *Le Monde*, crítico da política externa dos Estados Unidos, declara em editorial que, frente ao 11 de setembro, "nós somos todos norte-americanos".

9 O impacto do terrorismo sobre as relações internacionais **199**

tante, que há grupos autônomos decididos a agir. O *antifatah* não era exclusividade de Bin Laden, nem do *Hamas* ou do *Hezbollah*.

A Doutrina Bush cria o famigerado *Eixo do Mal*, composto por países que supostamente apoiam o terrorismo internacional: Coreia do Norte, Cuba, Iraque, Irã, Líbia, Somália e Sudão. Opositores históricos aos Estados Unidos, como o governo castrista, transformam seu país em membros natos do clube do terror. Outros santuários do terrorismo, caso do Paquistão, são desconsiderados, pois seus governos alinharam-se com Washington. O quadro dos movimentos terroristas que se opõem aos Estados Unidos (Tabela 9.1) é revelador do divórcio entre a lista dos Estados inimigos e a formação da rede terrorista internacional.

Tabela 9.1 Os inimigos potenciais dos Estados Unidos

Países que abrigam grupos terroristas	Movimentos considerados terroristas
Turquia	Frente do Partido de Libertação do Povo Revolucionário (DHKP-C)
Grécia	Grupo 17 de Novembro (17-N) Luta Popular Revolucionária (ELA)
Argélia	Grupo Islâmico Armado (GIA)
Colômbia	Exército de Libertação Nacional (ELN) Forças Armadas Revolucionárias da Colômbia (Farc)
Egito	Grupos Islâmicos (Gama Islamiyya) Guerra Santa (Jihad)
Líbano	Hezbollah
Usbequistão	Movimento Islâmico do Usbequistão
Japão	Exército Vermelho Japonês
Afeganistão	Al Qaeda
Filipinas	Grupo Abu Sayyat Novo Exército do Povo (NPA)
Paquistão	Harakat ul-Mujahidin (HUM) Jaish-e-Mohammed (JEM) Laskar-e-Tayyiba (LT)
Palestina	Fatah (Conselho Revolucionário do Grupo Abu Nidal) Hamas (Movimento da Resistência Islâmica) Jihad Islâmica Frente da Libertação da Palestina (FLP) Frente Popular de Libertação da Palestina (FPLP) Frente Popular de Libertação da Palestina – Comando Geral (FLPL-CG)

A questão essencial em torno dos atentados de 11 de setembro indaga como pessoas comuns, tão instruídas quanto a elite ocidental, que fizeram seus estudos na Europa e desfrutaram do *american way of life*, tornam-se capazes de tais atos de barbárie? O terrorista diabólico, demente, ignorante e insociável, como esboçava o imaginário ocidental, pode ser, na verdade, um homem gentil, inteligente, socialmente adaptado, que elabora com lucidez e precisão impressionantes o golpe que vai ceifar a vida de milhares de inocentes, que planeja em seu cotidiano ordinário o gesto que marcará a história.

Os terroristas, ao cometerem um ato de inominável covardia, foram movidos, paradoxalmente, por uma coragem impressionante que, originando-se no fanatismo, é executada por meio do conhecimento, portanto, da ciência. Talvez seja essa a mais terrivelmente incômoda constatação do episódio, pois mostra o quanto serviços de inteligência são, e continuarão sendo, incapazes de combater o terrorismo suicida. A única inteligência que pode evitar a barbárie tem pouco a ver com os cânones que orientam a CIA e o FBI.

O desafio é muito maior. Mais do que não obter a paz internacional, países como os Estados Unidos contribuem, em suas ações e omissões, para que a guerra e a injustiça perdurem em muitos rincões do mundo, conforme seus interesses estratégicos. Patente exemplo está no apoio concedido pelos norte- americanos aos próprios Talibãs em sua luta contra os soviéticos. Por isso não se sabe quantos, quais e onde poderão inspirar-se, pelas mais diversas razões, na repercussão monumental do 11 de setembro.

Ora, não é a guerra e tampouco o ataque ao mundo islâmico que coibirão a contestação à supremacia norte-americana. Ao contrário, uma reação militar indiscriminada do Ocidente só pode potencializá-la em proporção assustadora.

A guerra contra o Afeganistão já se tornou o conflito mais longo da história dos Estados Unidos. Um sucesso marcante ocorreu em 2 de maio de 2011, quando as forças especiais da Operação Lança de Netuno assassinaram Osama Bin Laden em Abbottabad (Paquistão). A partir desse momento, vozes se fazem ouvir advogando o encerramento da campanha militar do Afeganistão. Alguns países, como a França, retiraram seus combatentes e a administração Obama promete concluir a guerra em fins de 2014.

Os atentados de 11 de setembro provocaram uma mudança da agenda internacional. Em lugar da busca da compreensão do sistema e dos desafios que a ele se colocam, uma vez mais as preocupações com o desenvolvimento solidário, que poderia vir a ser o elemento crucial das RI, foram abandonadas em proveito da luta sem quartel contra o terrorismo. Tombou, juntamente com as Torres Gêmeas, a expectativa de um mundo menos injusto. O medo triunfou da esperança.[7]

---

7 Consultar os esclarecedores trabalhos de Corey Robin sobre a História do Medo, em particular após os atentados de 11 de setembro.

BIBLIOGRAFIA

BERTRAND, M. *La fin de l'ordre militaire*. Paris, Presses des Sciences Po., 1996, 132p.

CALDEIRA BRANT, L. (org.). *Terrorismo e direito*. Os impactos do terrorismo na comunidade internacional e no Brasil: perspectivas político jurídicas. Rio de Janeiro, Forense, 2003, 557p.

CAO-HUY, T.; FENET, A. (ed.). *Mutations internationales et évolution des normes*. Paris, PUF, 1994, 199p.

DAVID, D. *Sécurité*: l'après-New York. Paris, Presses des Sciences Po., 2002, 130p.

FERRER, A. *Historia de la globalización*. Buenos Aires, Fondo de Cultura Económica, v. 1, 1996, 418p e v. 2, 1999, 398p.

GABAS, J. J. *Nord-Sud*: l'impossible coopération? Paris, Presses des Sciences Po., 2002, 117p.

GERBET, P. *Le rêve d'un ordre mondial*. Paris, Imprimerie Nationale, 1996, 492p.

HAGÈGE, C. "Paroles d'hommes". In: *Le monde de l'éducation*, fevereiro de 1998, p.26.

HUNTINGTON, S. *Le choc des civilisations*. Paris, Odile Jacob, 1997, 402p. (publicado também em português).

MILEWSKI, F. "Mondialisation et contrainte extérieure: quelles marges de manoeuvre pour les politiques économiques?" In: *Regards sur l'actualité*, La Documentation Française, n. 234, set./out. 1997, p.19-36.

RIST, G. *Le développement histoire d'une croyance occidentale*. Paris, Presses des Sciences Po., 1996, 427p.

ROBIN, C. *Fear*: the history of political ideas. Oxford University, 2004, 499p.

RUFIN, J. C. *L'empire et les nouveaux barbares*. Paris, Lattès, 1991, 249p.

SANTOS, B. (org.). *A globalização e as ciências sociais*. São Paulo, Cortez, 2002, 572p.

SEITENFUS, R. *Manual das organizações internacionais*. 5.ed. Porto Alegre, Livraria do Advogado, 2012, 386p.

_____. *Legislação internacional*. Barueri, Manole, 2009.

_____. *Para uma nova política externa brasileira*. Porto Alegre, Livraria do Advogado, 1994, 247p.

_____; VENTURA, D. "Globalização: significado e perspectivas". In: ILHA, A.; VENTURA, D. *Mercosul em movimento II*. Porto Alegre, Livraria do Advogado, 1998, p.169-77.

SMOUTS, M. C. (org.). *Les nouvelles relations internationales*: pratiques et théories. Paris, Presses des Sciences Po., 410p.

TOURNAYE, C. *Kelsen et la sécurité collective*. Paris, LGDJ, 1995, 121p.

VELLANO, M. "Le plein emploi et la clause sociale dans le cadre de l'OMC". *RGDIP*, 102(4), 1998, p.879-914.

Conclusão

O fim do conflito Leste-Oeste é simbolizado pela queda do Muro de Berlim. Esse longo período pós-1945, conhecido como Guerra Fria, encontra seu epílogo com a autodestruição da União Soviética. Entre outras interrogações, a nova realidade coloca a questão da organização das RI e das possibilidades de uma eventual reforma de seu maior instrumento multilateral, ou seja, da ONU.

Formatada fielmente à manifestação das forças que emergiram da Segunda Guerra Mundial, a ONU é estruturada em relações de poder distantes da realidade atual. A dicotomia entre o novo tempo e o velho modelo, não em termos de idade, mas de estrutura, leva muitas vozes a apregoarem modificações profundas na ONU.

Um grande número de propostas de reforma, sobretudo as provenientes do Sul, enfatiza a necessidade de uma democratização institucional capaz de *conceder* maior legitimidade à ONU. Independentemente da indefinição sobre o conteúdo dessa suposta "democratização", o mais importante é que as reformas não diminuam ainda mais o grau de eficácia da organização. A tensão entre legitimidade/eficácia alcança plena significação no atual debate.

Há muitas formas de responder a pergunta sobre o que marcou o século passado. Quem faz a pergunta, de certa forma, já embute uma resposta, em razão de suas perspectivas. Uns indicarão a possibilidade da autodestruição engendrada pelo homem. Pela primeira vez a humanidade dispõe do poder de destruir várias vezes a vida sobre a Terra com o uso das armas nucleares.

Outros mencionarão as duas guerras mundiais que transformaram efetivamente o drama da guerra, outrora pontual e regional, em um drama do coletivo internacional. Outros ainda indicarão a vitória do capitalismo, a derrota da solidariedade ou o extraordinário desenvolvimento científico e tecnológico.

O século XX deve ser percebido, igualmente, como o século das OI e da diplomacia parlamentar. Tentou-se, por meio de instituições permanentes, criar valores universais que regessem as RI e indicassem princípios aos Estados soberanos. O homem tomou consciência, ao longo do século, de que a política internacional não poderia ser deixada somente nas mãos dos diplomatas, como a guerra também não poderia ser o apanágio exclusivo dos militares.

O espírito de solidariedade e o pacifismo que reinaram a partir de 1919 estão na raiz dessa nova realidade. Cogitou-se ser possível transformar as RI, até então calcadas unicamente na percepção de um suposto interesse nacional e materializadas pela existência de cláusulas secretas nos acordos internacionais. A moral e a ética deveriam sobrepor-se à força. As relações entre os Estados contariam com instrumentos que resolvessem seus litígios pacificamente, ou seja, instrumentos jurídicos, previamente estabelecidos, que viessem efetivamente contemplar a solução dos litígios enfrentados pelos Estados.

Contudo, o século que findou foi igualmente o período dos horrores internacionais: o genocídio, a limpeza étnica, o racismo, o terrorismo, a ameaça nuclear e as armas de destruição em massa.

O século há pouco iniciado será impregnado profundamente pelas RI. A ideia de que a história havia acabado provou-se absurda. O inesperado mostra-se presente, pois o curso do mundo não está definido. O determinismo com que todos os fatos eram apresentados deu lugar à incerteza. Nada é inevitável, a começar pelo modelo de globalização. Portanto, nenhuma submissão é obrigatória. No mundo em mutação, os gigantes pagam o preço de sua própria força. Há outros elementos em jogo além dos fatores econômicos, já que o determinismo é, antes, um argumento a sustentar o conformismo do que uma realidade.

A única maneira de combater os males do mundo não possui apelo eleitoral, tampouco engendra rápidos resultados. Trata-se de eleger a guerra, a miséria e a intolerância como inimigos da humanidade. A predominância dos interesses econômicos, característica da nossa época, e a submissão do espaço político coletivo ao império financeiro propiciam um bem-estar que, além de restrito a poucos, é falso e precário. Somente o tratamento coletivo dos problemas da humanidade, com a predominância dos interesses do homem, e não de alguns homens, construindo o império da solidariedade e do Direito, pode opor-se às barbáries de nossa época.

ÍNDICE ONOMÁSTICO

A

Adenauer, K. 43, 77
Alfonsín, R. 172
Allende, S. 38, 105
Amin, S. 19
Angell, N. 146
Annan, K. 53, 117, 179, 181, 182
Aquino, S. Tomás de 27
Aristóteles 27
Aron, R. 41, 78
Axelrod, R. 18, 19

B

Bin Laden, O. 198, 199, 200
Block 19
Bórgia, A. 28
Brandt, W. 35, 47
Burton 19, 164
Bush, G. W. 191, 194, 195, 198, 199

C

Cabral, P. 29
Caetano, M. 32
Câmara, H. 140
Cardoso, F. H. 67
Carter, J. 140, 192
Carvalho, D. 9
Castro, F. 38, 146, 154
Chávez, H. 177
Cícero 193
Clinton, W. 114, 195

Collor, F. 172
Colombani, J. M. 135
Colombo, C. 29
Curie, M. 140

D

Dahl 19
Deutsch, K. 18
Díaz, P. 73
Duroselle, J. B. 12, 136
Elias, N. 137
Fukuyama, F. 12

G

Gallup, G. 131
Gama, V. da 29
Ghali, B. 181
Giscard D'Estaing, V. 35
Gorbatchov, M. 48, 49
Grotius, H. 27, 136
Gurevitch, M. 19

H

Hass, P. 18
Hitler, A. 161
Hobbes, T. 33, 61
Hodja 42
Hussein, S. 51

I

Ikenberry 19

K

Kant, I. 146
Katzenstein 19
Kelsen, H. 183
Kennan, G. 88
Kennedy, J. 46, 148
Keohane, R. 18, 19
Keynes, J. 148
Kindleberger, C. 18
Kissinger, H. 6, 164
Koslowski 19
Krasner, S. 18
Kratochwil 19
Kruchev, N. 45
Krugman, P. 139

L

Lafer, C. 6
Lemkin, R. 178
Levitt, T. 145
Linguet 82
List, F. 161
Locke, J. 33

M

MacArthur 44
Magalhães, F. 29
Maomé 122
Maquiavel, N. 136
Mearsheimer 18
Menem, C. 172
Metternich 88
Milner, H. 19
Milosevic, S. 193
Mitrany, D. 18
Montesquieu 89, 146
Moon, S. 121
Morgenthau, H. 18

N

Nehru 35
Nobel, A. 140
Nye, J. 18, 19

O

Ohmae, K. 145

P

Pinochet, A. 105
Pizarro, F. 29
Prebisch, R. 19, 35

R

Ratzel 8
Reuter, P. 93
Ricardo, D. 162
Richelieu, C. 89
Rio Branco, B. 8
Robespierre 82, 196
Rosenau, J. 19, 137
Rouquié, A. 134
Rousseau, J. J. 136
Ruggie, J. 19
Ruggiero, R. 186

S

Sachs 139
Sarney, J. 172
Sauvy, A. 30
Savimbi, J. 32
Schabowski, G. 46
Schacht, H. 161
Schattschneider 19
Schwab, K. 105
Skaf, P. 157
Smith, A. 162
Stalin, J. 43-45
Stiglitz, J. 139
Strange, S. 71

T

Tito, B. 35, 36, 38, 39, 42, 44
Tobin, J. 148
Truman, H. 43, 44

V

Viner, J. 165
Vitória, F. 27

W

Walesa, L. 48
Wallerstein 19
Waltz, K. 18
Wendt 19

ÍNDICE ALFABÉTICO-REMISSIVO

A

ABB 149
Academia 6
Aceleração 173
Acnur 97
Acordo 94, 132
  de Preferência Tarifária (APT) 166
  Multilateral de Investimentos (AMI) 186
Acordos 14, 36, 64, 70, 76, 83, 94, 98, 99,
  103, 104, 114, 136, 157, 160, 166, 167,
  170-174, 176, 191-193, 204
  de Bretton-Woods 37, 145, 163
  de Latrão 118
Acreditação 68
Afeganistão 40, 48, 53, 61, 78, 107, 122, 127,
  184, 198-200
África do Sul 32, 109, 121, 126, 128
Agenda externa 69, 84
Aiea 97
Alargamento 30, 164, 172, 175
Albânia 42, 108, 125
Alcorão 122
Alemanha 42, 43, 45, 47, 52, 70, 78, 90, 91,
  108, 111, 126, 130, 151, 161, 180
Alianças militares 2, 23, 45, 78
Al Qaeda 198, 199
Americas – Human Rights Watch 115
Ameríndios 29
Angola 32, 38, 50, 108, 126, 184
Antiguidade 2, 24, 82, 152
ANZUS 45

Aprofundamento 17, 51, 164, 172, 176
Aquecimento da Terra 139
Arábia Saudita 109, 122, 126
Arbitragem 24, 37, 66, 97, 104, 173
Área de Livre Comércio 167
  da América do Norte (Nafta) 167
  das Américas 167
  Sul-Americana (Alcsa) 167
Argélia 32, 52, 109, 118, 126, 199
Argentina 73, 108, 111, 119, 126, 128, 130,
  138, 172, 174, 176, 185, 186
Armistício de Pan Mun Jon 44
ASEAN 97
Assembleia Geral 31, 34, 35, 73, 98, 105,
  178-181, 193
Assíria 23
Associação Brasileira da Indústria Têxtil
  (ABIT) 157
Atentados de 11 de setembro de 2001 12,
  121, 134, 143, 193
Ativismo 52, 65, 115, 176
Ator 7, 11, 18
Atores internacionais 3, 21, 58, 63, 133
Áustria 28, 45, 108, 126, 130
Autonomia de vontade 96
Autoridade Palestina 69
Azerbaijão 42, 107, 125

B

Baía dos Porcos 46
Barreiras não tarifárias 165
Bélgica 28, 52, 108, 126, 130, 151, 167, 169

208 Relações internacionais • Índice alfabético-remissivo

Benelux 167, 169
BID 93, 97, 99, 148
Binômio 23, 37
  guerra/paz 23
  subdesenvolvimento/desenvolvimento 23
Bipolaridade 33, 40, 41, 45, 47, 50, 51
BIRD 93, 97-99, 148, 163
Birmânia 36, 108
Bloqueio 43, 50, 83
Boicote 50
Bolívia 109, 111, 121, 126, 172, 174
Bomba 44, 198
  A 44
  H 44
Brasil 29, 32, 40, 73, 77, 84, 88, 105, 106,
  108, 111-113, 118, 120, 121, 126, 128, 129,
  132, 150, 151, 153, 155, 156, 163, 168,
  172, 174, 180, 185, 186, 188
Bula Alexandrina 28
Bulgária 42, 108, 127
Bundestag 64
Burocracia 80, 88, 182

C

Cabo Verde 32, 109, 127
Camboja 31, 108, 126
Campo analítico 3
Canadá 68, 73, 107, 111, 126, 130, 133, 155,
  168, 186, 189
Canal de Suez 45
Capitalismo 16, 19, 26, 43, 49, 146, 147, 194,
  203
  burguês 26
Carta 14, 31, 36, 37, 92-95, 116, 179, 182,
  194, 195
  da ONU 36, 37, 93, 182, 194, 195
  da Organização de Unidade Africana
    (OUA) 31
  da Organização dos Estados Americanos
    (OEA) 95
  das Nações Unidas 14, 31, 92, 94, 95, 116
  de São Francisco 179
Cartografia 7, 9, 26
Causalidade 61
Caxemira 31, 78, 122
Ceilão 36, 122, 127, 131
Cena internacional 2, 3, 5, 9, 41, 67, 136,
  137, 191

Cenário internacional 9, 26, 77, 78, 87, 93,
  120
Cern 97
Chechênia 122
Chile 107, 111, 119, 126, 174, 175, 186
China 16, 29, 32, 36, 38, 39, 44, 49, 70, 78,
  104, 109, 111, 120, 123, 126, 130, 132-134,
  149, 151, 155, 157, 163, 186, 192, 195
Chuva ácida 139
CICV 97, 114, 115
Ciência e Tecnologia (C&T) 71
Cláusula incondicional e irrevogável da nação
  mais favorecida 166
Clube 78, 102, 139
  de Roma 102, 139
  Nuclear 78
Coexistência pacífica 45, 47
Colonialismo 21, 26, 28, 32, 146
Colonização 8, 28, 29, 74
Comecon 44
Comércio 16, 37, 52, 74, 80, 81, 103, 106,
  123, 130, 132, 138, 145, 146, 149, 150,
  151, 156, 160-167, 169-171, 173, 174, 176
  criação de 165
  desvio de 165
Comissão 95, 105, 130
  das Sociedades Transnacionais 105
  Europeia 95, 130
Comitê Internacional da Cruz Vermelha 114,
  116
Comitês de fronteira 66
Commodities 74, 185
Commonwealth 33
Comunidade Francesa 33
Comunidades transnacionais 152
Concepção 27, 88, 116, 173, 182, 183
Concílio 119
Concorrência desleal 153, 157
Condicionantes 71, 72, 74, 76-78
  culturais 78
  militares 77
  organizacionais 74, 76
    formais 74
    informais 76
Condomínio soviético-americano 48
Confederação Helvética 64
Conferência 28, 35-38, 47, 122, 149, 150,
  156, 163, 167, 174, 197
  Afro-asiática 36

das Nações Unidas para o Comércio e o
Desenvolvimento (UNCTAD) 35
de Algesiras 28
de Argel 38
de Copenhague 167
de Doha 149, 150
de Havana 163
de Lusaka 37
de Marrakesh 156
de Washington 197
diplomática de Ouro Preto 174
Islâmica 122
sobre a Segurança e Cooperação na
Europa 47
Confraria da Rosa-Cruz 114
Confronto étnico e tribal 74
Congo 50, 108, 126, 131, 184
Conjunturais 72, 138
Conquistas territoriais 23
Conselho 15, 88, 96, 100, 105, 116, 129, 179,
194
de Controle de Atividades Financeiras
(COAF) 129
de Política Exterior 88
de Segurança 15, 96, 100, 179, 194
da Humanidade (CSH) 179
Econômico e Social 105, 116
Contiguidade geográfica 73, 94, 97, 167
Contrabando 73
Convenção de Viena 93, 94
Convenções de Genebra 61
Cooperação reforçada 175
Coreia 44, 45, 49, 107, 108, 128, 199
do Norte 44, 49, 108, 199
do Sul 44, 107, 128
Corrida armamentista 46-48, 50
Corrupção 58, 83, 106, 107, 110, 123-125,
127, 128, 141, 171, 185, 189
Corte 15, 62, 96, 173, 183, 191
Interamericana de Direitos Humanos
(CADH) 191
Internacional de Justiça 15, 96, 183
Penal Internacional 191
Permanente de Justiça Internacional
(CPJI) 62
Cortina de Ferro 43
Costa Rica 78, 108, 125, 191
Crepúsculo da bipolaridade 50
Crime 58, 103, 107, 123, 125

econômico internacional 125
financeiro transnacional 107
internacional 58
organizado 123
transnacionalização do 103
Crise 41, 46, 47, 79, 113, 140, 148
cubano-americana 46
dos Bálcãs 41
dos mísseis 46, 47
europeia 148
financeira de 2008 113
internacional 79, 140
Cronograma de Las Leñas 173
Cruzada antiterror 195
Cuba 32, 39, 46, 49, 61, 77, 119, 126, 199

D

Declaração Universal dos Direitos do Homem
188
Delito de iniciado 124
Democracia 10, 41, 49, 53, 71, 77, 98, 106,
107, 118, 131, 134, 135, 174, 175, 178,
187-190, 192
Desarmamento 3, 14, 38, 48, 84, 115
Descolonização 30-34, 40, 41, 44, 60, 68, 69
britânica 32
Desenvolvimentismo 102
Desterritorialização 103
Dever de reserva 84
Dinamarca 52, 107, 125, 130
Diplomacia 6, 8, 14, 24, 65-67, 79, 80, 82, 83,
85, 88, 90-92, 97, 101, 119, 120, 132, 135,
140, 141, 176, 204
brasileira 8
parlamentar 24, 97, 132, 204
presidencial 67
Diplomata 68, 78, 82-84, 89-91
Direito 3, 14, 15, 24, 25, 27, 28, 57, 63, 99,
115, 136, 174, 195 198
colonial 28
comunitário 57
das gentes 63, 136
das RI 3, 14
de asilo 25
de preservação 198
derivado 99
internacional público (DIP) 3, 63, 174
natural 27, 115
originário 99

penal 15, 195
Romano 24
Direitos humanos 3, 14, 40, 43, 49, 84, 85,
92, 97, 115, 154, 172, 189, 192
Distensão 38, 47, 48
Distribuição das riquezas 158
Dívida externa 37, 111, 175
Dominação colonial 27
Doutrina 28, 43, 59, 63, 125
da Contenção (*containment*) 43
Truman 43
Dualidade 7, 8, 84
conceitual 7, 8
espacial/temática 84
Dumping laboral 155, 156

E

Egito 23, 31, 52, 53, 108, 123, 126, 199
Eixo do Mal 199
Electrolux 149
Embaixadores 68, 83, 89
Embargo 38, 46, 50, 83, 133
Empresas transnacionais 102-105, 129, 144,
145, 149
Equilíbrio tripolar 16
Espaço extra-atmosférico 61, 92
Espanha 25, 28, 52, 108, 111, 126, 130, 135
Estado 2, 6-8, 10, 13-15, 18, 21, 22, 24, 26,
48, 49, 60, 69, 72, 74, 90, 94, 96, 115, 117,
118, 131, 132, 136, 137, 139, 145, 149,
152, 170, 174, 183, 189, 192
de Direito 174, 192
democratização do 90
prerrogativas de 94, 170
segredo de 13
Estado-instrumento 61
Estado-pária 189
Estados Unidos 3, 12, 13, 21, 28, 29, 32, 38,
39, 41, 42, 44-53, 61, 64, 73, 76-79, 84, 85,
88, 90, 103-105, 107, 111, 112, 118, 122,
126, 128, 130, 133-135, 139, 140, 143,
148-151, 153-155, 164, 168, 177, 180-182,
186, 189, 191-193, 195-200
Estatuto da Corte Penal Internacional 191
Estrutura bipolar do mundo 40
Estruturais 72, 135, 160
Etiópia 38, 109, 126
Euro 51, 85, 130

Evolução demográfica 159
Exceção cultural 153
Excomunhão 25, 28
Ex-Iugoslávia 50, 51

F

Fanatismo 200
FAO 97, 181
Fascismo 7, 42
Fast track 76
Fator trabalho 154
Fecial 24
Feudalismo 24
Filipinas 108, 122, 127, 128, 192, 199
Finanças internacionais 146
Florestas tropicais 156
Fluxos migratórios 154
FMI 93, 97-99, 123, 124, 135, 139, 148, 163,
189
Fontes 6, 7, 11, 13, 14, 110, 114, 199
Forças 27, 63, 78, 82, 91, 99, 100, 174, 175,
181, 182
Armadas 27, 63, 78, 82, 99, 100, 181, 182
do mercado 91, 174, 175
Força-Tarefa de Ação Financeira (*Financial
Action Task Force* – FATF) 130
Ford 149
Fórmula Arria 117
Fórum 66, 105, 134
Econômico Mundial (FEM ou WEF)
105, 134
Social Mundial (FSM) 66, 134
França 25, 28, 31, 33, 38, 42, 45, 52, 53, 70,
90, 91, 106, 109, 111, 121, 122, 126, 130,
135, 151, 153-155, 200
Francisco de Vitória 27
Fraude 124
Funcionalidade 61
Funcionalismo 101
Fundação Carter 140
Fundos marinhos 61, 92

G

Geografia 7-9, 28, 50, 79, 167
Geometria variável 175
Geopolítica 8, 9
Glasnost 48
Globalismo 102

Índice alfabético-remissivo **211**

Globalização 17, 26, 40, 41, 91, 102, 116,
118, 124, 134, 141, 143-149, 152-154, 157,
160, 201, 204
assimétrica 134, 144
comercial 149
cultural 152
das comunicações 152
excludente 134, 144
financeira 147
Grã-Bretanha 13, 31, 42, 45, 52, 79, 90
Grandes Lagos africanos 74
Greenpeace 115
Grupo dos 35, 97
8 (G8) 97
77 35
Grupos 75, 77, 84
de interesses 84
linguísticos 75, 77
Guerra 9, 26, 41-43, 45, 48, 51, 66, 154, 178,
179, 182, 186, 187, 193, 203
do Golfo 9, 51
do Kippur 48
dos Trinta Anos 26
fiscal 66
Fria 41-43, 45, 47, 51, 154, 178, 179, 182,
186, 187, 193, 203
Guerras 23, 24
de conquista 23
justeza das 24
Guiné 32, 108, 109, 126
Guiné-Bissau 32, 109, 126
Gulag 48

H

Haiti 30, 60, 109, 114, 127, 184
Hegemonia consensual 100
História 11, 12
cíclica 12
científica 11
dialética 12
falsificada 11
imbecil 11
mercantil 11
Historiadores 11, 12, 17, 26
Holanda 28, 52, 104, 108, 111, 126, 130, 151,
167, 169, 185
Holocausto 178
Humanitarismo estatal 115

Hungria 42, 108, 126, 128

I

Idealismo 137
Identidade 117, 118, 137, 152
Ideologia 5, 11, 27, 39, 70, 101, 139, 187, 195
da organização internacional 101
Igreja 25, 27, 29, 63, 117-120
católica 25, 29, 119
Universal do Reino de Deus 120
Igualdade jurídica 26, 30, 33, 63
Ilícito internacional 123
Imperialismo 8, 146
Império 7, 23-26, 33, 48, 83, 117, 123, 140,
154
Bizantino 24
Otomano 25
Romano 23-25
Soviético 48, 154
Índia 29, 31, 32, 36, 78, 108, 111, 118, 123,
125, 128, 134, 157, 186, 192
Índice 106, 107, 125, 127
de Liberdade Econômica 106, 107
de Percepção da Corrupção (IPC) 125,
127
Indivíduo 14, 58, 59, 136-138
Indochina 31, 45
Indonésia 32, 36, 108, 122, 126, 128, 155,
186
Indústria 75, 77, 78, 146, 149, 152, 153, 155,
192
cultural 152
eletrônica 149
Informações 13, 80, 82, 83, 89, 90, 107,
110-112, 117, 130, 134, 153, 171, 197
Inglaterra 25, 28, 33, 70, 118, 121, 154, 162,
175
Iniciativas bélicas anglo-americanas 183
Institucionalização 95, 96, 168, 187
Integração econômica 16, 49, 64, 65, 73, 84,
160, 161, 165, 167, 168
Intencionalidade 61
Interesse nacional 10, 34, 40, 69-71, 80, 174,
181-183, 191, 192, 204
International Business Corporation 130
Internautas 133, 152
Internet 13, 133, 134, 152
Intifada 50

212 Relações internacionais • Índice alfabético-remissivo

Investimentos estrangeiros 103, 105, 128, 146
Irã 3, 40, 42, 50, 77, 108, 122, 126, 199
Iraque 50, 51, 61, 78, 107, 119, 127, 181, 199
Islã 53, 117, 121, 122
Israel 38, 45, 53, 69, 108, 118, 123, 126, 192, 194, 196
Itália 25, 28, 46, 52, 70, 78, 107, 111, 113, 126, 130, 151, 161
Itamaraty 86, 87, 122, 198
Iugoslávia 9, 42, 50, 51, 178, 193, 196

J

Japão 29, 70, 78, 90, 104, 108, 111, 120, 126, 130, 139, 151, 161, 167, 180, 199
Judaísmo 118
Jus cogens 15, 62, 179

K

Kominform 43
Komintern 43
Kosovo 126
Kuwait 50, 51, 109, 126

L

Länder 64
Laos 31, 109, 126
Lavagem de dinheiro 58, 129, 130, 131, 191
Legítima defesa 179, 195, 197, 198
Legitimidade 23, 26, 62, 64, 74, 80, 93, 98, 100, 115, 136-139, 187, 188, 198, 203
ideológica 187
Lei da integração 168
Lex mercatoria 14
Líbano 31, 109, 127, 199
Liberalismo 106, 162, 163
Liberalização comercial 165
Liberdade de imprensa 75
Líbia 52, 108, 126, 164, 199
Linha de fronteira 3, 26, 46, 62, 65, 70, 77
Livre comércio 162, 167, 170
Localismo 7, 65

M

Maioria 99, 136
qualitativa 99
quantitativa 99
silenciosa 136

Manutenção da paz 2, 3, 24, 49, 92, 94, 96, 100, 102, 178, 179, 181
Marrocos 28, 32, 33, 52, 109, 127, 128
Mar territorial 61
Mauritânia 32, 52, 109, 126
Médicos sem Fronteiras 115, 140
Mercado Comum 167, 170, 172, 173
Mercocidades 65, 66
Mercoprovíncias 66
Mercosul 16, 65, 66, 97, 160, 164, 167, 171-177, 201
Mérito-diplomacia 90
Mesopotâmia 23, 123
Meteorologia financeira 107
México 29, 73, 108, 111, 126, 128, 130, 155, 175, 186
Mídia 92, 97, 105, 115, 118, 134, 140, 153
Migração clandestina 73
Migrações 3, 71, 92, 154
Militarismo nipônico 42
Moçambique 32, 38, 108, 126
Modelo 16, 80
analítico ideal 80
sino-soviético 16
Movimento dos Não Alinhados 30, 34, 37, 39
Movimentos de libertação nacional 32, 68, 195
Multilateralismo 51, 52, 170, 171, 191
Mundialização 144
Muro da Vergonha 46
Muro de Berlim 12, 194, 203

N

Nacionalizações 38, 46
Nações Unidas 3, 14, 31, 33-35, 38, 50, 51, 69, 73, 85, 92, 94, 95, 97, 100, 104, 114, 116, 117, 122, 127, 130, 157, 158, 180, 181, 188, 197, 203
AG das 69, 104
Não alinhamento 37, 39
Não intervenção nos assuntos internos 30, 174
Nazismo 7, 42
Negociação 64, 68, 83, 88, 89, 154, 155, 164, 186
Nestlé 149
Nobreza 63
Notação de risco soberano 107
Notório saber 140

Nova Ordem Econômica 35, 37, 104
  Internacional (NOEI) 35, 104
  mundial 35, 37
    da Informação e da Comunicação
      (NOMIC) 35
Novos países industrializados (NICs) 184

O

OACI 97
OCDE 97, 105, 124, 128, 130, 150, 186, 191
OECE 43
OI 3, 12, 14, 15, 18, 22, 24, 49, 57, 58, 69,
  78, 83, 88, 90-102, 117, 132, 134, 136, 138,
  139, 163, 183, 187, 188, 204
OIT 97, 99, 105, 155, 156, 181
OMC 15, 93, 97, 135, 149, 150, 151, 153,
  156, 160, 163, 164, 166, 170, 171, 181, 186
  Rodada do Milênio da 135
OMC/GATT 15
OMPI 97
OMS 97, 155, 181, 183
Ongat 18, 58, 77, 103, 114-117, 127, 138,
  152, 183
ONU 15, 31, 34-37, 44, 45, 47, 52, 53, 92,
  93, 96-99, 105, 140, 150, 178-182, 189,
  190, 192-195, 203
Opinião pública 10, 18, 32, 51, 53, 59, 75,
  77, 78, 91, 101, 103, 124, 125, 131-133,
  135, 136, 150, 182, 183
  internacional 131
Organização 45, 74, 78, 96
  dos Estados Americanos (OEA) 96
  dos Produtores e Exportadores de Petróleo
    (Opep) 74
  do Tratado da Ásia do Sudoeste (OTASE)
    45
  do Tratado do Atlântico Norte (OTAN) 78
Organizações 57, 63, 85, 92, 94, 96, 97, 114
  especializadas 96, 97
  internacionais 57, 63, 85, 92
  Não Governamentais de Alcance
    Transnacional (Ongat) 114
  regionais 94, 97
Oriente 9, 23-25, 31, 38, 48, 50, 51, 72, 85,
  154, 194, 196
  Médio 9, 24, 31, 48, 50, 51, 72, 154, 194,
    196
OTAN 44, 45, 52, 78, 97, 181

P

Pacta sunt servanda 27
Pacto 36, 48, 167, 179, 188
  Andino (PA) 167
  Briand-Kellog 179
  de Colombo 36
  de Varsóvia 48, 49
  sobre os Direitos Civis e Políticos 188
Países 5, 35, 60, 111, 112, 135, 139, 147, 156,
  163, 178, 185
  desenvolvidos 5, 35, 111, 135, 156, 163,
    178, 185
  emergentes 112, 139, 147
  Menos Avançados (PMA ou LDC, *Least
    Developed Countries*) 60
Papa 21, 28, 119
  Alexandre VI Bórgia 28
  João Paulo II 119
  Paulo VI 119
Papado 26, 28, 117
Paquistão 31, 36, 53, 78, 108, 125, 199, 200
Paradiplomacia 64, 65
  ativa 64
Paraguai 109, 111, 121, 126, 172
Paraísos fiscais 58, 106, 124, 130, 148, 191
Patrimônio comum da humanidade 1, 61
Paz de Vestefália 21
Perestroika 48
Pérsia 23
Personalidade jurídica internacional 14, 21,
  63, 95
Persona non grata 7, 68
Peru 29, 108, 111, 127
Pesquisador 3, 5, 6, 11, 13, 98
Pesquisa e desenvolvimento 145
Petrobras 113
Pirâmide invertida 80
Plano 43, 44, 88, 174
  Marshall 43, 44, 88
  Real 174
PMA 60, 93, 184
PNUD 35, 157
Poder mundial 7
Política 3, 8, 27, 65, 69, 70, 74, 77, 79, 82,
  146, 172, 180, 186, 194, 204
  agrícola comum (PAC) 77, 186
  externa 3, 8, 69, 74, 77, 79, 82, 172, 194

214 Relações internacionais • Índice alfabético-remissivo

internacional 27, 65, 70, 146, 180, 204
Portugal 28, 52, 77, 109, 111, 121, 126, 130, 162
Pós-descolonização 40
Pós-Guerra Fria 49-51, 178, 187
Potência 71, 85
  estrutural 71
  média 85
Preferências tarifárias 83, 160, 166, 167
Primeira Guerra Mundial 57, 58, 146
Princípio 69
  da autodeterminação dos povos 31, 43, 69, 164, 189
  da estabilidade econômica 93
  da extraterritorialidade 89
  da legitimidade 80
  da precaução 150
  da reflexividade 110
  da segurança coletiva 24, 44, 78, 197
  da solidariedade 43, 116
  da unanimidade 98
  de legação 88
  do bom governo 93, 188
Princípios cogentes 14
Produção 12, 26, 38, 44, 51, 66, 71, 78, 82, 144, 145, 147, 149, 153, 157, 161-163, 165, 170, 185
Profetas 139
Proibição 120
Proteção 24, 27
  diplomática 24, 27
Protecionismo 150, 151, 156, 161, 162, 166, 185
Protocolo 173, 174, 176
  de Brasília 173
  de Ushuaia 174, 176
Pugwash 115

Q

Quarentena 46
Quase-Estados 60, 163, 190
Questão 50, 118, 132
  Christie 132
  palestina 50, 118

R

Rating 110, 111
Realismo 136

Redemocratização 174, 187
Regime 42
  dos estreitos 42
  extraterritorial 129
  internacional 19, 145
  pluralista 131, 132, 133
Regionalismo 65, 160, 170, 171
  estreito 65
Regras de origem 169
Relações internacionais
  juridicização das 93, 95
  universalização das 28, 41
Religião ortodoxa 118
Repartidor de espaços 61
Representação 9, 21, 22, 26, 57, 63, 64, 66, 67, 77, 83, 84, 88, 89, 99, 115, 135, 136, 146, 164, 187
República Democrática Alemã 43, 45
Revolução
  de 1917 48
  dos Cravos 32
  Francesa 30
  Industrial 146
Risco-país 110, 112
Roma 7, 23, 24, 28, 89, 102, 139, 192, 193
Romênia 42, 108, 126
Ruanda 50, 74, 108, 125, 193
Rússia 16, 28, 70, 78, 109, 111, 120, 126, 128, 139, 149, 151, 157, 186, 195

S

Saber 71, 137, 138, 139
SALT (*Strategic Arms Limitation Talks*) 47
Santa Sé 25, 118, 119
Santo Império Romano-Germânico 25
Santuário do terror 198
São Tomé 32, 109, 126
Secessão 16, 31, 42, 64, 68
Segunda Guerra Mundial 8, 41, 42, 92, 119, 132, 169, 179, 180, 192, 203
Segurança 3, 8, 13, 23, 24, 34, 36, 43-45, 49, 51, 61, 69, 71, 78, 82, 85, 92, 94, 96, 100, 102, 104, 111, 117, 150, 178, 179, 181, 182, 192, 197
  coletiva 23, 24, 44, 78, 197
Seitas 58, 83, 103, 120
Serra Leoa 107, 125, 184
Síria 31, 52, 53, 109, 122, 127

Sistema
de Bretton-Woods 37, 145, 163
Geral de Preferências (SGP) 156
internacional 7, 13, 41, 49, 63, 85, 101,
117, 132, 143, 145, 157, 189, 192
misto 99
monetário internacional 147
multipartidário 187
patrimonial 26
relacional 95
tripartite 99
Soberania 15, 19, 26, 28, 30, 34-37, 45, 51,
61, 62, 64, 68, 83, 96, 104, 115, 118, 130,
144, 164, 169, 172, 180, 189
Sociedade 114
civil 114
desorganizada 133
internacional 133, 134, 152
Internacional contra a Escravidão 114
organizada 114, 115, 133
Soft law 15
Solidariedade seletiva 48, 77
Somália 50, 107, 127, 199
Sony 149
Sri Lanka 108, 192
Supranacional 18, 94, 95, 174

T

Talibãs 200
Tarifas de importação 165
Taxa Tobin 135, 148
Tchecoslováquia 42
Tecnologia dos transportes 22
Telefone vermelho 47
Telemática 113, 130, 152
Temas transversais 49, 71, 92
"Tempestade no Deserto" 51
Teologia da prosperidade 121
Teoria
da integração econômica 160
das relações internacionais 79
das vantagens comparativas 162
dos poderes implícitos 94
Terceiro
Mundo 16, 30, 34, 35, 48, 74, 131, 144,
155, 156, 158, 181, 185
setor 114
Territórios *off-shore* 148

Terrorismo 50, 71, 85, 122, 150, 194-201, 204
suicida 200
Terrorista 58, 122, 196, 198-200
TIAR 45, 197
Timor Leste 32
Torres Gêmeas 194, 200
Tráfico de influência 124
Transnacionalismo 102
Transparência Internacional 115, 125, 128
Tratado
constitutivo 92, 94, 99, 181, 193
de Assunção 160, 173
de Moscou 47
de Não Proliferação Nuclear (TNP) 47
de Washington 45
internacional 14, 76
Tratados de Vestefália 26, 27
Tratamento da informação 90
Trégua de Deus 25
Tribunais de Nuremberg 193
Tribunais de Tóquio 193
Tribunal
de Luxemburgo 95
Penal Internacional (TPI) 193
Turquia 42, 46, 109, 118, 126, 130, 192, 199
Tutela soviética 41

U

UIT 97, 134
Unanimidade
formal 98, 99
fracionada 98
limitada 98
UNCTAD 35, 187
Unesco 35, 97, 153
União
aduaneira 161, 169, 171
Comercial 169
das Repúblicas Socialistas Soviéticas 49
Econômica e Monetária 170
Europeia 16, 51, 57, 94, 107, 149, 154,
160, 167, 174, 186
Francesa 33
Militar 170
Política 168, 170
Soviética 32, 41, 42, 48, 77, 119, 161, 203
Unicidade 74, 80, 145, 146
do mercado 145

do mundo 146
étnica 74

V

Vaticano 118
Vietnã 31, 40, 48, 49, 109, 126, 131
Vizinhança 64, 73, 167, 171
Voto ponderado 99

Y

Yalta 43, 49

Z

Zimbábue 40, 108, 126
Zona
de Livre Comércio 168, 169, 171
econômica exclusiva 61